KB270295

●이민/역이민의 꿈과 삶의 이야기●

SUCCESSFUL EMIGRATION AGE

성공이민시대

민병용 저

화산문화

머리말

한국인들이 미국에 이민을 가서 살지 않았다면 어떠했을까. 한 번쯤 역설적으로 생각해 볼 만하다. 미국 주류 사회에 자랑스럽게 뻗어나가는 코리언도 없었을 것이고 미국을 방문한 한국인들이 겪는 불편함은 이루 다 설명하기 어렵다. 물론 한인 타운이라고 부를 곳도 생겨나지 않았을 것이다.

공식 이민이 1세기를 맞으면서 미국은 한국의 이웃과 같다. 오늘 코리언들이 아메리카 땅에서 주인처럼 뿌리를 내리고 살아간다. 한인 인구도 벌써 2백만에 가까우니 전라북도 인구 규모와 같은 『지도에 없는 한국』이 미국땅에 또 하나 늘어났다.

이민자들은 무에서 유를 창조하는 선구자들이다. 그리고 일편단심 고국을 생각하며 산다.

그들이 다시 한국으로 되돌아오고 있다. 한국에서 미국식 삶의 경험을 가지고 꿈을 펴 나간다. 그들의 마음은 작은 샘물과 같이 깨끗하다. 선진국 미국에서 배운 지식을 한국에서 꽃피우기 위해서 말없이 작은 일부터 실천해 나가고 있다. 역이민자는 무언가 달라도 남다르다.

이 책을 쓴 이유가 몇 가지 있다. 하나는 이민과 역이민에 대한 편견과 배타심을 바로잡기 위해서이다. 이민에 대한 부정적 이미지는 바뀌어야 할 때가 왔다는 것을 알리려는 것이다.

다음은 한국의 유이민사(流移民史)가 1,500년에 이르면서 너무나 한(恨)을 가진 이민 아닌 이민자들이 많았다. 그러한 불행한 월경인·포로가 다시는 이 땅에 생겨나지 않아야 한다는 뜻에서 과거 굴곡의 역사를 고발하고 싶었다. 버림을 받은 민족이 생겨나지 않도록 정부는 힘이 있어야 하고, 정부가 국민을 잘 보살피기를 바라는 마음에서이다. 세 번째로는 IMF 시대에 가슴을 활짝 열고 세계 속으로 나가서 큰 꿈을 한번 펼쳐 보라는 것이다.

나 자신 유학으로 미국에 갔다가 다시 한국에 돌아와서 느끼고 배운 것이 많았고, 이러한 경험을 기록으로 남겨야겠다는 책임을 느끼게 되었다. 그리고는 서울 드림(Seoul Dream)을 찾는 영주 귀국자들을 만나서 인터뷰를 시작했고 지난 2년간 한국과 미국에서 자료를 꾸준히 수집했다.

우리 주변에는 이민자와 역이민자들이 많다. 하지만 그들을 만나서 글을 쓰는 데는 몇 가지 애로가 있었다. 이민 간 것과 다녀온 것이 알려지기를 싫어하기 때문이다. 너무 경쟁이 심한 한국 사회에서 미국을 다녀왔다는 것이 밝혀짐으로써 혹시 불이익을 당하지 않나 해서이다.

그 동안에 인적 변동도 컸다. 이민을 갔다가 들어오고 다시 떠나는 일들이 계속되었다. 기회를 찾아왔다가 기약 없이 또 떠난다. 끝내 조국의 품에 둥지를 틀지 못하는 것이다.

하지만 그들은 세계 시민(Global Citizen)이다. 어디에 살든지 한국과의 인연은 영원하다. 한국 정부의 해외 교포 정책은 그들과의 따뜻함을 유지하는 것이라고 믿고 있다.

그렇게 넓게 생각을 한다면 북한 주민에게도 따뜻한 손길이 닿았으면 한다. 이민 정책의 연장이 통일로 가는 길이고 통일은 남과 북, 세계 어디에 살든지 한 민족이 하나의 의식을 갖는 것이다.

더 나아가 한국과 세계를 잇는 한국인 공동체(Korean Belt)를 만들 때가 왔다. 이제 모국과 교포 사회는 불가분의 관계이며 상호 보완적이다. 서로 도와야 힘이 더 생겨난다.

나는 이민주의자라고 불리기를 좋아한다. 21세기는 어디에서 사는가보다 어떻게 사는가가 더 중요한 지구촌 시대이다. IMF 시대에 용기를 내어 이민을 떠나라. 그리고 선진 한국이 되는 그 날에 다시 만나도 좋다.

평소에 여러 모로 도움을 주시는 한국일보 장재구 회장님·미주 본사 장재민 회장님에게 항상 고마운 마음을 가지고 있다.

또한 이 책을 쓰도록 격려해 주신 대한제당 설원봉 회장님·박상은 사장님, 흔쾌히 책을 출판해 주신 화산문화 허만일 사장님께 무어라 다 감사의 말씀을 드려야 할지 모르겠다. 특히 서울에 나와 있으면서 뒤에서 크게 수고해 준 사랑하는 정희와, 미국에 있는 세 아들 승기·윤기·우기에게도 고마움이 똑같다.

1998년 8월 1일
한국일보사 일우에서
민 병 용 씀

성공 이민 시대

차 례

■ 머리말
■ 차   례

제1장 아메리칸 드림을 찾아
― 이민의 시대 ―

제4장 태평양을 건넌 선구자들의 이야기

제1장 아메리칸 드림을 찾아
● 이민의 시대 ●

미국을 기회의 땅이라고 한다.
아메리칸 드림! 세계인들이
한번 이루어 보고 싶은 꿈이다.
이는 미국에 살면서 각종 기회를 창조하고
그 꿈을 이루어 갈 수 있다는 말이다.
즉 평범한 사람들이 미국에서
성실하고 근면하게 살면서
열심히 노력하면 성공할 수 있는 나라 미국!
이 꿈을 찾아 미국으로 떠나고 있다.

1. 누가 아메리칸 드림을 찾아갔는가

아메리칸 드림(American Dream)! 세계인들이 한번 이루어 보고 싶어하는 꿈이다. 매년 약 90만 명의 이민자들이 이 꿈을 찾아 미국으로 떠나고 있다.

유럽의 선구자들이 새 땅, 새 천지를 찾아 아메리카 땅을 밟았고 자유·평등·평화가 가득한 사회를 만들어 갔다. 뒤를 이어 이민의 행렬이 오늘까지 이어지고 있다. 그들의 목표는 아메리칸 드림을 성취하는 것이다. 『미국의 꿈』이라고 번역할 수 있는 아메리칸 드림은 미국식의 성공을 표현한다.

미국을 기회의 땅이라고 부른다. 이는 미국에 살면서 각종 기회를 창조하고 그 꿈을 이루어 나갈 수가 있다는 말이다. 즉 평범한 사람들이 자유와 평등의 정신으로 세운 미국에서 성실하고 근면하게 살면서 남다른 노력을 기울이면 비범한 업적을 이룰 수가 있다. 평범한 사람 중에서 위대한 인물이 될 수 있는 나라로는 미국을 첫 번째로 손꼽는다.

이에는 자유 민주주의의 정신, 인간은 모두가 평등하다는 인식, 노력에는 꼭 대가(代價)가 주어진다는 평범한 진리가 아메리칸 드림의 바탕이 되고 있다.

한국인에게 이민이라는 단어는 약간 감상적이기조차 하다. 미지의 새 천지에 대한 무한한 가능성에 대한 호기심이 담겨 있어서 그렇다.

1960년대 초부터 한국에는 미주 지역으로 이민의 문이 열리기 시작했다. 조용한 아침의 나라에서 세계 속으로 눈이 뜨이기 시작했고, 그 첫 이민의 테이프를 끊은 것이 남미 농업 이민이었다. 1962년부터 시작된 브라질 이민에 용기 있는 이들이 나섰고 곧이어서 미국 이민의 시대가 왔다.

미국 정부가 새 케네디 이민법 실시로 처음 한국 이민자를 받아들이면서 미국 이민의 붐이 일어나게 되었다. 1968년부터 매년 2만 명의 이민자들이 미국을 향해 떠났는데 이들은 바로 선택받은 국민으로 분류되기도 했다. 이 때 미국 이민의 이유는 크게 세 가지로 나누어 볼 수가 있다.

첫째는 경제적인 요인이다. 잘 살아 보겠다는 꿈을 가지고 태평양을 건넌 이들이 전체 이민자의 65%에 이른다.

둘째는 정치적으로 안정된 나라에서 살고 싶다는 욕망을 가진 사람도 22%나 차지했다. 군사 정부 시대에는 인권이 무시되었고 북한의 도발로 인한 안보 문제가 항상 이슈가 되었던 때였다.

셋째는 유학을 목적으로 떠났다가 현지에서 이민자가 된 이들이다. 1980년대에 미국 이민은 그야말로 피크를 이루었고 미국 이민을 떠나지 못하면 팔불출에 속한다는 놀림까지 나올 정도였다.

▶하와이 이민 시대. 호노룰루 항구에 정박한 옛 이민선들. 이 배는 동양으로 왕래를 했다.

▼1903~1905년 하와이 사탕수수 농장으로 이민선이 떠날 때의 제물포(현 인천)의 모습.

연세대 김동길 교수가 강연차 로스앤젤레스에 와서

"서울에서 얼굴이 안 보여서 어디에 갔나 했더니 쓸 만한 사람들이 이 곳에 이민 와서 살고 있구면." 하면서 이민 시대를 실감했다는 이야기를 했다.

한국인의 미주 이민은 가족 이민이 특징이었다. 그리고 1965년부터 1980년대까지 미국 이민은 엘리트 이민으로 불리었다. 의사·간호사·사업가·엔지니어 등 고급 학력을 가진 사람들이 이민의 주류를 이루었기 때문이다.

보다 낳은 생활을 하기 위해서, 그리고 자녀의 교육을 목적으로 하였다고 해서 당시만 하더라도 좀 사치스러운 이민이라고까지 했다.

이민의 추세는 1980년대 후반부터는 고학력 이민에서 가족 초청 이민으로 변해갔다. 먼저 이민길을 떠났던 사람들이 한국의 가족을 초청했다.

한국의 경제가 고도 성장을 이룩하면서 엘리트에게는 미국 이민의 열의가 식어 갔다. 미국 이민의 다른 한 그룹은 관광이나 비지니스를 위해 갔다가 현지에서 영주권을 받은 이들이 꾸준히 늘어난 것도 눈여겨볼 만하다.

연방 이민국이 발표한 통계 연감에 따르면 94회계 연도(1993년 10월~1994년 9월)에 미국에 온 한국 이민자 16,011명 중 약 67%인 10,661명이 이민 비자로 입국했다(한국 등 외국에서 영주권을 받음). 그 중 33%인 5,350명은 관광 비자나 유학생 비자로 미국에 입국한 뒤 현지에서 영주권을 받은 것으로 나타났다. 무조건 한국을 떠나 미국땅으로 향했고 현지에서 영주권을 받았다.

미국에서 영주권이나 시민권을 받고 사는 이민 1세의 생활 형태는 4가지로 분류된다. 바로 이 기준이 미국 이민 성공도 측정의 한 기준이 될 수 있다.

첫째 그룹은 철저한 미국 주류 사회 진출파이다. 미국에서의 동화(同化)를 자연스럽게 받아들인 이들이다. 미국 공무원이나 대학 교수·정계·예술계·의료계에 진출했다. 미국식으로 살며 영어가 유창한 전문직 교포들이다.

둘째 그룹은 주류 사회와 한인 사회를 똑같이 삶의 터전으로 생각하는 양면성의 한인들이다. 영어를 잘 하며, 미국인 사회에서 사업을 하면서 한인 사회에도 참여하는 사람들이다. 이들을 2중 언어파라고 부를 수도 있다.

셋째 그룹은 한인 사회형이다. 한국인 컴뮤니티에서 사업이나 직장을 가지고 한인 사회를 무대로 해서 별 부담 없이 살아나간다.

넷째 그룹은 한국 사회 지향형이다. 이민 온 것을 후회하며, 한국으로 돌아가려는 마음을 가지고 항상 모든 관심이 한국으로 모아지는 이들이다.

미국 이민이 30년의 세월을 넘으면서 한인 컴뮤니티는 세대 교체가 빠르게 이루어져 가고 있다.

이민 1세대는 이미 50대에서 60대로 접어들었고 그들의 자녀인 1.5세나 2세들이 주류 사회나 한인 사회에 나서고 있다. 현재 영어권 세대가 미국 어느 지역 컴뮤니티이든지 35%에서 40%로 증가했다. 그래서 이민 1세대가 한 축을 이루고, 1.5세와 2세가 또 한 축을 이루며 양대 수레바퀴를 통해 발전해 가고 있는 것이 오늘의 미주 한인 사회이다.

미국에서 한인 사회 연구를 오래 해 온 뉴욕대학의 민병갑 교수는 한국에서 미국으로 오는 이민은 앞으로도 매년 8천 명에서 1만 명 선을 계속 유지해 나갈 것으로 전망하고 있다. 그 이유를 다음과 같은 6가지를 들었다.

첫째는 삶의 질을 중시하는 중산층 이상이 미국 이민을 가려고 한다. 명예 퇴직자나 나이가 많은 이들이 이에 해당된다.

둘째는 자녀 교육을 위한 이민이 꾸준히 계속된다. 아직도 한국에서는 대학에 마음대로 들어갈 수 없기 때문에 교육 이민을 선택하게 된다.

셋째는 취업 이민 및 투자 이민자들이 미국을 선택할 것이다. 한국의 기업 풍토 등이나 사업의 문제점을 알고 있는 이들로 미국에 가서 한국과 사업을 연결짓는 방안을 모색하게 된다.

넷째는 미국에 유학을 간 이들이 공부를 마친 뒤 현지에서 직장을 구하면서 영구 정착을 하게 된다.

다섯째는 한국에서 주한 미군이 철수하지 않는 한 매년 3~4천 명의 한국 여성이 국제 결혼을 해서 미국으로 들어가게 될 것이다.

여섯째 한국의 고아 입양이 그 숫자는 줄어들겠지만 일정 기간은 계속될 것이다.

요즈음에도 미국에 이민을 가는 이들에게 『이민 생활 십계명』이 있다고 말한다. 한 번쯤 음미해 볼 만한 내용들이다.

- 한국에서의 지위와 삶에 대한 추억을 잊어라.
- 맞벌이는 필수이다.
- 영어를 꼭 배워라.
- 인종 차별에 너무 상심하지 말라.
- 아이들에게 한국어를 가르쳐라.
- 일확 천금은 없다.
- 건강이 최고의 자산이다.
- 서양인 친구를 사귀어라.
- 남의 험담을 하지 말라.
- 역이민을 생각하지 말라.

이민을 떠나는 사람들의 사연을 정리해서 적어 보면 12가지가 된다.

기회와 약속의 땅에서 경제적으로 부유하게 살기 위해서, 유학(현지 이민화), 국제 결혼, 입양, 사업이나 취업, 자녀 교육, 가족 재회, 정치적 불안(과거 유신 독재·남북 관계 등), 부유층 도피 이민, 정치적 망명, 범죄 도피, 북한 방문이나 이산 가족 재회 등 갖가지이다.

이민 1세는 희생을 각오하고, 미국에 정착하기 위해 수많은 고생을 하면서도 자녀 교육을 위해 모든 것을 바치고 있다. 그래서 이민 1세들은 봄에 밭 갈고 씨 뿌리는 농부로 표현된다. 가을의 수확, 이민의 수확은 자녀들이 해야 할 몫이다.

2. 5백50만 해외 이민자는 우리의 국력

한 나라 국력을 평가하는 기준은 여러 가지가 있다. 그 중의 하나가 바로 자국민이 얼마나 많이 외국에 이민을 나가 살고 있는가 하는 것이다.

19세기 식민지 시대의 국력은 바로 영토 확장이었다. 하지만 현대 국제 사회에서는 고전적 개념의 영토 확장보다는 자본·기술·정보·인력 진출이 국력 신장의 새 기준으로 평가받고 있다.

국토는 좁고 경제는 낙후되고 국민이 지나치게 많은 나라는 자기 나라 국민의 해외 이주라는 방법을 통해서 세계 속으로 국력을 넓혀 나가고 있다.

한국은 미국·중국·러시아·일본 등 4대국에 약 5백50만 명이 퍼져 나가서 살고 있다. 한국은 이러한 숫자로 본다면 이민의 선진국이자 이민 일등국이라고 할 수 있다. 한국의 근대 이민사는 1백 년밖에 안 되지만 중국·이스라엘·이탈리아 다음으로 해외 이민자가 많은 나라가 되었다.

현재 화교가 2천2백만 명, 유태인이 1천5백만 명, 이탈리아인이 5백50만 명에 이른다. 그러나 본국의 인구 비율과 분포국 수에서는 단연 1위를 차지하는 국가가 우리 나라이다.

그래서 이민자들은 『선구자 혹은 개척자, 또는 창의적이고 진취적인 그룹, 찬란한 문화를 가진 민족의 후예, 자랑스런 한민족』 등으로 부른다. 그리고 『비전과 꿈을 찾아 나선 이들, 미래를 향해서 사는 사람들』이라고도 할 수 있다.

이민자는 바로 『세계인』이 된 사람들이다. 선진국에 나가서 살면서 국제적 감각은 물론, 선진국형 사고(思考) 및 행동, 더불어 사는 정신, 봉사 정신을 실천하고 있기 때문이다. 우리 선조 중에도 그런 분들이 있었다. 언론인 이규태 씨는 신라인 설계두라는 청년의 진취적인 이야기를 칼럼에 썼다.

신라 진평왕 때의 설계두라는 청년은 친구들과 어울리는 자리에서 이런 말을 자주 했다.

"도대체 신라 사람들은 골품(骨品)이나 논하고 문벌만 따질 뿐 뛰어난 재주나 걸공(傑功)을 보지 못하니 답답해 못 견디겠다. 나는 멀리 중국땅에 가서 비상한 공을 세우고 영달의 길을 걸어 신검(神劍)을 차고 천자 곁에서 천하를 호령하고 싶다."

그리고서는 어느 날 남해에 일엽주(一葉舟)를 띄워 망망대해 속으로 그림처럼 사라져 갔다.

신라 젊은이 중에는 이같은 모험적 개척 정신이 왕성했던 한 시기가 있었던 것 같다.

당서(唐書)에 보면 이 신라 청년의 개척 정신은 훌륭하게 결실을 거두었다.

설계두는 당태종에 발탁되어 무위장군(武衛將軍)으로 싸우다 전사했으며 태종이 입었던 옷을 손수 벗어 시신을 덮어 줌으로써 그 공을 기렸다고 했다. 또한 신라 문성왕 때의 중국땅에 신라방을 설치하였던 해상왕 장보고의 이야기도 흥미롭다.

이를 보아도 한국의 세계화는 삼국 시대부터 이미 시작된 것 같다. 비록 전쟁 포로나 유이민으로 끌려갔지만 먼 훗날 떠나온 조국의 문화와 뿌리를 심어 갔다. 그들은 선구자라는 말을 들으면서 자랑스럽게 한 삶을 살았다.

그렇게 생각하면 오늘의 해외 동포도 삶의 터전을 한반도 밖으로 옮겨 살고 있는 우리의 핏줄이다.

한국인은 세계 어디에 살든지 한국인이지 결코 외국인은 아니다. 한국인이 각기 사정에 의해서 각자 살고 있는 곳에서 국적을 취득했다고 해서 태어난 고향을 부정하거나 핏줄과 조상을 마음대로 바꿀 수는 없기 때문이다.

해외 동포들의 공통점 하나는 열렬한 조국애를 가지고 있다는 것이다. 꿈 속에서조차 조국을 사랑한다. 물론 '외국에 나가면 모두 애국자가 된다'고 하지 않는가.

어느 학자는 미주에 사는 동포들은 국제성(國際性)·진취성(進取性)·애국심(愛國心)을 가진 존재라고 표현을 했다. 그리고 5백50만 해외 동포는 바로 대한민국의 외교관이라고 말한다.

그들은 국산 제품의 세일즈맨이며 또한 한국 문화의 홍보 요원이며, 또한 국가에 필요한 정보의 제공자 역할을 하고 있다는 평가이다. 한 언론인은 해외 동포가 우리 민족의 엄청난 자산이라는 이유를 다섯 가지로 설명했다.

첫째, 해외 이민은 무보수 문화 사절이다.

둘째, 해외 이민은 영토 확장의 기수들이다.

셋째, 해외 교포는 관직 없는 외교관이다.

넷째, 남북한 통일의 기여자이다.

다섯째, 해외 교포는 한국의 세계화·국제화의 기수들이다.

21세기 한민족의 시대, 해외 동포의 역할은 갈수록 더욱 커질 수밖에 없다. 해외 동포는 다른 나라에서 발붙이기 위해 노력하는 과정에서 남보다 먼저 국제화의 시련 및 시행 착오를 겪었기 때문이다. 그들은 한민족의 세계화의 첨병 역할을 할 수 있는 힘을 가지고 있다.

전세계에서 뿌리를 내리고 있는 재외 동포는 한국의 국제화 가이드 역할을 하고 있으며, 선진 국가의 고귀한 경험과 정보를 무료로 고국에 전해 주고 있다. 선진국의 기술과 산업 동향을 알려 주기도 한다.

더 나아가서 『메이드 인 코리아』의 알찬 바이어가 되었고, 송금을 통해서 본국 경제에 기여를 했다. 지난 15년 사이에 해외 교포의 송금액은 다음과 같다.

● 1984년: 4억7천만 달러

● 1985년: 5억4천만 달러

● 1986년: 9억80만 달러

- 1987년: 10억9천4백60만 달러
- 1988년: 13억3천5백80만 달러
- 1989년: 9억7천4백30만 달러
- 1990년: 12억8백40만 달러
- 1991년: 13억1천8백30만 달러
- 1992년: 15억7천50만 달러

1984년에는 4억7천만 달러가, 3년이 지난 1987년에는 10억 달러를 넘을 정도로 크게 늘어났다. 그리고 해마다 송금액은 증가하고 있다.

해외 교포들이 한 역할 중에 또 하나의 평가는 바로 한국의 정치 발전과 민주화에 공헌을 했다는 것이다. 1960년부터 1980년까지 20년간 군사 독재에 항거했으며, 1980년 후반부터는 조국의 통일을 위해서 해외 교포들이 나서고 있다.

교포들은 남북한의 적대적인 관계에 화해를 시키는 중간자적 역할을 맡고 있다. 남북한 간의 교류와 협력에도 중개적인 역할이 필요할 때라 그 기대는 더욱 높아지고 있다. 하지만 앞으로는 과거의 중간자적, 소극적인 역할론에서 독자적인 지식과 사명을 가지고 남북한을 지원하고 직접 투자를 하는 『교포 주체론』이 대두되고 있다.

북한 바로 알기, 북한의 식량 및 의료품 지원에 미주 교포가 본격적으로 나서고 있는 것도 먼 훗날 통일을 위해서 맡아야 될 책임이기도 한 것이다.

한 이민 연구가는 해외 동포의 통일 역할을 다음과 같이 역설하고 있다.

　"이제 우리 해외 동포들은 남과 북의 집권자들이 지난 50년 간 강요해 온 민족 해방이니, 반공이니 하는 허구적인 논리의 지배를 벗어나서 객관적으로 남북의 현실을 직시하고 조국의 앞날을 제시해 줄 수 있다는 점에서 통일에 대한 독자적인 역할과 사명을 갖고 있다."

　통일 문제는 기본적으로 남과 북이 하나가 되는 골격 구조라면 우리 해외 동포들은 피와 살이 되어야 한다. 해외 동포들이 지금 맡아야 할 역사적인 책임과 사명은 바로 조국의 통일 운동에 적극적으로 나서는 것이다.

　앞으로 범민족 해외 단체가 출범하면 남북한의 높은 불신의 벽, 적대감의 벽을 낮추기 위해 남과 북의 지도자에게 5백50십만 해외 교포의 뜻을 전달하고 변화를 촉구할 것이 기대되고 있다.

　그리고 미국으로 이민을 가서 살고 있는 한국인의 역할은 크게 보아 시대의 가교 교류, 미국에 한국 문화의 전파, 미주에서의 독립 운동, 미국에서의 민주화 운동, 미주에서의 통일 운동, 미국 주류 사회 진출, 미국 경제 성장에 기여, 한국 경제 발전에 공헌, 자녀 교육에 헌신, 한국 의식 선진화에 기여 등으로 볼 수 있다.

3. 이민은 인류사와 함께 시작되었다

이민은 인류의 역사와 함께 시작되었다. 사람들은 국경선이 없던 시대, 인간은 보다 살기 좋은 곳을 찾아 나섰다. 더욱 살기 좋은 땅이 있으면, 또 이주를 했다. 어찌 보면 인간사는 바로 이민사라고 말할 수 있다.

계절 따라 농경지를 찾아 이동한 유목민이 바로 이민의 원조이다. 예로부터 인간은 비옥한 땅, 기후가 좋은 곳, 안전한 곳을 삶의 최적지로 생각했다. 인간은 전쟁을 피해 이곳 저곳으로 옮겨 다녔고, 그러다가 전쟁 포로가 되면 자기가 태어나고 살던 땅을 강제로 떠나야 하는 불행한 이민자가 되기도 했다.

점차 문명이 발달하면서 삶의 조건을 향상시키기 위한 이들이 국경을 넘나들었고 종교나 사랑, 자기의 능력을 펴 나가기 위해서 자연스럽게 미지의 땅 새 천지를 찾아 이동했던 것이다.

세계 이민사는 미국이 독립을 한 1776년을 경계로 하여 갈라진다.

그 이전은 고대 그리스·로마 시대, 그리고 근세의 지리적 발견 시대에 이은 유럽 사람들의 해외 영토 정복에 따른 식민이었다. 16세기에 스페인·포르투갈로부터 미 대륙으로의 이주자는 10만 명을 넘었으며, 17세기에 프랑스로부터 캐나다로 이주한 사람들은 약 7만 명에 이르렀다.

미국의 독립 후 유럽으로부터의 이민은 나라에로의 이주 형태로 바뀌었다. 유럽의 해외 이주는 본래 자유 이민이었고, 보조 이민도 있었다. 일부 국가는 해외 이주에 대해서 보조까지 해 주었다. 그 이유는 『국민에게는 세계 어느 곳에서나 생활의 본거지를 선택할 자유가 있으며, 그 자유를 실천하기 위해서 어느 정도 경제적으로 뒷받침해 주는 것이 국가의 의무』라고까지 생각했다.

사전에는 이민을 『개인이나 집단이 항구적 또는 장기에 걸쳐 자기 나라를 떠나 다른 나라의 영토에 이주하는 일, 또는 이주하는 사람』으로 정의하고 있다. 이민은 출입국의 구별에서 출이민(出移民：Emigration)과 입이민(入移民：Immigration)으로 나누어진다.

우리 나라에서 미국으로 이민을 갔을 경우 우리 나라로서는 이출민(移出民)이고, 미국으로는 이입민(移入民)이 되는 것이다. 나라마다 민족마다 시대에 의해서 이민은 여러 가지 모습을 보이고 있다.

이민을 물결(Wave)이라고도 부른다. 파도처럼 한 번씩 밀려온다고 보았기 때문이다. 이민의 동인(動因)으로 가장 보편적이고 기초적인 것은 경제적 이유이다. 사회적 종교적인 원인도 있지만 일반적으로는 상호 보완적이다.

또한 이출국에서는 인구의 과잉, 이입국에서는 노동력 수요 등이 가장 보편적으로 이민을 만든다.

이민에 대한 정의는 고전적으로부터 현대에 이르기까지 다양하다.

- 이민은 이민족(異民族) 사회에 가서 사는 것이다.
- 자기가 묻힐 곳을 찾아 떠나는 것이 이민이다.
- 외래인(外來人)이 도래(渡來)하여 국적을 바꾸어 가지는 것이 이민이다.
- 이민도 하나의 본능적인 활동이다. 잘 살기 위해서, 인간답게 살기 위해서, 자기의 능력을 개발할 수 있는 곳을 찾아가기 때문이다.
- 이민은 영토의 확장이다.

이민의 일반적 추세는 못사는 나라(後進國)에서 잘 사는 나라(先進國)로, 정치적으로 불안한 나라 즉 전쟁이나 혁명이 일어나는 나라에서 안정된 나라로, 자연 환경이 나쁜 나라에서 좋은 나라로 이주해서 사는 것이다. 그렇기 때문에 이민은 바로 기회이자, 꿈을 찾아서 이를 실현하는 행위이다. 이민에는 선택과 의지가 따른다. 본인과 자녀 교육을 향한 열망이자 자신의 능력을 최대한으로 발휘하기 위한 꿈이 서려 있다.

이민은 항상 행복한 것만은 아니다. 슬픈 이민, 불행한 이민, 한 많은 이민도 있다.

전쟁이 이민자와 이민 사회를 만들기도 한다. 전쟁 포로나 인질로 잡혀 오면 일정 기간 뿌리를 생각하며 그리워하지만 어느 정도 세월이 지나면 끝내는 그 나라에 동화해 버리고 만다.

　　그래서 전쟁에서 붙잡힌 포로는 노예와 마찬가지로 강박 이민의 유형에 속한다고 이민 전문 학자는 말한다.

　　19세기 이민은 자유 의지에 의한 이민이고 대체로 성공한 것으로 평가한다. 이민자는 새 나라에서 경제적인 성취를 이루면서 떠나온 나라에도 공헌할 길을 찾고 있다. 서구의 이민사가 자의적 경제적 동기에서 출발했다면 동양의 이민사는 비자의적, 정치적 이유에서 출발한 것이 특징이다.

　　인간의 역사와 이민사는 같은 뿌리, 한 줄기이다.

　　한 나라 역사의 기본 줄기를 총론(總論)으로 본다면 이민사는 기본 줄기의 작은 역사, 각론(各論)의 한 부분에 속한다고 볼 수 있다.

4. 한국 이민 1천5백 년은 한(恨)의 역사이다

한국의 이민사는 한(恨)의 역사이다. 가난과 외침(外侵)이 유민과 전쟁 포로를 만들었고 눈물 속에 고향을 떠나야 하는 슬픈 역사로 이어졌다. 신라가 삼국 통일을 할 전후 백제인들은 망국의 설움과 실지 회복의 뜻을 가지고 일본으로 건너갔다. 북방 변경 지역의 민초들도 흉년을 견디다 못해 북만주와 연해주로 기약 없이 떠났다.

임진왜란으로 5만여 명의 조선 민족이 강제로 일본에 붙잡혀 갔고 병자호란 때에도 수만의 왕실 인사와 관리 그리고 무고한 백성과 아녀자까지 중국으로 끌려갔다. 이들은 서울의 홍제천에서 몸을 씻고 환향녀(還鄕女)가 되어 다시 돌아왔다.

그 이후 조선 시대에도 학정에 견디다 못한 백성들은 실의에 빠져 월경(越境)을 택했다. 1910년 일제의 침략으로 나라를 잃자 전시 입대 및 강제 노역에다 정신대 연행 등 또 한 번 큰 비극을 맛보아야 했다. 한국 전쟁 후에는 전쟁 고아 및 포로가 이름 모를 나라로 떠나는 타의에 의한 이민도 계속되었다.

　오늘도 한국에는 이들의 한을 풀어 줄 노력이 부족한 채로 수난 이민사의 정리 및 체계화가 이루어지지 못하고 있다. 한국의 초기 이주사는 유민(流民)·유랑민(流浪民)·유이민(流移民)으로부터 시작되었다.

　유민과 유랑은 『생활이 어렵거나 난세를 만나거나 또는 혹독한 주구(誅求)를 견디지 못하여 고향을 떠나 정처없이 떠돌아다니는 백성』이라는 말이다. 그들은 가깝게는 압록강·두만강을 건너 중국으로 그리고 바다 건너 일본까지 흘러들어갔다. 도난민(逃難民)과 월경인(越境人)도 한국 이민의 한 흐름을 이루었다.

　조선 중기부터 평안도와 함경도의 변민(邊民)은 자주 압록강과 두만강을 넘어 중국의 동북땅에 가서 거주를 했다. 17세기에 들어오면서 조선인은 경제상으로 봉건 통치 계급의 참혹한 착취를 당했다. 게다가 자연 재해까지 자주 밀어닥쳐 생활이 아주 어려워졌다. 그래서 토지가 많고 인구가 적으며, 말썽과 부역이 적은 중국쪽으로 자연스럽게 도망을 갔다. 봄·가을이면 두만강 물이 깊지 않아 거리가 가까운 곳으로 넘었고, 겨울에는 얼음을 타고 중국땅으로 그리고 더 멀리 연해주땅으로 흘러들어갔다.

　오늘날에도 자유를 찾아, 혹은 식량을 찾아서 북한으로부터 탈북하는 현상은 옛 모습과 너무나 비슷하다. 일제 치하가 싫어서, 탄압을 피해서 그리고 먹을 것을 찾아 무조건 두만강을 건너 북간도땅으로 정처 없이 떠났던 유이민(流移民)의 모습이 재현된 것 같다. 탈북자도 유이민자의 한 유형이라고 볼 수 있다. 이제 그들이 가서 살아야 할 땅은 예전처럼 중국이나 러시아가 아니라 대한민국이라는 것이 다를 뿐이다.

송(宋)나라 숭덕 4년인 1639년 6월 14일 청나라 호부(戶部)에서 조선의 왕에게 서신을 보내 왔다. 그 내용은 약 20여 명의 조선 사람이 도망하여 지금의 훈춘 지역에 와 있는데, 다시는 이러한 일이 없도록 조치해 줄 것을 요청한 것이다. 이 기록은 아직도 남아 있다. 중국이 요즈음 북한에 하는 것과 같다.

이보다 더 불행한 이민사는 피침의 포로사로, 임진왜란과 정유재란 때 극에 달했다. 무고한 백성 5~6만 명이 일본으로 끌려갔다. 정묘호란과 병자호란 때 관리 및 백성·아녀자 등 수만 명이 또다시 중국으로 붙잡혀 갔다. 우리 민족사에 있어서 가장 비극적인 일이 크게 두 번에 걸쳐 일어났고 그 당시 지도자들은 힘이 없어 끝내 이들의 비극을 막지 못했다.

일본에 끌려갔던 이들은 다시 일본으로부터 동남아 제국 또는 인도를 거쳐 유럽에까지 노예로 팔려 나갔다. 이 때 전쟁 포로에서 노예상의 손을 거친 이가 2천여 명에 이른다. 이탈리아 남부 마을인 알비에는 안토니오 코레아가 집성촌을 이루고 사는데, 그들은 일본에서 노예로 팔려 나간 바로 그 후예들이 사는 곳이다. 지금도 그들은 뿌리를 찾을 생각도 하지 않고 유럽의 어느 땅에서 잊혀진 채 살아가고 있다.

20세기 초에는 계약 노동자로 하와이·멕시코로 정식 이민을 가는 한 시대가 있었고, 건국 후에는 유학생·전쟁 고아·국제 결혼 등으로 미국으로 떠났다.

본격적인 한국의 이민 시대는 1960년대 남미 및 미주의 이민을 통해 세계 속으로 뻗어 나갔다. 이제는 알래스카의 빙하 마을에서 아프리카의 소도시에서, 남태평양의 작은 섬에서, 러시아의 농장에서도 한국인의 후예들이 뿌리를 내리며 살아간다. 한(恨)으로 시작된 이민사가 이제는 『지도에 없는 한국』을 이루며 한국의 국력으로 평가를 받고 있다.

한국의 첫 공식 이민은 1903년 하와이 사탕수수 농장의 노동 이민으로 시작되었다. 비공식 유이민사는 A.D.665년~A.D.685년 사이에 약 3천1백 명의 백제인이 일본땅으로 건너갔다. 따라서 한민족의 공식 이민사는 서기 2003년 1월 13일에 한국 이민 1백 주년을 맞이한다. 한편 유이민사는 서기 665년으로 보면 1500년에 이르고 있다.

물론 한국의 유이민과 공식 이민사에 대해서 본격적이고 체계적인 연구는 없다. 그래서 한국 이민사의 시점(時點)을 어디서부터 정할 것인지에는 시각이 다르다. 하지만 공식 이민사의 원년은 1903년 하와이 이민으로, 그리고 유이민사의 원년은 A.D.665년으로 보는 것이 무리가 없을 것이다. 백제 유민의 일본 이동을 유이민의 시작으로 볼 수 있는 이유는 다음과 같다.

첫째는 자의에 의해서 약 3천1백 명의 백제인이 일본을 선택하고 집단적으로 떠났다는 것이다. 우선 그 당시로도 숫자가 적지가 않으며, 정치적 망명 성격을 가졌다는 것이 특기할 만하다.

둘째는 다시 백제가 나라를 찾으면 돌아오겠다는 한시적이며 조건부로 떠났다. 하지만 끝내 그 나라에 뿌리를 내리며 동화되어 살았다. 자연스럽게 이민자가 되어 간 것이다. 이들은 유민으로서 떠나온 백제의 문화와 역사를 간직해 나갔다.

셋째는 일본의 역사 중에 백제 유민의 역사가 인정을 받고 있다는 것이다. 그 나라의 주류 사회에 기여를 했기 때문이다.

　한민족의 역사와 함께 시작된 이민은 시대별·목적별로 다음과 같이 나눌 수가 있다.

① 전근대적 이민(650~1500) : 유이민·기민(棄民) —중국·러시아

② 전쟁 포로 이민(1592~1636) : 중국·일본

③ 월경 이민(越境移民)(1700~1850) : 도난민·유민·개척 이민—중국·러시아

④ 미주 초기 이민(1903~1945) : 신도 학생 이민·노동 이민·노예 이민·계약 이민·사진 신부 이민·정치 망명 이민—미국

⑤ 해방 이후 이민(1945~1960) : 전쟁 고아 입양 이민·국제 결혼 이민·유학생 이민·전쟁 포로 이민—전세계

⑥ 남미 이민(1960~1975) : 농업 이주·자영 이민—남미

⑦ 미국 새 이민(1960~오늘) : 초청 이민·연쇄 이민·가족 이민·개인 상업 이민·도피성 이민·사치성 이민·특정 이민·일반 이민·후기 이민·삼각 이민·서독 광부 이민·사기 이민·고급 두뇌 이민(엘리트 이민)·순수 투자 이민·환경 이민·명퇴 이민·유학 이민·재이민·역이민·입양 이민·낙하산 이민·조기 유학 이민·양다리 이민·기회주의 이민·독립 이민·기업 이민·유턴(U-Turn) 이민·독신 이민

한국민의 이민사를 간단히 정리하여 보면 다음과 같다.

■ 한국인의 이민사

형 태	나 라	시 기	인 원	비 고
귀화	일본	신 라(692~768) 고구려(690~716) 백 제(665~685)	580명 250명 3,100명	신라가 676년 삼국 통일을 하는 전후 백제인이 주로 일본으로 망명 (현규환 저, 流移民史 下권)
포로 강제 이주	일본	임진왜란 정유재란 (1592~1598)	약 5-6만 추정 (최저 3만에 서최고 10만 까지로 봄)	고국으로 약 7,500명 귀환 일본에서 약 2,300명이 포르 투갈 상인 등에 의해 유럽 지역으로 노예로 팔려감 (현규환 저, 流移民史 下권)
포로 강제 이주	중 국 (만주)	사얼호 전쟁 (1618년) 때 명나라 지원으로 나갔던 군사 병자호란 (1636년)	여신(후금)에 약 7,000명 정도 3,000명(수만 으로 표현 곳 도 있음)	그 전후로 피신·도망민·혼인 및 인척으로도 넘어감 병자호란 때 잡혀 갔던 여인들이 고향으로 돌아옴 (중앙아시아 한인의 의식과 생활, 한국사회 사학회·문학 과 사상사)
유이민· 월경 개척민	중 국 (만주)	1860~1945년	약 165만명	가난과 일제 지배를 피해서 주로 동북 3성으로 이주 주로 농업 종사
유이민 월경 개척민	구소련 (연해주)	1860~1945년	약 18만명	가난 및 일제 지배를 피해서 이주 1937년 9월 다시 중앙 아시아로 집단저리 이주
노동 이민	미국령 하와이	1903~1905년	7,226명	사탕수수 농장의 노동자로 이주 한국 외척 왕실 해외 이민

형 태	나 라	시 기	인 원	비 고
노예/ 노동 이민	멕시코 유가탄 반도	1905년	1,033명	애니깽 농장의 4년간 계약이 주로 노예생활을 함 영영 고국으로 못 돌아옴
노동이민	쿠 바	1921년	288명	멕시코 노예 이민자가 재이민
사진 결혼 이민	하와이 미국본토	1910~1924년	980명	
정치망명/ 신도/학생	주로 미국본토	1999~1909년 1910~1918년 1921~1940년	64명 541명 289명	미주에서 독립 운동 및 교포 사회 지도자가 됨. 일부는 귀국해서 대한민국 건국에 기여
노동 및 징용 이주	일 본	1910~1924년 1939~1945년	103만명 130만명	해방 후 182만 명 귀환 (현규환, 유이민사 下권)
특정 이민	미 국	1948~1965년	약 15,000명	전쟁신부·입양아·유학생 등
일반 이민	미 국	1965~1976년	약 170,00명	미국의 새 이민법에 의해 이주·취업이민· 초청 이민·삼각 이민 등
농업 이민	남 미	1962~1975년 1965~1975년 1965~1975년 1965~1975년	브라질 9,80명 알젠틴 2,50명 파라과이 50명 볼리비아1,100명	미국 및 캐나다로 재이주
신이민	미국/ 캐나다등	1977~현재	약 120만명	투자 이민·가족 초청·유학 이민·환경 이민·취업 이민· 명퇴 이민

5. 한국 이민의 특징은 귀소 본능형이다

한국의 이민은 귀소 본능(歸巢本能)이 강한 것이 특징이다. 이민을 떠난다는 것을 영구적인 것이 아니라 한시적으로 생각한다. 영구 정착성(永久定着性)이라기 보다는 일시 거주, 즉 언젠가는 고국으로 되돌아간다는 조건부 이민으로 생각하고 떠난다.

아마도 이는 우리 민족의 뿌리 깊은 유교 사상에서 나온 것으로 이해가 된다. 그리고 가족 중심 사회에서 그 뿌리를 찾을 수도 있다. 내가 태어나서 탯줄을 묻은 곳, 부모·조상을 묻은 선영이 있는 땅을 등지는 것을 죄악시하는 유교적인 풍습이 우리 핏줄에 흐르기 때문이다.

청나라의 옛 기록에도 『할아버지 산소가 있는 땅을 버리고 해외로 나가서 이득을 찾겠다는 무리들은 정부가 알 바 아니다.』라고 쓰여 있다. 저 혼자 잘 먹고 잘 살겠다고 조상의 무덤을 멀리하고 떠난 이는 조상과 나라를 배반한 자라고 규정한 것도 눈여겨볼 만도 하다. 고향을 떠나 외국으로 간 이들을 한국과 중국에서 특히 죄악시했다.

　귀소 본능이란 동물이 자기가 태어나 살던 집이나 둥지로 되돌아오는 것이다. 이와 비슷한 의미로는 수구초심(首丘初心)이라는 말이 있다. 여우가 죽을 때는 머리를 제 살던 굴 쪽으로 두고 죽는다는 이야기이다. 동물들은 자신의 서식 장소나 산란·육아 등을 하던 곳에서 멀리 떨어져 있어도 언젠가는 다시 그 자리로 되돌아오는 회귀 본능(回歸本能)을 가지고 있다. 우리 인간도 예외는 아니다. 특히 우리 한국인에게는 다른 민족보다 귀소성이 더 강하다.

　연어는 산란을 위해서 처음 태어난 모천(母川)으로 되돌아온다. 귀소성을 가진 동물로는 꿀벌·비둘기·송어·연어를 들 수가 있다.

　얼마 전 한국의 TV에서 『연어가 돌아올 때』라는 연속 드라마를 방영해서 화제가 된 적이 있다. 부모를 따라 미국으로 이민을 갔던 1.5세가 다시 부모의 나라를 찾아온다는 것이 그 줄거리였다.

　한국인의 이민과 서구인의 이민은 그 출발 사고 방식부터 다르다. 한국인의 이민은 언젠가는 고향으로 다시 돌아온다는 일시적 이민 혹은 조건부 이민이라면, 서구인은 내가 떠나서 사는 그 곳에서 영영 뿌리를 내리겠다는 영구성 이민이다.

　한국인은 항상 고향과 타향을 구별하지만 서구인들은 태어난 고향 못지않게 지금 열심히 사는 그 곳에서 고향처럼 사는 것을 자랑스러워한다.

　추석 때 한국인들은 2천만 명이 귀향길에 오르는 것도 귀소 본능의 한 표현이다.

전세계에 나가 있는 이민자 중에서 한국인만큼 모국 회귀ㆍ모국 관심이 높은 이민자는 없다. 돌아갈 고향에 대해서 이민 가서 사는 그 나라보다 더욱 관심을 기울인다. 그래서 그런지 본국의 정치 기상도에 가장 민감한 반응을 보이는 것이 해외의 한인들이다. 이로 인해 이민자들이 새 사회에 뿌리를 내리지 못하게 만들었다는 지적도 있다.

한국인의 귀소성은 조국을 떠날 때부터 고정 관념이기도 하지만 이민을 나간 다음에 현지에서도 생긴다. 그 이유는 한국인의 민족성에서 찾을 수가 있다. 한국인은 단일 민족 의식이 강하고 타민족과 더불어 살아 본 경험이 없기 때문이다.

게다가 영어를 못하게 되면 미국인과 접촉을 피하거나 꺼리기까지 한다. 그리고는 "다시 돌아가야지, 돌아가서 살걸."이라고 안위를 한다. 귀소 본능이 어떤 이민자에게는 역이민을 부추기게까지 한다.

특히 연령이 높아지고 신체적인 한계를 느끼기 시작하면서 떠나온 고국을 더욱 그리워하게 된다. 어떤 이민자는 몸은 미국에 살면서 마음은 한국에 가 있는 기류 의식(寄留意識)까지 갖게 된다. 그런데 이런 기류 의식은 가인화 현상(假人化現像)을 불러일으킨다. 말하자면 로스앤젤레스 코리아 타운을 서울시 나성구로, 올림픽가를 을지로나 종로처럼 생각하면서 서울에 사는 듯한 느낌까지 갖게 되는 것이다.

이것을 미주 동포의 『서울병』이라 말한다. 1세들은 미국에서 살면서도 한국적인 생활 감각이나 의식을 고수할 뿐만 아니라, 이것을 자랑스럽게 생각한다.

그래서 재미 한국인을 Korean-American(합성어로 Komerican)
이라고 부르기보다는 미국 내에 사는 한국인, 즉 Korean in America
라고까지 한다고 서울대 이광규 교수는 설명한다.

미국에서 귀소 본능이 긍정적인 면으로 나타날 때도 있다.
돌아가야 할 내 조국을 사랑하는 마음이 애국심으로 표현되는 것
이다. 한민족의 회귀성이 애국심이나 조국애, 국산 제품 사랑하
기로 나타난다.

현재 살고 있는 미국보다 한국을 더 사랑하는 마음이 어떤
때는 귀소 의식에 따른 민족주의로 승화되기도 한다. 시집 간 딸
이 시집보다 친정을 더 생각하는 것이 어쩌면 귀소 본능과 통한
다고 볼 수도 있다.

6. 이민은 결국 동화(同化)이다

이민은 결국 동화(Assimilation)를 의미한다. 이민 가서 뿌리 내리는 그 나라에 언제 어떻게 동화가 되는지 정도의 차이는 있겠지만 약 1백 년, 즉 3~4대의 세대가 지나는 사이 자연스럽게 동화된다.

현재 미국에는 초기 이민 때의 한인 후예가 4~5대째 뻗어 나가고 있다. 그런데 한인 4세는 이미 백인과 똑같은 사고 방식과 생활 패턴을 가지고 있다. 한 한인 이민 연구가는 이민 1세는 100% 한국인이고, 이민 2세는 40%는 한국인이고 60%가 미국인 그리고 이민 3세는 80~90%가 미국인에다 10~20%만이 한국 문화 및 뿌리 인식을 가지고 있다고 말한다. 그리고 이민 4세는 이미 동화되어 100%가 미국인이라는 것이다.

이민 간 나라의 말을 주로 사용하는 것 자체가 동화의 중요 단계이고 미국인과의 결혼은 반은 미국인으로 동화되는 것으로 본다.

　한국인 3세인 미스 유니버스 브룩 리 양(한국 이름 이순희)이 한국을 방문했을 때 자신의 아이덴티티(자아 의식)에 대해서 이야기를 했다. 그녀의 할아버지는 사탕수수 농장의 초기 한인 이민 1세이고 할머니는 하와이 원주민이었다. 그리고 브룩 리 양의 어머니는 중국계이다. 그녀는 "핏줄을 따지면 아버지는 50%가 한국인, 나는 25%의 한국인에 불과하다. 하지만 미국에 있는 우리 가족은 늘 불고기·김치를 먹으면서 살아왔다."면서 25%의 핏줄이 자기에게 한국인으로 남아 있다고 말했다.

　이민 4세가 지나면 그 나라의 사고 방식으로 산다. 단지 가계도(家系圖;Family Tree)에만 조상이 한국인이라는 기록이 남아 있을 뿐이다. 결혼을 미국인과 빨리 하면 할수록 동화는 그만큼 더 빨라진다.

　기나긴 피침(被侵)의 한국 역사 속에 타국에 가서 동화된 예는 많다.

　고조선·삼국 시대는 물론 그 뒤 고려·조선조 초기에 이르기까지 중국에는 줄곧 우리 민족이 살고 있었지만 결국 다 동화되고 말았다. 또한 러시아로 떠났던 유민의 후예들도 다 러시아화가 되었다. 이들 중 82%는 다른 나라 민족과 결혼을 한 족외혼(族外婚)이다. 3세 및 4세에게 할아버지·할머니의 나라 코리아에 대한 생각은 점점 멀어져 가고 있다.

　17세기 중국으로 넘어간 조선인은 어떤 종류의 이민이든 간에 모두 긴 세월을 거치면서 만주족·한족(漢族) 혹은 몽고족에 동화되었다. 청나라 영고탑 부근에 약 1200~1400명의 조선인이 살고 있었는데 만주·몽고족에 동화되었다는 기록이 나온다.

임진왜란 때 일본에 포로로 잡혀간 우리 민족이 4백년의 세월 속에 일본인이 되고 말았다.

허원무·김광정 교수는 미국 이민 1세가 동화되어 가는 과정을 5단계로 나누어 설명하고 있다.

첫 단계는 이민을 간 후 미국 사회와 문화에 대해서 흥분(興奮)으로 받아들인다. 미국의 풍요로운 물질과 편리한 시설 등에 깊은 인상을 받고 흥분을 한다. 이민의 첫 1년에 해당된다.

두 번째 단계는 하락 상태 즉 미몽(迷夢)에 빠져들게 된다. 세월이 흐름에 따라 첫 흥분이 사라지면서 불만 등이 생긴다. 대개 1~3년 사이에 그러한 느낌을 갖게 된다.

세 번째 단계로는 5년째가 넘어서면서 영어 소통, 경제적 안정, 미국 생활의 활용 등으로 최고의 만족(滿足)을 나타낸다.

네 번째는 10년이 지나면서 다시 하향 곡선을 그리게 된다. 미국 생활에서는 더 이상 발전이 없으며 미국 주류 사회 깊숙히 진출할 수도 없고 들어가면 들어갈수록 더욱더 벽에 부딪치거나 한계(限界)를 느끼게 된다.

다시 5~6년이 지나면 마지막 단계로 주어진 상황에 만족하며 동화(同化)되면서 살게 된다는 것이다.

미국 이민자들은 한국식으로 살기도 하고 미국식을 따르기도 한다. 그러나 많은 이들은 두 쪽을 가미한 혼합식으로 사는데 이중 문화와 다원 문화론 속에 빠져서 사는 것이다. 또한 한국인들도 미국 사회에서 살아가면서 처음에는 같은 한국인들끼리 서로 돕고 살다가, 서로 경쟁을 하고, 갈등을 일으켜서 떨어져서 살다가, 다시 화해를 하며 살게 된다고 사회학자들이 말한다.

"오늘날에도 아시아에서 온 이민 1세들은 백인들로 구성된 주류 사회에 동화할 능력이 없는 이방인이란 인식이 남아 있다."고 버클리대학 캠퍼스에서 아시아 이민사를 연구하는 일본인 2세 로널드 다카키 교수는 말한다. 즉 이민 1세는 떠나온 조국에 대한 사랑과 향수로 미국 사회의 동화와 갈등을 느끼지만 2세부터는 자연스럽게 동화하고 주류 사회로 진출을 하는 것이다.

그래서 "이민은 형극의 길이다. 1세 때 씨를 뿌리고 2세 때 가꾸어 3세 때 꽃피우고 결실한다."고 말한다.

미국의 이민 정책은 동화를 전제로 출발했다. 소수 민족의 수가 늘어 가면서 그들의 언어와 전통·역사를 존중할 뿐이지만 결국은 동화되어 버리고 만다고 믿고 있다.

미국에서 소수 민족에 대한 이민 정책과 동화 정책이 변하고 있다. 용광로설(Melting Pot Theory)이 첫 이민 정책이었다. 최근에는 샐러드 볼 이민 정책이 새롭게 강조되고 있다.

현재 미국에서는 세 종류의 이민 정책에 대한 논의가 계속되고 있다.

첫째는 용광로 정책이다. 세계 각처에서 이민 온 다양한 민족들이 그들의 고유 문화와 가치관·생활 양식을 한데 합쳐 미국이라는 큰 냄비 속에 녹여서 새로운 미국 사회를 만들고 새로운 미국 시민으로 태어나게 한다는 것이다.

둘째는 압력밥솥 정책이다. 앵글로 색슨계의 백인 신교도(WASP)들이 유색 인종들에게 자신의 세력하에 복종하도록 압력을 가하는 정책을 펴고 있다는 것이다. 이는 인종 차별 정책이 되기 때문에 이루어질 수가 없다.

세 번째는 샐러드 볼 정책이다. 샐러드 볼에 섞여 있는 다양한 야채들이 다양한 맛을 내면서 전체적으로 조화를 이루면서 사회를 구성해 가는 것이다.

백인 독주 사회가 아니라 다양한 인종들이 모여 살면서 각자 자신들의 전통 문화·가치관의 뿌리를 간직한 채 하나의 공동체로 발전해 나가려는 정책이다.

초기 이민 세대는 용광로 이론 정책에 따라 이미 동화가 되었고 1960년대 이후 새 이민 세대가 지금 샐러드 볼처럼 살아가고 있다.

그러나 또 한 세기가 지나면 그들도 동화되는 것이 어찌 보면 자연스러운 일이다. 미국에서 한국인 10세라는 말이 가능할까 하고 생각해 보지만 이는 사실상 불가능하다. 그 때는 동화되어 주류 사회 깊숙히 들어가서 살고 있을 것이다. 세월도 이미 300년이 흘렀기 때문이다.

7. 문화 충격으로 생기는 이민병

1974년 11월 로스앤젤레스에서 『어린이 고추 사건』이 발생했다. 한국과 미국의 문화와 풍습의 차이에서 일어난 웃지 못할 사건이었다.

당시 한국에서 갓 이민 온 30대와 20대의 두 한인이 태평양 바닷가 근처 주유소에서 일을 하고 있었다. 마침 동네에 사는 백인 어린이 학생 한 명이 타고 다니던 자전거에 바람을 넣기 위해서 왔다. 이 백인 소년이 어찌나 잘 생겼던지 두 한인은 "그 녀석 정말 잘도 생겼다. 어디 고추나 한번 만져 보자."면서 장난끼로 바지 아래를 손으로 만졌다.

소년이 돌아간 뒤 바로 경찰차가 들이닥쳤고 두 한인은 영문도 모르는 채 구속이 되었다. 혐의는 미성년자 성추행이었다. 미국법으로는 중범에 해당되는 범죄였다.

한인 사회에서는 "예로부터 한국에서는 할아버지·할머니가 귀여운 손자의 고추를 만져 보는 관습이 있다.

이번 사건은 어린이 성범죄가 아니고 단지 한·미 두 사회의 풍습 차이를 이해하지 못해서 발생했을 뿐"이라고 무죄를 위한 청원서를 법원에 냈다.

그리고 평화 봉사단원으로 한국에서 근무했던 백인 변호사는 자기의 경험을 토대로 한국의 풍습을 설명했고 판사와 변호사가 합의해서 기소유예 처분을 내렸다. 그 때 미국법대로 기소가 되었다면 1~3년의 실형이 언도될 충격적인 사건이었다.

문화 충격(Culture Shock), 미국에 이민을 갔든 사업차 방문을 했든 또는 유학생으로 갔든 한국인이라면 한 번쯤 겪게 되는 정신적인 갈등이다. 정도의 차이는 있겠지만 대개 미국에서 1~5년 사이에 나타난다. 새로운 미국 생활 환경에 적응하기 위해서 거치는 한 과정이기도 하다.

문화 충격의 원인으로는 생활 방식·사고 방식·행동 습성·개성·가치관·풍습 등이 다르기 때문으로 본다. 어느 한국인 교수가 이민의 적응 단계로 다음과 같이 분류했다.

첫 1~3년은 초기 적응 단계이다. 이 때에 사회적 갈등·문화적 갈등을 가장 많이 느낀다. 다음 3~5년은 사회적으로 제도나 규범에 적응해 나가는 단계이다. 그리고 5~10년은 문화적으로 이해를 하며 미국의 삶을 즐긴다.

끝으로 10~20년이 지나면 스스로 나서서 미국 사회에 적응해나가는 단계이다. 여기서 제1단계 및 제2단계를 거치는 1~5년 사이에 문화적 충격을 겪게 되는 것이다.

미주 동포들은 알게 모르게 정신적·심리적으로 갈등이나 충격을 겪게 된다.

　　이에 대한 적응 정도가 약한 이민자는 이민병까지 앓게 된다. 한국과 미국의 문화 차이가 엄청나다. 이를 적극적이고 긍정적으로 해결하며 이해하고 극복하려는 의지가 약할 때 병의 원인이 된다. 대개 이민병은 이민 가서 초기 3년 사이에 나타나는 정신 질환으로 본다. 이 병에 걸리면 별다른 이유 없이 매사가 짜증스럽고, 소화가 안 되고, 의욕이 상실된다. 이는 새로운 환경에 적응하는 과정에서 생기는 현상이며 불안과 초조에서 유래된다.

　　식생활·언어 문제에다 두 잡(Job), 세 잡까지 뛰면서 오는 육체적 피로까지 겹쳐서 생긴다. 문화 충격이 이민병으로 발전하고 신경쇠약·소화기 장애·간장 질환으로까지 발전할 수도 있다. 내성적 성격을 가진 이들에게 증세가 더하다.

　　문화 충격에 못지않게 동반하는 정신적 스트레스가 바로 자신감의 상실로 자신의 위치 격하에 불만이 쌓인다는 것이다. 한국에서의 경제적·사회적 지위가 없어지고 평범한 가장으로 그리고 소시민으로 살아야 하면서 자아 의식의 혼돈 상태가 정신 세계를 지배하게 되므로 갈등이 증폭된다.

　　인간의 생활에는 갈등이 늘 따른다. 때로는 위기 의식도 발생한다. 미국인 학자 아즈만은 이민자의 자아 갈등을 다음과 같이 설명했다.

　　"미국땅에 새로이 이주해 온 사람의 첫 경험은 낯선 언어와 문화로부터 받는 충격이다. 얼마 동안 그 사람은 놀라운 마음에 쌓여서 돌아다니면서 새로운 충격이 마음 속에 찾아온다. 새로운 현상에 대한 이해와 협동의 마음이 없다면 자아 의식 속에 갈등이 충격으로 변하고 분별력이 약해지게 된다."

한 이민자의 솔직한 이야기이다.

그는 처음 3년간은 미국을 무척이나 욕을 했다. 자기가 불편하게 느끼는 것, 잘 적응하지 못하는 것, 문제를 느끼게 되는 부분에 대해서는 미국을 원망하고 욕을 많이 했다. 그리고 3년이 지나서 어느 정도 미국 생활이 편하게 되자 그 때부터는 한국을 욕하기 시작했다. 미국은 편하고 좋은 것이 많은데 한국에는 나쁜 것이 너무 많기 때문이었다.

미국에서 20년 살다가 영구 귀국을 한 정신과 의사 이효영 박사(아주대 의대 교수)는 "문화 충격이라는 말보다는 문화적 갈등(Culture Conflict) 혹은 스트레스(Culture Stress)라고 부르면 좋겠다."고 말한다.

쇼크라는 것은 갑자기 오는데 미국에 이민 가서 살면서 느끼는 갈등은 단계적으로 온다. 그리고 미국에서 살아도 문화 충격을 받아들이는 정도는 사람에 따라 다르다고 설명한다. 그런데 이 충격을 잘못 받아들이면 위기(Crisis)로 발전하기까지 한다는 것이다.

동양 생활과 서양 사고가 조화를 이루기 위해서 오는 어쩌면 자연스런 이민의 한 과정이 바로 문화 충격일 수가 있다.

8. 한국에서 이민의 이미지는 부정적이다

한국에서 이민에 대한 이미지는 좋지 않다. 상당히 부정적이다. 역이민의 이미지 또한 그러하다.

그 이유는 1970년대 정치적으로 암울하고 경제적으로 어려울 때 자기 혼자 잘 먹고 잘 살겠다고 도피를 했다고 생각하고 있기 때문이다. 특히 있는 자, 고위직에 있던 이들, 그리고 많이 배운 이들이 조국을 등지고 떠났다는 관념이 심어져 있다. 때로는 이민자를 미워하기까지 하고 배신감까지 느낀다.

역이민도 이제 조국이 잘 살 만하니까, 미국에 가서 편안히 살다가 다시 기어들어온다고 말한다. 이민자가 도망자·도피자라면 역이민자는 기회주의자라는 스테레오 타입식 판단을 하고 있다.

미국으로 시집(이민) 간 처녀가 소박을 맞아 다시 친정으로 돌아온 이가 바로 역이민자라고 생각한다. 한 번 시집을 갔으면 좋으나 싫으나 그대로 살아야지 왜 떠났던 친정에 와서 폐를 끼치느냐는 시각이다.

한 조사에 따르면 한국의 조선일보·동아일보·중앙일보·한국일보 등 4대 일간지의 교포 관련 기사 중 41%가 부정적인 보도라는 것이다. 그것이 국민들의 교포관(僑胞觀) 형성에도 큰 영향을 주고 있다.

그래서 요즈음 재미 교포는 일부 국민들의 눈에는 사기꾼·범죄 도피자·가난뱅이 등의 인식을 벗어나지 못하고 있다. 일부는 조국을 등진 배반자, 기회주의자로 교포들을 매도하고 때로는 『똥포』라고까지 부르기도 한다. 그래서 연속 드라마·영화·비디오 혹은 신문 기사에서 재미 교포는 힘없는 이민자로 표현하기 일쑤이다.

미주 교포에 대한 인상은 왜곡되어 있다. 일부 인사는 문제를 안고 이민을 떠난 것이 사실이지만 그를 전체 교포로 확대 해석되고 있는 것은 무리이다.

물론 1970년대나 1980년대에 이민을 간 이들 중에는 문제성 인사들이 있다. 그들은 바로 외환 밀반출자, 사치성 이민자, 한국에서 범죄를 일으킨 도망자, 자녀들의 병역 기피 유학생, 일부는 애인이나 첩을 미국으로 빼돌린 인사 등이다.

전직 한국의 고위층 인사 몇몇이 미국으로 떠나자마자 영주권을 신청한 케이스도 있다. 전직 외교관·군 출신·정치인·대기업 경영주도 여기에 포함된다. 거액을 가지고 와서 호화 저택에 무위도식한 이들도 있었다.

문제는 이들의 수가 전체 이민자에 대해서 아주 적다는 것이다. 어물전 망신을 시키는 꼴두기격의 재미 동포가 1년에 5~6건 언론에 보도되고 있다.

그 내용은 다양했다. 초청 이민 사기·사업 사기·밀수·2중 국적 문제·외환 밀반출·마약·라스베이거스 도박 안내 등으로 나타났다.

재미 교포의 신분을 악용하면서 허세를 떨었던 이도 있다. 한 교포는 호텔에 장기 체류를 하면서 미국의 자동차 판매권을 따 준다며 무위도식하다가 쇠고랑을 차기도 했다.

최근 자녀들의 미국 유학 사기 사건에 연루되는 교포가 자주 나타난다. 물론 이 숫자는 한국의 각종 범죄와는 비교될 수 없는 미미한 숫자이다. 그러나 재미 교포 범죄는 유난히 크게, 자극적 으로 보도를 하고 있는 것이 한국 언론이다.

여기에 대해 미주 교포의 반론 또한 강하다. 태평양을 사이 에 놓고 보이지 않는 감정의 골이 패이고 있다.

미국 교포들은 미국에서 한국의 이름을 빛낸 재미 교포는 자랑스런 한국인으로 추켜세우면서 교포가 문제를 일으키면 대서 특필을 한다는 항변이다.

소수의 문제를 동포 사회의 큰 일로 떠넘기는 식의 정부나 국민, 그리고 언론의 발상이 잘못되었다는 것이다. 『양자 보낸 자식도 자식』이라는 친어머니와 같은 마음이 한국인에게 심어지 기를 바라고 있다.

2백만에 이르는 미주 교포 사회로 성장을 하면서 『가지 많은 나무 바람 잘 날 없다.』는 속담처럼 크고 작은 범죄 사건에 재미 교포가 관련되지 않을 수 없다.

하지만 미주의 이민자·한국으로의 역이민자에 대한 시각이 부정적이기만 할 때는 이미 지났다.

대부분의 이민자는 무에서 유를 창조하고, 미국에서 한국을 심는 농부이다. 그리고 괌의 대한항공기 사고 때, 캄보디아에서 베트남 항공기가 추락했을 때, 누구보다도 먼저 달려가서 자원 봉사를 하는 이들, 애틀랜타 올림픽, 박찬호 선수의 야구 경기, 박세리 선수의 골프 경기에서 태극기를 흔드는 이들이 바로 미주 교포이다.

인간이 살 곳을 자유롭게 선택하며 사는 것은 본능일 뿐이다. 미주의 이민과 역이민은 인간의 본성의 하나로 보면 자연스런 일이다. 교포에 대한 부정적인 이미지를 바꾸어야 할 때가 왔다. IMF 시대에 더욱 그러하다.

9. 한국도 이민사를 연구할 때가 되었다

이민학(移民學)과 이민 문화 연구를 본격화 할 때가 왔다.

5백50만 명이 외국에 나가 사는 우리 나라에 이민의 비중은 한없이 크다. 한국의 공식적인 이민 역사가 2003년에는 1백년을 맞이하지만 이민 역사와 이민 사상(移民思想) 연구는 몇몇 학자나 전문가의 생각에만 머물러 있다. 단지 지역별·연도별·나라별·인물별 이민 연구만이 기초 단계에 와 있을 뿐이다.

이민 사전(移民事典)의 발간도 검토해 볼 때가 왔다. 그리고 이민과 민속주의의 상호 관계성까지 연구해 볼 만노 하다. 재미 한인 유학생사의 연구도 좋은 주제가 될 것이다.

1백50년의 이민 역사를 가진 일본의 이민학 발전과 연구는 우리보다 앞서 가고 있다. 앞으로 학계나 정부, 그리고 언론계에서 큰 관심을 기울여야 할 때가 왔다. 한국은 이민사 연구의 전문가나 학자의 숫자가 적다. 기금의 확보, 대학 연구 기관의 설립, 이민에 대한 국민의 인식 등이 약하기 때문이다.

　그래서 그런지 한국에서는 이민 용어나 술어조차 불분명하게 사용되고 있다. 때로는 혼동되어 쓰여지기까지 한다. 용어의 정립, 이민의 시대 구분, 종합적인 자료 관리 등이 21세기를 맞으면서 학계나 전문가에게 주어진 과제이기도 하다.

　우리가 사용하고 있는 교포와 동포의 의미를 바르게 이해하고 사용하는 것도 필요하다. 흔히 동포는 민족적인 뜻이 담겨 있고, 교포는 국가 간의 의미가 풍긴다고 말한다.

　교포(僑胞)의 사전적 의미는 객지에 사는 사람이란 말로, 여기에서 포(胞)라는 말은 태보, 즉 태 안에 있는 아이를 싸고 있는 막이라는 뜻이다. 따라서 교포라는 말은 객지, 한국이 아닌 외국에 살고 있는 한배에서 태어난 사람을 의미한다.

　요즈음에는 교포라는 말대신 동포(同胞)라는 용어가 보편화되어 있다. 동포라는 용어는 교포라는 용어보다 수사학적 의미에서 더욱 포괄적이고 아름다운 말이다. 포(胞)라는 말의 의미가 같은 배, 같은 자궁이라는 의미가 함축되어 있는데 거기에다 또다시 같은 동(同)자를 덧붙여 『같은 어머니로부터 태어난 형제·자매·겨레』라는 것을 강조하고 있다. 이 동포라는 말은 애족적이고 가슴 울렁이는 말이기는 하지만 해외에 거주하는 모든 한인을 지칭할 때는 문제가 없는 것은 아니다. 한 교수는 미주 교포와 미주 동포를 다음과 같이 정리하고 있다.

　교포는 좁은 의미로 한국에서 합법적으로 미국에 영주할 목적으로 이주한 모든 한국인을 포함한다. 그리고 동포는 넓은 의미로 한국 문화와 전통을 일방적으로 동일하게 이어받거나 인정하는 한국과 세계의 모든 한국인을 포함한다.

그리고 재미 동포의 뜻은 미국에서 일시적인 체류로 이주 생활을 하거나 미국에 영주할 목적으로, 또는 미국 시민권을 획득한 사람이나 그 자손들을 포함하고 있다. 즉 한국인의 문화와 전통을 이어받은 모든 재미 한국인을 재미 동포라고 표현할 수 있다.

이광규 교수는 그 나라별 특성을 인식하면서 사해 동포(四海同胞) 개념을 제시한다. 그래서 미국·중국·러시아·일본에 펴져 있는 한국인 이민자를 다음과 같이 부른다. 이민 배경을 중시해서 구분했다. 미국 이민은 자원 이민, 중국 이민은 망명 이민, 러시아 지역 이민은 유이민, 또는 유랑 이민, 일본 이민은 강제 노동 이민, 하와이 이민은 자원 노동 이민이라고 부른다.

그리고 5대양 6대주에 흩어진 우리 민족을 사해 동포(四海同胞)라고 부르자고 제안한다. 그 이유는 해외에 나가 있는 우리 동포들이 삶의 목표를 어떻게 정하고, 어떻게 잘 사느냐에 못지 않게 중요한 것은 바로 한국 국민 모두와 서로 노력하고, 돕고, 이해하면서 사는가 하는 것이 더 중요하다고 강조한다.

한국 정부가 1997년 10월 『재외동포재단』을 출범시키면서, 재외 국민과 재외 동포의 정의를 새롭게 내렸다. 공식적인 의미로 재외 국민은 『외국에 체류 거주하는 대한민국 국적자』를 부를 때 사용하기로 했다. 미국을 여행 중인 한국인이나 유학생·외교관·상사 지사 주재원·영주권자 등이 포함된다.

이는 대한민국 헌법 제2조 제2항에 규정한 대로 대한민국 정부의 법적 보호를 당연히 받을 권리가 있는 이들로 대한민국 국적자들이다.

이에 비해서 재외 동포는 『국적을 불문하고 외국에 거주하는 한민족』을 모두 포함해서 부를 때에 사용한다. 일시 체류자와 이민을 간 영주권자, 그리고 미국 시민권을 획득한 한인 모두가 포함된다. 국제 결혼한 사람들이나 미국에서 태어난 1.5세나 2세, 국제 입양아 등 모두를 한국에서 부를 때, 재외 동포라고 부르기로 한 것이다. 재외 동포 속에는 재외 국민이 포함된다.

외국 거주 한민족을 통칭하는 민족적인 개념으로서는 재외 동포라는 용어를 사용하고 이들 중 법적 보호의 대상이 되는 대한민국 국적자에 대해서는 재외 국민으로 호칭하기로 통일했다.

따라서 한국에서 미국에 있는 체류자·영주권자·시민권자를 모두 포함해서 부를 때에는 미주 동포로, 그리고 체류자·영주권자 등 한국 국적자로 법적 보호의 대상이 되는 이들은 미국 내 재외 국민으로 부르면 된다. 따라서 앞으로는 재일 동포·재중 동포·재러시아 동포·재프랑스 동포라는 말이 일반화되어 사용될 것이다.

일본은 재외 동포의 명칭을 두 가지로 나누어서 부른다.

일본 국적자는 재외 재류 방인(邦人) 그리고 비국적자, 즉 외국 국적을 소유하고 있는 이들은 일계인(日系人)이라고 부르고 있다.

중국은 외국에 사는 중국 국적자는 화교(華僑), 그리고 비국적자는 화인(華人)이라 부른다. 러시아는 그대로 재외 러시아인이라고 부른다.

10. 시민권에 얽힌 이야기들

　불법 체류자로 숨어 살다가 어느 날 이민국으로부터 영주권 (Green Card)을 받는다는 것은 미국 정부가 주는 최상의 선물을 받는 것과 같다. 그 때는 미국이 내 땅이라는 생각까지 들게 된다. 그리고 주인 의식도 갖게 된다. 미국에 이민을 간 교포들이 시민권을 받을 때 또한 그러하다. 그런데 시민권 받기를 하늘처럼 기다리는 이들이 있는가 하면 고민 고민을 하다가 받기도 한다. 어떤 교포는 시민권을 받는 것을 죄악시하여 끝내 시민권을 받지 않는다. 한국 국적을 포기해야 하기 때문이다.

　연방이나 주 정부 공무원이 되거나 선거권을 행사하고 싶은 이들, 한국의 가족을 초청하려는 교포는 어차피 시민권 시험을 거쳐 미국 시민이 된다. 미국에서 시민권을 받는 교포가 늘어 가고 있다. 미국에 이민을 와서 살 바에는 미국의 시민이 되어야 한다는 생각 때문이다. 현재 미주 교포 중 시민권 소지자는 약 30~40%로 추산하고 있다.

앞으로 미국의 복지 정책, 그리고 2세·3세가 늘어나면서
한인 시민권 소지자는 점차 늘어갈 것이다.

1994년 한 해 동안 시민권을 취득한 한인은 11,398명으로
1993년의 9,611명, 그리고 로스앤젤레스에 4·29폭동이 일어났
던 1992년의 8,297명에 비해 각각 18.5%, 37.3%가 증가했다.

지난 10년간 한인들의 시민권 취득 현황을 보면 1985년에
16,824명, 1986년에 18,037명으로 피크를 이루었다. 1994년 시민
권을 취득한 한인들은 미국 시민권자와 결혼(국제 결혼)이 695
명, 영주권자의 시민권 취득이 9,055명으로 나타났다.

이 해 미국에서 시민권을 취득한 아시아 국가 중에는 필리
핀 37,304명, 중국 28,028명, 베트남 26,833명, 인도 24,054명으로
한국이 다섯 번째를 기록했다.

미국이 복지개혁법 통과로 영주권을 가진 합법 이민자에 대
한 연방 정부의 각종 사회 복지 혜택이 언젠가는 중단될 것이 예
상되므로 한국인의 시민권 신청은 더욱 늘어날 전망이다.

미국에서 한국인으로 처음 시민권을 받은 역사도 100년을
넘었다. 미국 내 시민권 취득 제1호는 서재필 박사이다.

그는 1890년 6월 19일 미국 시민권자가 되었다. 이 때 시민
권을 취득하도록 설득한 사람은 홀랜백과 스카트 교장이었는데,
이들은 서재필을 한국 선교에 이용하려면 미국 시민권을 갖게 하
는 것이 좋겠다는 판단 아래 권유를 한 것 같다. 서 박사 자신은
어쩐지 조국을 배반하는 것 같은 생각이 들기는 했으나 두 사람
의 설득에 시민권을 받는 쪽으로 결정을 내려 버린 셈이 되었다.

시민권을 가진 서재필은 한국인 중 최초로 미국의 공무원이 되었는데 미군 도서실에서 월 100달러로 일하게 되었다. 그리고 1941년 제2차 세계 대전이 발발했을 때 서재필은 한때 미국 징병 검사관으로 근무를 하기도 했다.

서광범은 1892년 11월 미국 시민권을 취득한 것으로 밝혀졌다. 장소는 뚜렷치 않으나 서재필에 이어 한국인으로서 두 번째 미국 시민권자가 된 것이다. 그가 시민권을 얻은 동기 중의 하나는 미국 정부 기관에 취직하기 위한 것이었다. 미국 시민으로 귀화하기 바로 전 해에 미국 정부 간행물에 『조선 교육론(Education in Korea)』이란 영어 논문이 게재된 적이 있는데 그로 인해 교육국에 취직한 것으로 보인다.

약 2년간 교육국에 있다가 해고당한 이후로 그는 생계를 위해 월 30달러의 사환 노릇을 한 것도 밝혀졌다. 1895년에 때마침 국내에서 실시된 갑오경장으로 김홍집 내각이 갑신정변 때 주모자들에게 씌어진 역적의 누명을 벗겨 주자 같은 해 12월 서광범은 몬태나 주에서 노동을 하고 있던 신응희·정훈교 등과 함께 귀국길에 올랐다.

그는 귀국 후에 미국 시민이면서도 법무 대신·학부 대신 등을 역임하다가 스스로 희망했던 주미 공사로 부임을 했다. 그러나 아관파천 후 친로파들의 득세로 부임 7개월 만에 공사직도 사임하고 말았다.

이 때 그는 공사관 공금 4,500달러를 챙겨 가지고 2차 망명 생활에 들어가면서 워싱턴에 집 한 채를 마련했다는 후문도 있다. 그러나 몸이 워낙 약했던 그는 지병인 폐결핵이 악화되어 1897년

8월13일 38세를 일기로 미국에서 파란만장한 생애를 마쳤다.

그는 사망 직전 버지니아 주 로아녹대학으로부터 명예 석사 학위를 받은 적도 있다.

하와이로 이민을 간 7천여 명의 초기 노동자들은 영주권을 받았다. 그들에게는 시민권을 주지 않았다. 일종의 인종 차별 때문이었다. 그러다가 미국땅에서 출생한 자녀들이 미국 시민권을 획득하게 되자 부모들이 기뻐했다는 기록이 나온다.

5·16 때 반혁명 혐의로 구속되었던 김웅수 장군이 미국 교수직에서 정년 퇴직하고 노후를 한국에서 봉사하기 위해 논산에 있는 건양대학교 교수로 왔다.

처음 한국에 돌아왔을 때 한 잡지사 기자가 인터뷰를 했다.

"미국 시민권은 왜 취득하지 않았습니까? 국내에 재산이 있는 것도 아닌데…."(웃음)

"언제가는 돌아오려고 했기 때문이지요. 조국에 대한 애착은 어려서부터 강했습니다. 그리고 미국에서는 시민권을 받지 않아도 생활에 불편이 없고…."

지금 남가주 가든그로브 시위원으로 있는 정호영 씨가 시민권을 받을 때의 고뇌를 다음과 같이 말한다.

"한국 국적을 포기해야 할 운명의 순간에 나는 장래에 대해 많은 생각을 했다. 나는 죽어서 뼈는 미국땅에 묻고 내 아이들은 미국화되어 코리아에 대한 향수를 전혀 느끼지 못하고 손자들은 혼혈인이 될 확률이 높으니 나의 맥(脈), 한민족의 맥이 영원히 끊어지는 것이 아닌지 착잡함을 이루 말로 다 표현할 수가 없었다."

로스앤젤레스에 사는 1백 세의 한인 할머니가 시민권 시험에 합격했다. 신정화 할머니는 "미국 정부가 영주권자의 복지 혜택은 갈수록 줄이고 있지만 시민권자에게는 모든 혜택을 준다."고 해서 이 시험에 도전하게 된 것이라고 말했다.

5개월간 영어 공부를 한 신 할머니는 "미국에 묻힐 바에야 시민권 취득도 뜻있는 일"이라고 말했다. 1973년 아들의 초청으로 도미한 신 할머니는 영주권을 취득하고 별 불편 없이 살다가 미국 연방 정부가 복지 혜택을 줄인다는 말을 듣고 1백 세의 나이에도 아랑곳하지 않고 도전을 한 것이다.

미국에서 시민권을 얻는 데는 저마다 눈물겨운 고생을 하기 마련이다.

그래서 국내에서 해외 교포를 스카우트하면서 시민권을 포기하라는 주장은 사실상 희생의 강요로 보고 있다. 그리고 미국 시민권자를 편향된 시각으로 바라보는 잘못된 시각이 있다. 시민권 문제를 해결할 수 있는 과감한 교민 정책이 이루어져야 한다. 그것만이 국제화 정책을 제대로 추진할 수 있는 길이다.

11. IMF 시대의 이민 신풍속도(新風俗圖)

"여보, 이민이나 갈까? 요즈음 서울에서 유행하는 말이다.

IMF로 불황이 장기화되고 기업의 부도 사태 및 실직자가 쏟아져 나오면서 이민을 떠나려는 이들이 다시 늘어나고 있다.

특히 국내에서 고개 숙인 남자들이 미국 등으로 이민길을 찾고 있다. 그들은 "이 나라에 희망이 있을까? 갈 수만 있다면 이 땅을 떠나고 싶다."고 말한다.

이민 신청자가 늘어나면서 30대 지원자가 많이 눈에 띄고 있다. 인간답게 살려고 하는 젊은 층들이 이민을 추진하고 있다. 그런데 요즈음 이민은 아메리칸 드림을 이루기 위해 허리띠를 바짝 조이고 맨주먹으로 밑바닥부터 뛰었던 60년대의 이민과는 대조적이다. 퇴직금에다 집 팔고 사업체 팔아 가는 투자 이민이 유행하고 있다.

한국에서 이민 대상국으로 단연 인기가 높은 나라는 미국·캐나다·호주·뉴질랜드 순이다. 이들 나라를 아직도 지상의 낙원, 기회의 땅으로 선망을 하고 있다.

"원시 향기가 물씬 풍기는 자연과 자원, 그리고 순수하고 친절한 사람들, 그 영원한 미지의 세계, 남태평양의 피지로 오세요."라고 한국 사람들을 부르는 피지 투자 이민도 생겨났다.

일부는 경제적 이유 이외에도 자녀 교육·여가 생활 등 질 높은 삶을 추구하는 일부 중산층 이민도 있다. 환경이 좋은 나라로 떠나는 환경 이민에다 명퇴 이민까지 생겨난다. 그래서 일간지에 하루가 멀다 하고 이민 광고가 실리고 있다.

이민을 알선하는 해외이주공사가 2년 전만 해도 4군데이던 것이 20군데로 늘어나 성업 중이다. 이 곳을 찾는 이들은 지난해보다 50%나 늘었다. 이민 알선 사업체는 매주 설명회를 갖는다. 평균 40명이 참석했는데 요즈음에는 두 배 이상으로 늘어났다.

해외 이주 설명회에 참석한 김상식 씨(41세), 종업원 40여 명의 연 매출 15억 원 정도를 올리던 회사를 지난 10여 년간 운영해 왔는데 모기업이 부도를 내는 바람에 회사를 정리해야만 했다. 김씨는 "지난 1년간 재기하려고 노력했으나 지금 같은 IMF 관리 체제 아래에서는 불가능하다는 판단을 하여 이민을 가기로 했다."고 말한다.

현재 가장 눈길을 끄는 것이 투자 이민이다. 그 중에서도 미국이 인기가 높다. 투자 이민과 취업 이민의 문이 항상 열려 있는 나라가 바로 미국이기 때문이다. 투자 이민에는 재산 규모 50만 달러 또는 1백만 달러를 증명해야 하는 두 가지 종류가 있다.

50만 달러의 투자자는 투자 지역이 인구 2만 이하 17개 지역으로 한정되어 있고 1백만 달러를 투자할 경우에는 어느 도시로 가서 살아도 무관하다.

IMF의 환차손 때문에 지금은 투자 이민이 주춤한 상태이다. 그러나 달러 값이 내려가면 다시 투자 이민을 떠나려는 이들이 늘어날 것이다. 한편 대부분 국가들이 이민 자격을 강화하면서 이민자 학력이나 소득이 크게 높아졌다. 한국 해외 이민은 99.7%가 미국·캐나다·호주·뉴질랜드로 몰렸다.

1996년 한국땅을 떠나간 이민자 12,949명 중 30대가 30%로 나타났다. 이들은 한국에서 못 이룬 꿈을 외국에서 이루겠다고 생각하고 있는 사람들이다.

한국에서는 처음으로 천안에 있는 호서대학교(총장 강석규)는 1993년에 해외 개발학과를 개설했다. 국제화 시대에 대비해서 해외 이민을 본격적으로 연구하고 해외에 진출할 수 있는 길을 열기 위해서 개설된 것이다. 주간과 야간에 모두 140명의 학생이 공부하는데 해외 개발 및 국제 경영학 등을 배운다. 이 대학 양창영 교수는 『해외 이민, 그것은 인생의 새로운 출발이자 용기 있는 사람만이 선택할 수 있는 기회』라고 말한다. 한국의 이민 수에서 선진국이 된 것을 부러워하는 나라들도 있다.

일본 대장성 산하에 있는 아시아연구소 하나부사 유끼오 연구원은 "앞으로 한국 경제에 겁낼 것은 아무 것도 없다. 단 한 가지가 있다면 해외에 이민 나가 살고 있는 5백만 한인 동포이다."라고 말했다.

이민은 노력한 만큼 길은 열린다. 젊어서는 한번 도전해 볼 만하다. 이민은 제2의 인생을 계획하는 일이기 때문이다.

IMF 시대에 이민은 다시 붐을 일으킬 것 같다.

제2장 연어가 돌아올 때

● 역이민의 시대 ●

아메리칸 드림을 찾아 미국으로
이민을 갔던 1.5세들이나 2세들이
다시 기회를 찾아서 한국으로 돌아온다.
역이민으로 다시 고향에 오기도 하지만
취업의 기회를 찾아서 또는 비지니스의
기회를 찾아서 오는 이들도 적지 않았다.
이들을 부메랑 유스, 또는 돌아온 연어라고 말한다.
미국에서는 바나나 세대, 또는 트윈키로 불렀다.
그러나 이제 성인이 된 미주 이민 1.5세나 2세들이
한국을 찾아온 사연은 가지가지이다.

1. 누가 코리안 드림을 찾아왔나

역이민의 사연에는 명암이 엇갈린다. 미국에서 성공한 후에 돌아오는 금의환향형 역이민이 있는가 하면 경제적 어려움이나 심신이 피로해서 오는 체념형 역이민도 있다. 그리고 모국과 이민지를 오가며 탐색전을 펴는 등거리형 역이민도 있다.

역이민으로 한국에 와서 성공하는 케이스도 있는가 하면 또 다시 실패를 하는 케이스도 있다. 타향살이를 나가는 이들, 부평초같이 떠돌다가 되돌아오는 이들이 우리 주변에서 흔히 볼 수 있는 얼굴들이다.

영주 귀국자는 짧든 길든 한때를 미국에서 생활하다가 이민의 목적을 포기하고 한국으로 되돌아온 이들이다. 이 중에는 영주권을 반납한 이가 가장 많고, 미국 시민권을 취득했다가 이를 포기하면서 한국 국적을 회복한 이, 또는 장기간 불법 체류자로 있다가 귀국한 사람들, 그리고 상사 지사, 또는 유학을 나갔다가 예정된 기간을 넘기고 뒤늦게 돌아온 이들도 있다.

외국에 이민을 갔다가 되돌아오는 것은 법적 용어로는 영주 귀국이다. 역이민이라는 말은 이민에 대한 반대 개념적 표현이며 언론에서는 약간 부정적인 이미지를 담고 쓴다. 영구 이주 · 역이주라고도 사용한다.

또 다른 표현으로는 귀환 · 귀향 · 한국파 · 회향파 · 유턴(U-Turn) 이민 · 귀환 이민 · 되돌아온 코메리칸이라고도 한다. 일부에서는 환국파 · 귀국파로 부르기도 한다. 이방인 · 제3국인 · 반쪽 한국인 · 한국인도 미국인도 아닌 외계인과 같은 이들이라고까지 역이민자들을 평가 절하하는 용어도 있다.

누가 영주 귀국자인가 그리고 역이민자를 어떻게 규정할 수 있을까. 이는 국적법상에 따라 해석할 수도 있고 정서상 또는 일반적 상황으로 이해할 수도 있다.

역이민의 카테고리에 해당되는 몇 가지 기준을 생각해 본다면,

첫째는 미국 시민권을 취득했다가 이를 포기하고 한국 국적을 회복한 이들이다. 미국은 어느 면에서는 이중 국적을 묵인하는 나라이다. 따라서 미국에 사는 일부 시민권자는 한국 국적과 미국 국적을 나란히 가지고 있는 이들도 있다. 미국 시민권을 취득한 한국인이 현지 대사관이나 총영사관, 또는 한국 법무부에서 국적 포기와 회복 절차를 마친 후 다시 시민권을 미국 대사관에 가서 포기하여야 한다.

6개월이나 1년 사이의 기간이 지난 뒤 한국 국적을 회복하게 되는데 이 때에 바로 영주 귀국자, 혹은 역이민자가 되는 것이다. 한국의 주민등록증을 부여받은 뒤 한국의 여권을 새로 사용하면 완전한 한국 시민이 된다.

두 번째는 미국의 영주권을 취득했다가 이를 반납하고 한국 국적을 계속해서 유지하는 경우이다.

이민이라는 것은 외국의 영주권을 받은 뒤 그 나라에 가서 오래 살 수 있는 권한을 부여받는 것인데 영주 체류를 포기함으로써 역이민이 되는 것이다. 물론 영주권은 한국에서 받고 출국을 하든지 체류국에서 직접 받든지 또는 제3국에서도 받을 수가 있다.

영주권의 반납은 한국의 외교통상부에 가서 하고 영주권 반납 확인서를 거주지 동사무소에 가지고 가면 다시 주민등록증을 신청 할 수가 있다. 그런데 한국에서 미국 영주권을 부여받은 뒤 한 번도 출국하지 않고 영주권을 반납하는 경우도 역이민의 숫자에 나타나고 있다.

셋째는 법적 절차를 마친 후 역이민자가 되는 경우가 아닌 경우로 생각할 수 있는 사람이다. 정신적인 역이민자 그룹이라고 말할 수 있다. 미국에 유학을 갔다가 학위를 취득하기 위해서 장기간 살다가 온 이, 그리고 상사 지사 주재원이나 파견 등으로 나가서 첫 3년 임기를 마친 뒤에 계속 체류 연장을 해 가면서 5~10년 살다가 온 이들, 또는 영주권을 받지 못한 채 7년 또는 그 이상을 불법 체류자로서 살다가 온 이들을 말할 수 있다.

일반적으로 7년 이상 미국에서 살다가 다시 한국으로 돌아온 이들을 이에 포함시켜 본 것이다. 그 이유는 일정 기간을 미국에서 살다 보면 현지에 어느 정도 적응을 하게 되고 다시 한국에 돌아오면, 재적응을 하는 데 많은 어려움을 겪게 되기 때문이다.

　　한국의 대기업에서는 미국에 7년 이상 거주한 이는 사실상 미국식 사고 방식을 가진 어느 정도 미국 사회에 동화한 사람으로 분류를 하고 있다. 그 정도를 미국에 산다면 영어는 물론 사고 방식도 미국측에 가깝다. 처음 적응하는 동안 문화 충격도 많이 느꼈을 것이고 자녀 교육을 통해서 미국식 제도나 풍습에 익숙해졌을 것이다. 인종 차별을 느끼기도 했겠지만 미국의 편한 점, 좋은 면, 그리고 미국을 사랑하는 마음을 갖게 될 수도 있다. 미국에 더 살고 싶다는 마음을 가져 보기도 했을 것이다.

　　완전히 법적 절차를 거쳐서 영주 귀국을 한 교포와 10년 내외 미국에서 살다가 다시 한국으로 돌아온 이들을 영주 귀국자, 역이민자 또는 연어처럼 돌아온 이들로 보는 것도 별 무리가 없을 것이다.

2. 21세기 지구촌 시대, 이민과 역이민은 세계적 추세이다

앞으로 21세기 지구촌 시대, 이민과 역이민은 세계적인 추세이다. 이제는 어느 나라 어느 곳에 사느냐에서, 어느 곳에서 어떻게 인간의 삶을 극대화하면서 사느냐로 바뀌어 가고 있다. 삶의 질이 높은 곳을 찾아, 자기의 능력을 최대한 펴 보일 곳을 찾아서 미련 없이 떠나고 돌아온다.

유럽에서 이민을 나갔던 이들도 44%가 고국으로 되돌아온다. 이민이 시대적 상황에서 비롯된 것처럼 시대적 변화에 따라 되돌아오는 것은 자연스러운 현상이다. 이민과 역이민은 물이 흐르는 것과 같다. 이민과 역이민을 회자정리(會者定離)라는 단어로 풀어 볼 수 있다. 즉 만나면 헤어지고 헤어지면 다시 만나는 것과 같다. 이민과 역이민을 동전의 앞과 뒤로 보기도 한다.

이민과 역이민의 출발은 현재 살고 있는 나라와 되돌아가야 할 나라의 여건 변화로 생긴다.

　　1890년대 이후 한국이 가난하고 못살 때 중국땅으로 유이민을 떠났던 한국인들이 한국이 잘 살게 되자 다시 고국으로 오려고 하는 것은 당연하다. 사할린의 한인들, 그리고 구 소련땅의 한인들 모두의 사정이 비슷하다.

　　미국으로 떠났던 이들도 비슷하다. 1960년대에는 미국을 젖과 꿀이 흐르는 가나안 땅으로 생각을 했다. 미주 이민의 대열은 가나안 복지를 찾는 한민족의 이동이라고 한인 교수가 표현했다. 그래서 한국인들의 미국 이주는 선택받은 국민이 축복의 땅을 찾는 제2의 이스라엘 국민 같다고 말했다.

　　1980년대 이후 미국이 변했다. 더 이상 아메리칸 드림의 땅이 아니었다. 1992년에는 아메리칸 악몽으로까지 변하기도 했다. 미국의 경제 사정, 그리고 인종 차별, 각종 범죄, 청소년 문제, 도덕과 가치관의 추락 등 이민자들이 실패와 좌절의 순간을 맛보면서이다.

　　여기에다가 한국이 크게 좋아진 것이다. 경제가 급성장했고, 남북 간의 전쟁 등 불안 요인이 점차 줄어들기 시작했다. 처음 떠날 때의 춥고 배고프고 가난한 나라에서 이제는 살 만한 나라로 달라졌다. 정착지가 되었던 미국은 점차 살기가 어려워졌고 떠났던 한국은 살기가 좋아졌다.

　　미국에서도 전세계로 역이민을 떠나는 사람들은 한 해 평균 10만 명으로 늘어났다.

　　역이민의 주요 대상 국가로는 아시아 지역의 한국과 대만·필리핀 등 세 나라이다. 그리고 엘살바도르·과테말라·멕시코·브라질 등 중남미 국가도 많아졌다.

　　워싱턴포스트 지는 1995년 5월 7일자 신문에서 "뉴욕 시의 경우 연간 한국 교포 전체의 4~5%에 이르는 약 1천 가구 정도가 한국으로 되돌아가고 있다."고 보도했다. 그리고 로스앤젤레스타임스 지도 1993년 3월 4일자에서 『짐을 싸 가지고 고국으로 되돌아가는 이민 대열』이라는 기사를 실었다. 로스앤젤레스 폭동 1주년을 지나며 쓴 이 기사는 "떠나는 이들은 미국은 더 이상 약속의 땅, 아메리칸 드림의 나라는 아니다."라고 이민자의 인터뷰 내용을 담았다.

　　하지만 미국 이민 시대가 끝난 것은 아니다. 세계에서 지금도 이민 가기를 원하는 나라의 제1순위에 미국이 올라 있고, 한국에서도 투자 이민·환경 이민·유학 이민의 첫 대상지는 미국이다. 북한과 미국이 국교 수립을 한다면, 앞으로는 북한 주민들의 미국 이민이 한때 크게 늘어날 전망이다. 그들도 한국이 통일되면 또다시 고국을 찾는 역이민을 결심하게 될 것이다.

　　세계에서 이민으로 성공한 나라이면서 역이민으로 성공한 나라, 바로 그 나라가 이스라엘이다. 이스라엘인들은 이민을 가서 열심히 살다가 조국이 어려워지면 언제나 다시 찾아온다. 어느 곳에서 살든지 항상 조국 이스라엘을 사랑하고 조국 이스라엘을 위해서라면 어떠한 어려운 일도 마다하지 않는다. 그리고 경제적으로 성공하면 항상 조국 이스라엘을 위해 헌신을 하는 이들이 이스라엘 국민이다.

3. 역이민의 사연 12가지

이민자들은 어려운 결정을 내린 이들이다. 삶의 터전·직장·사업 그리고 친척을 뒤로 하고 새 땅, 새 천지를 향해 떠난 의지의 사람들이다. 그들이 또 한번 역이민을 결정하기까지는 고뇌의 순간들이 깔려 있다. 역이민자들은 두 번째 삶의 결단을 내린 사람들이다.

제2의 고향 미국에서 정 붙이고 뿌리 내리며 살던 그들이 역이민을 온 이유나 사연은 각기 다르다. 특히 미주 이민자들은 개성이 강하고 개인주의적 의식이 높아서 일률적으로 그 역이민 이유를 설명하기는 어렵다. 역이민의 원인을 외교통상부·법무부 그리고 미국 언론들이 제나름대로 분석을 하고 있지만, 서로 다를 수밖에 없다. 그만큼 미주 내의 이민의 햇수·나이·가족수·살던 곳·한국 내의 가족 및 재산 관계 등 모두 그 사정이 다르기 때문이다. 하지만 구체적으로 역이민을 오기까지의 이유를 열거하면 대략 12가지 정도로 나눌 수가 있다.

첫째는 미국 생활에 잘 적응하지 못하기 때문이다. 언어와 문화 그리고 사회 분위기가 자기의 삶의 스타일과 맞지 않아 돌아온 이들이다.

둘째는 가족을 만나기 위해서이다. 불법 체류나 혹은 유학 그리고 취업 등으로 남편과 부인 자녀들과 5~10년 헤어져 살다가 다시 귀국을 한 경우이다.

셋째로는 한국에 새로운 직장 즉 교수·의사·엔지니어 등 또는 대기업에 취업을 하기 위해서 미국 생활을 과감히 정리하고 들어온 케이스이다.

넷째는 이혼과 결혼 때문이다. 미국에서 국제 결혼이나 한국인끼리 결혼을 했다가 헤어져서 오는 경우가 있고, 미국에서 살다가 한국으로 결혼을 해서 영주 귀국을 하기 때문이다.

다섯째, 사업 부진이나 직장을 그만둔 경우이다.

많은 이들이 이민 생활에 만족해 살았으나 1992년 로스앤젤레스 폭동 이후 스몰 비지니스를 하던 이들이 많이 실패를 보았다. 파산 선고를 한 뒤에 새롭게 새 삶을 한국에서 가져 보기 위해서이다.

여섯째, 한국에서 공부를 하기 위해서이다. 대학 및 대학원 그리고 박사 학위를 취득하기 위해서 들어온 케이스이다.

일곱째, 부모의 부양을 위해서이다. 10년, 20년 전에는 부모가 젊어서 이민을 갔으나, 그 세월 뒤 한국의 부모가 연로해지면서 노후를 편안히 모시기 위해서 들어온 경우이다.

여덟째, 미국에서 얻은 병의 치료를 한국에서 하기 위해 역이민을 온 교포도 있다.

아홉 번째는 미국의 직장이나 사업에서 은퇴를 한 뒤에 한국에서 여생을 보내고 싶어서 온 경우이다.

열 번째는 한국 내의 재산 관리 때문이다. 부모가 하던 사업, 또는 유산으로 받은 재산, 집안의 사업을 계속하기 위해서 들어온 경우이다.

열한 번째, 정치적 지도자의 계파를 따라서 온 경우이다. 김영삼 전 대통령·김대중 대통령 또는 정부 고위 인사의 인맥을 찾아서 온 경우이다.

열두 번째, 한국의 국제적인 위상과 이미지가 높아졌기 때문에 한국인의 자긍심을 가지고 한국인으로 살기 위해서 역이민을 온 경우이다.

무엇보다도 미국으로부터의 대규모 역이민 현상은 한국의 경제 여건·사회적 여건에서 찾을 수가 있다. 로스앤젤레스에서 오래 살다가 서울로 되돌아온 김희식 씨는 자신의 역이민 사연을 세 가지로 설명했다.

첫째는 1992년 4월 29일의 로스앤젤레스 폭동에 대한 충격과 사업 부진, 둘째는 로스앤젤레스 지역의 잦은 지진, 그리고 셋째는 각종 범죄의 증가 때문이라고 말했다. 또 다른 이들은 한흑 갈등, 히스패닉과의 갈등 그리고 자녀들의 현지 적응 실패를 손꼽았다.

뉴욕타임스 지는 1995년 8월 22일자 보도에서 한국인들의 역이민이 많아지는 이유로 언어 장벽으로 인한 불편, 문화적 차이, 인종 갈등과 범죄에 대한 우려, 한국 내의 민주 정부의 출범을 들었다.

　어느 교포는 자녀의 탈선 때문에 모든 생활을 포기한 채 역이민길에 올랐다. 처음부터 학교 생활에 적응하기를 힘들어하던 아들이 끝내는 한국 학생들과 어울리면서 마약을 하고 경찰에 체포된 적이 있었다. 부모는 자녀 교육을 위해서 미국으로 이민을 갔지만 결국 자녀를 망친다면서 서둘러 귀국했다.

　최근 역이민의 또 하나의 추세는 노인들이 미국에서 시민권을 받지 못하자 다시 고국으로 돌아오는 것이다.

　이는 미국의 개정 이민법이 시행되면 영주권자는 사회 복지 혜택을 못 받게 된다는 것 때문에 할아버지 할머니들이 갑자기 역이민자 대열에 합류한 것이다. 미국에서는 매달 65세 이상의 노인들에게 5백 달러 정도의 생활비를 지급하고 있는데, 이것이 중단되면 생활에 큰 위협을 느낄 수밖에 없다. 그래서 노인들이 시민권 시험 학원에 다니면서 준비를 했고, 시험에 떨어진 몇몇 노인들이 귀국을 서두른 것이다. 물론 미국이 다시 영주권자에게도 계속해서 노후 생활 기금을 주기로 결정을 했기 때문에 노인들의 역이민은 많지는 않을 것이다.

　법무부에서 국적 회복을 담당하는 한 관계자는 외국에 이민 갔다가 역이민을 오는 이들은 한결같이 "한국이 살기 좋아서 되돌아왔다."고 말하고 있다. 그 중에는 한국의 국제적 지위 향상과 수출입 교역량의 증대, 그리고 한국 정부의 국제화·세계화 제창 및 이민자에 대한 법적·제도적 불편함을 줄여 나가겠다고 다짐을 했는데, 이것도 역이민이 늘고 있는 이유 중의 하나가 되었다는 설명이다.

4. 역이민자는 한국에서도 문화 충격을 느낀다

미국에 이민을 갔다가 되돌아온 이들이 한국에서 또 한번 문화 충격(Culture Shock)을 느낀다. 이는 어떻게 보면 역설적이다. 역이민자들이 한국에서 느끼는 문화 충격의 심도는 때로는 미국에 처음 이민갔을 때보다 더욱 심하다.

문화 충격은 원래 말과 풍습·음식·사고 방식이 다른 나라에 가서 느끼는 것이다. 미국에 이민 간 한국인들은 정도는 다르지만 처음에 문화 충격, 다시 말해서 미국병을 앓는다.

그런데 자기가 태어나서 살던 곳, 가족과 친구가 있는 한국 땅에 돌아와서 한국인으로서 또 한 번 충격을 느끼니 말이다. 특히 자기가 외국에 나가서 살던 기간, 그리고 한국이 변한 만큼 문화 충격은 비례한다.

역이민자는 미국에 대한 미련, 한국에 와서 다시 적응하는데 어려움이 남다르다. 그래서 역이민이 이민 때보다 2배나 더 힘이 든다고 말한다. 물론 역이민에 대해서 사전 지식이 없다면 충격은 자연스러울 수밖에 없다.

역이민에도 철저한 마음의 준비와 사전 지식이 필요하다.

첫째, 내가 미국에 이민 가서 사는 동안 한국 사람들이 많이 변했다. 다시 귀국한 뒤에 그들을 옛날식으로 생각하고 대하면 그들에게서 실망을 느낀다.

둘째는 내가 역이민을 왔다고 반기는 사람이 없다. 혹시 어느 직장에 들어가더라도 좋아하기는커녕 경쟁 상대로 보고, 경계의 눈초리를 늦추지 않는다는 것이다. 이쪽에서 선의로 때로는 호의적으로 행동하더라도 상대방은 절대로 색안경을 끼고 경계하고 있다는 것이다.

셋째, 미국에 이민 갔다 온 것을 절대로 과시해서는 안 된다. 한국인들은 이민자와 역이민자에 대해 부정적인 이미지를 가지고 있기 때문이다. 로스앤젤레스에서 돌아와서 사회 활동을 적극적으로 하고 있는 한 역이민자는 서울에서의 행동 규칙 세 가지를 정했다. 즉 자신의 허점이 보이지 않도록 살아가는 데 세심한 주의를 기울이고 있다.

그 하나는 미국에서 사용하던 영어 이름을 절대로 쓰지 않는다. 혹시 미국에서 방문차 오는 친지들이 미국에서의 이름을 부르면 정색을 하면서 한국식 이름을 불러 달라고 말한다.

넷째, 대화 중에 영어 단어를 절대 사용하지 않는다. 철저하게 한국어만을 사용한다.

다섯째, 미국에 이민 갔다 온 이들을 만나지 않는다. 그들을 만나면 다시 미국 예찬론이 나오고, 한국에 대해서 불평을 하게 된다. 그 대신에 서울의 친지나 동창들을 더욱 열심히 만나면서 한국화(韓國化)를 위해서 힘쓴다.

　　미국에서 20년간 의사 생활을 하다가 한국으로 되돌아온 한 교수는 "한국에 역이민을 오면 일정 기간 스트레스를 받는 기간이 있다. 사람에 따라서 다르지만 쉽게 피로를 느끼기도 하고 병이 나기도 한다. 어떤 이는 문화 충격이 갑자기 오고, 때로는 서서히 온다. 이는 문화가 바뀌는 상황에서 온다. 그리고 한국에 와서 제2의 고향이 된 미국을 그리워하면서 스트레스가 쌓이기도 한다. 한국 문화보다 미국 문화를 더 좋아할 때 떠난 곳의 문화에 대해 정이 가는 것이다. 역이민자들은 한국에 와서는 참고 사는 것이 무엇보다도 필요하다는 논리이다.

　　역이민자들이 서울을 사는 지혜가 각양 각색이다. 사람마다 그 선택도 다르다. 때로는 독한 마음을 가지고 산다.

　　첫째 그룹은 철저하게 한국을 무시하면서 사는 것이다. 한국인보다 우월하다는 의식을 가지고 산다. 미국에서 그 정도 이상으로 살았다는 자부심을 강하게 내세우는 것이다.

　　둘째 그룹은 두문불출을 하는 경우이다. 역이민 여성에 많이 해당되는 경우이다. 동창이나 가족 친지를 만나는 것을 가급적 피하는 것이다. 그들과 만나면 너무 돈, 그것도 억 단위로 이야기하는 것에 식상하기 때문이다. 꼭 필요한 일이 아니면 외부에 나가는 것을 금한다.

　　셋째 그룹은 미국에서 온 사람들끼리만 만나는 이들이다. 그들과 대화를 할 때, 생각과 인간적인 유대가 자연스럽고 마음이 가장 편하기 때문이다. 영어를 섞어 가면서 이야기하고, 미국 생활에 대해서 대화를 하면서 스트레스도 푼다. 그러면서 한국에 대한 삶에 대한 정보를 나눈다.

넷째 그룹은 적극적인 적응 그룹이다. 한국의 친지 등 누구와도 편하게 만나고 대화하고 그들 속으로 파고들어가는 것이다. 언제 이민을 갔다 왔는지를 모를 정도로 서울 사람처럼 행세하고 노는 것이다.

다섯째 그룹은 한국에 잘 돌아왔다고 한국 예찬론에 빠지는 이들이다. 미국은 경제도 나쁘고 범죄도 많고 한데, 한국은 경기도 좋아지고, 범죄도 적고 인간 관계를 맺기가 너무나 좋다는 것이다. 한국은 미국에 비하면 천국이라고 믿고 산다. 한국형 체질을 가지고 사는 이들이다.

여섯째 그룹은 불안 의식에 싸여 사는 이들이다. 한국에 적응하기도 힘들고 그렇다고 다시 미국에 돌아갈 수도 없는 이중 고뇌 속에 사는 이들이다.

5. 역이민자에게는 두 개의 고향이 있다

"고향을 찾지 말라. 고향은 마음 속의 고향이 아름다울 뿐이다."
어느 프랑스 작가의 말이다.

오랜 세월이 지난 후 고향에 와서 다시 서 보면 실망을 느낀다. 마음 속에 고이 간직하던 옛 고향이 아니기 때문이다. 긴 세월이 흐르는 동안 고향은 너무 많이 변해 버렸다. 옛 추억의 그 순수하고 아름답던 감정을 또다시 느끼기가 어렵다. 마음 속의 고향이 더욱 아름답다.

현실의 고향, 한국은 때로는 역이민자에게 많은 상처를 주고 있다. 고향은 금의환향을 할 때만 아름답다. 옛 생각을 가지고 찾으면 실망이 클 수밖에 없기 때문이다. 초라하게 올 때는 더욱 그러하다.

타향을 정처 없이 떠돌다 돌아오는 이민자들에게 어머니의 품 같은 고향이면 좋으련만 오늘의 한국은 정말로 타국땅에서 지내 온 이민자들을 따듯하게 품어 주기에는 너무 인심이 변했다.

역이민자들이 귀국했을 때 장미빛 미래만이 있는 것이 아니다.

미국 애팔래치안대학 이성형 교수는 6개월간 한국에 교환 교수로 나왔다가 이방인이 맛보는 그러한 고향을 만났다. 한국에서 정해진 체류를 마치고 미국에 돌아간 뒤 역이민을 생각하는 미주의 한인들에게 『역이민의 4가지 조건』이라는 글을 썼다. 자신이 몸소 느꼈던 것을 정리해 썼고 많은 이의 눈길을 끌었다. 한국으로 다시 떠나가려고 하는 이들이 한 번쯤 꼭 새겨 보아야 할 내용이 담겨져 있다.

이성형 교수는 역이민의 4가지 조건으로

첫째, 한국에 돌아가서 할 일이나 직장이 반드시 있어야 한다. 막연한 귀국은 금물이다. 가서 노력하면 된다는 생각은 잘 맞지를 않는다.

둘째, 한국의 복잡한 인간 관계에서 잘 적응해 나갈 수 있어야 한다. 지나친 경쟁 의식과 배타성·경계심이 높은 사회가 바로 한국 사회이기 때문이다. 이민을 떠날 때의 옛 인심은 찾기가 어렵다.

셋째, 자녀가 한국에 나가서 학교에 다닐 때에는 자녀들이 어려운 환경을 잘 이겨 나갈 수 있어야 한다. 부모를 따라서 한국에 나왔다가 교육 문제·언어 문제·사고 방식의 차이 등으로 실패하는 자녀들이 너무 많다.

넷째로는 한국의 여러 가지 좋지 못한 자연과 생활 환경, 즉 공해·교통·위생·질서 의식 등에 잘 적응해 나갈 자신이 있어야 한다. 물론 역이민자마다 느끼는 조건이 다르다. 이민 햇수·나이·전문성 등에 따라서 적응 정도가 달라진다.

하지만 인간 관계가 복잡하고 비합리적인 상황이 자주 벌어지므로 인간 관계를 잘 이루어 나갈 수 있는 능력이 우선되어야 한다. 이민을 떠났을 때의 잣대, 돌아온 뒤에 갖는 잣대 등 두 기준으로 심리적인 갈등을 2배나 더 느끼게 되기 때문이다.

역이민자에게는 2개의 고향이 있다. 자기가 태어난 고향, 교육받고 일하던 한국의 고향, 그리고 이민에 적응하고 사업이나 직장을 가졌던 미국의 고향, 자녀를 낳고 기르면서 삶의 보람을 느꼈던 고향이 있다. 물론 그 중에서도 가장 소중한 고향은 자기가 열심히 살면서 자신만의 역사를 만들어 나가는 곳이 자기의 고향임은 더 말할 나위도 없다.

이혼을 하고 재혼을 한 뒤에 가장 괴로운 것이 바로 전 부인과 새 부인을 비교할 때 갖는 실망이라고 말한다. 역이민자도 어찌 보면 한국과 이혼을 하고 미국과 재혼을 했다가 다시 돌아온 이들이다. 역이민 교포들이 가장 괴로운 것이 바로 한국과 미국을 비교하게 되는 것이다. 크고 작은 일들이 자주 비교의 대상이 된다.

역이민자들은 몸은 왔어도 마음은 쉽게 한국으로 따라오지를 않는다고 말한다. 미국에 대한 미련, 한국의 이런저런 문제점들이 선뜻 역이민을 잘 왔다고 생각하지 못하게 만든다. 『몸 따로, 마음 따로』의 역이민 생활을 하는 이가 주변에 적지 않다.

역이민자 중에는 정말 두 곳 살림을 하는 이들이 있다. 가족은 아직 미국에 있으면서 남편 혼자 나와서 사는 경우이다. 부인은 자녀 교육 때문에 미국에 있고, 또한 서울로 완전히 이주할 경제적 여력이 약하기 때문이다.

이 때에 남편이 자주 미국을 오가든지, 혹은 부인이 틈틈이 서울을 다녀간다. 그야말로 두 집 살림을 하기가 싫어도 해야 하는 것이다.

역이민에도 여러 가지 스타일이 있다. 조건부 역이민에다 탐색적 역이민이 있다.

누구도 역이민의 흐름을 막을 수 없다. 역이민이 늘어나는 만큼 한국과 미국의 장점을 이용하면서 살아야 하는 2중적 역이민도 늘어날 수밖에 없다.

6. 실패한 이민과 성공한 이민

　이민은 무지개 꿈처럼 아름다운 것만은 아니다. 차라리 이민을 떠나가지 말았어야 하는 이들이 있는가 하면 이민 가기를 잘했다는 이들도 있다. 행복한 이민자가 있고, 슬픈 사연을 가진 불행해진 이민자도 적지 않다.

　오늘도 미국에서는 이민 간 것을 후회하는 교포들이 있다. 한국에 있었으면 편안하고 남부럽지 않게 살 수 있을 것을 이민을 갔기 때문에 사회적 지위, 경제적인 부, 그리고 명성을 모두 잃어버렸다고 생각한다.

　한때 이민이 유행병처럼 사회적으로 인식되고 있을 때, 무작정 이민길에 오른 것이 그만 잘못된 길의 선택이었던 것이다. 『사랑이 뭐길래』라는 유행어처럼 『이민이 뭐길래』 계획 없이 떠난 것이 그만 문제가 되고 말았다.

　한 조사에 따르면 이민을 떠날 때, 현지에서의 구체적인 계획이 없는 이들이 약 36%에 이르는 것으로 나타났다.

막연히 떠나면 되겠지 하는 식의 이민도 적지가 않았다. 이민의 실패 원인은 무계획한 출발, 감상적인 생각 등으로 나타난다.

이민을 떠날 때 영구적인 이민이라고 생각하는 이는 23%뿐이고, 귀국하겠다는 사람은 51.5%를 차지할 정도이다. 대부분이 조국에 대한 집착, 즉 귀소 의식이 뿌리 깊게 박혀 있음을 알 수 있다. 그런데 귀향의 생각은 교육 수준이 높으면 높을수록 특히 대졸 이상자에게서 뚜렷이 나타났다. 이민에 실패하면 돌아오겠다는 대답도 40.2%이며, 그리고 끝까지 노력해서 성공해야 되겠다는 이들은 13.5%에 이르는 것으로 한 조사에서 나타났다. 물론 어느 사회에서나 성공자와 낙오자가 있기 마련인데 미국 이민자 중에서 나타나는 실패의 원인은 다섯 가지로 분류할 수 있다.

첫째는 사업을 하다가 실패하는 것이다. 처음 미국에 가서 소규모 사업(주유소·식품점·야채상·식당·봉제 공장 등)을 시작하면 성공률은 85~90%로 나타난다. 그러나 2차로 확장 사업의 경우에는 성공률이 60~70%에 이른다. 아무리 미국이라고 하더라도 사업 실패는 있기 마련이다.

둘째는 범죄의 피해자가 된 경우이다. 각종 사업상으로나 또는 살아가다가 크고 작은 사건으로 희생이 되거나 부상을 입어서 생긴다.

셋째는 자녀 교육을 위해서 미국에 왔는데 자녀가 탈선의 길을 걷는 경우이다. 마약이나 각종 범죄, 각종 사건에 연루되는 것이다.

넷째는 가정적 불행이 생기는 경우이다. 이혼과 별거, 건강을 해치면서 불행해지는 케이스이다.

　　다섯째는 문화 충격 등으로 정신적 방황 증세나 무기력증 · 열등감으로 생활 능력을 잃어 가는 경우이다. 초기 미주 이민자 중에도 한국인들이 정신 이상병 환자가 가장 많았다는 것도 간과할 수 없는 일이다. 로스앤젤레스에서 사업을 하다가 사건에 연루되어 끝내 이민 생활을 청산하고 역이민길에 오른 박태삼 씨의 가슴 아픈 이야기가 있다.

　　박씨는 1978년에 샌프란시스코로 가족 초청 이민을 갔다. 아메리칸 드림을 이루겠다는 의지 하나를 가지고 주유소 펌프맨 · 식당 벨보이 등 닥치는 대로 궂은 일을 마다 않고 했다. 7년 고생 끝에 어느 정도 돈을 모았으므로, 향수도 달랠 겸 한국인이 많이 사는 로스앤젤레스로 이사를 갔다. 그 곳에서 처음으로 리쿼 스토어를 오픈했고, 밤낮없이 2년 반을 뛰었다. 돈을 번 뒤에 다시 흑인 지역으로 가서 큰 마켓을 열었다. 문제는 여기에서 발생했다.

　　마켓을 운영한 지 2년이 되는 어느 날 흑인 강도가 들어왔고, 그는 그 강도와 격투를 하다가 그만 총을 발사하고 말았다. 그리고 범인이 총에 맞아 죽었다. 이 지역 흑인 컴뮤니티에서는 마켓 주인이 손님을 살해했다고 매일같이 마켓 앞에서 데모를 벌였다. 연일 계속되는 데모 때문에 손님의 발길은 끊어졌고, 3개월을 버티던 박씨는 끝내 가게를 포기하게 되었다.

　　그 충격이 실로 컸고, 다른 사업을 하기에는 엄두가 나지 않았다. 몸도 마음도 피곤했다. 몇 개월 간의 고뇌 끝에 내린 결론은 자기가 쉴 곳은 내 고향 내 조국밖에 없다는 생각뿐이었다.

지난 미국 생활이 물거품처럼 느껴졌다.

50줄에 들어선 그는 아내와 함께 장인이 사업을 하고 있는 부산으로 역이민을 떠나기로 결단을 내렸다. 박씨는 1993년 3월 부산행 비행기에 몸을 실었다. 15년 동안의 미국 이민 생활이 주마등처럼 머릿속을 스쳐 지나갔다.

그가 미국을 떠나면서 남긴 말은 되새겨 볼 만하다.

"아메리칸 드림은 돈 많이 벌어서 풍요롭게 사는 것만을 뜻하지는 않는다. 타향살이 15년에 외아들을 남가주대학(USC)에 보내서 졸업을 시켰다. 그리고 인내와 근면을 미국에서 배웠다. 비록 미국을 떠나서 한국으로 되돌아가지만 역이민의 짐 속에는 소중한 것들이 가득 담겨 있다."

이민이란 말처럼 사연이 많은 단어가 없다. 기회를 찾아 떠난 약속의 땅에 갔다가 좌절과 실망 속에서 삶을 마친 슬픈 이민자가 적지 않기 때문이다.

7. 돌아가야지, 돌아가야지 하다가
   40년 세월이 흘러

로스앤젤레스에서 영화와 연극 활동을 하는 한인 배우로 오순택 씨가 있다. 미국인들과 함께 1997년 9월 1일 세계 연극제에 『가주 타령』을 공연하기 위해 서울에 왔다. 한 신문과의 인터뷰에서 오순택 씨는 "돌아가야지, 돌아가야지 하다가 40년의 세월이 흘렀다."는 말을 남겼다.

1956년 미국에 유학을 간 그는 헐리우드에서 한국인으로는 몇 안 되는 영화 배우가 되었고, 그 생활에 젖어서 끝내 역이민을 오지 못하고 있다고 자조 어린 심금을 털어놓았다.

미국에는 한국으로 돌아가고 싶어도 떠나지 못하는 교포들이 많다. 창피해서 역이민을 못 오는 이들이다. 미국 생활에서 잃은 것이 많기 때문이다. 서울에 가더라도 서울 사람과 차이가 너무나 난다. 경제적으로 더욱 그러하다.

『미주의 조선족』이라는 말이 한때 유행했다. 중국의 조선족처럼 기회의 땅, 돌아가야 할 그 땅 한국으로 가기를 그린다.

하지만 떠나지를 못한다. 그러면서 『중국의 조선족』으로 비유를 해 보는 것이다. 그리고 언젠가는 화려한 귀향을 할 것을 생각하며 오늘을 산다.

돌아가고 싶어도 오지를 못하는 사람들 중에는 시민권을 가지고 있는 교포들이 많다. 우선 시민권을 취득한 사람은 한국 정부의 특별한 배려가 없는 한 귀국이 어렵다. 자녀 교육도 역이민에 가장 장애가 된다.

또 다른 큰 요인은 바로 경제 문제이다. 미국에 수영장까지 있는 큰 저택을 팔아 보았자 한국에 와서 변변한 아파트 한 채를 마련하기 어렵다. 서울의 땅값이 너무 올라 버렸기 때문이다.

시애틀에서 주간 『코리아 포스트』라는 신문을 내는 김종호 씨는 1980년대, 조국이 암울했던 1980년대 미국으로 삶의 뿌리를 옮긴 이민자이다. 그는 최근 재미 언론인이 본 한국, 《도대체 왜들 이러슈》라는 책을 펴냈다.

냉소적이며 근심 어린 눈으로 한국을 보고 있다. 이 책중에 『미국의 이민자는 진정한 애국자』라는 제목으로 글을 썼다.

내가 고국에 살 때만 해도 끼니가 어렵던 이들이 지금은 큰 재산과 명예를 가지고 사는 것을 보면, 나도 빨리 정리하고 귀국해서 살겠다는 역이민 예비 후보들이 많이 생긴다.

그들은 지금은 미국에서 살고 있으나 언젠가는 돈 벌어 내 고향땅을 찾아 내 이웃과 어우러져 여생을 보내야 한다. 내 뼈는 조국땅에 묻혀야 한다는 강한 귀향 의식에 빠져 있는 이들이 바로 조국이 있는 쪽 하늘을 바라보며 한숨 짓는 이민자들이다.

눈부신 경제 발전을 이룩한 고국에 돌아가면, 나도 옛날처럼 고생하지 않아도 잘 살 수 있을 것이라는 막연한 생각을 하는 것은 큰 잘못이다. 자신을 스스로 초라하게 만들지 말아야 한다. 인간은 어느 곳에 산다는 사실이 중요한 것이 아니라 어떠한 삶의 철학과 사고를 가지고 사는 것인가가 더 중요하다. 미국에서 주인 의식을 가지고 사는 한 외롭지 않다. 미국에서 열심히 사는 것, 그것이 바로 애국의 길이라며 역이민에 따끔한 충고를 하면서 제동까지 걸고 있다.

KBS-TV는 1996년 2월 28일(일) 밤 10시 『추적 60분 - 역이민』이라는 프로를 방영했다. 이 내용 중에서 간과할 수 없는 중요한 사실은 미국에서 역이민을 준비하는 이들이 의외로 많다는 앙케이트 조사를 발표했다는 것이다.

1995년 12월 5일 로스앤젤레스의 북쪽 밸리(Valley) 지역 교포 300명을 대상으로 이민 생활에 대한 설문 조사를 실시한 결과이다. 모두 250명이 응답을 했는데

- 120명이 이민 온 것을 후회(전체의 44.8%)하고 있었다. 이 중 언어 문제가 24%, 문화적 차이가 19%, 그리고 주류 사회에 대한 한계 의식이 16%나 된다고 응답했다.
- 41명(전체의 14%)이 역이민을 준비한다고 답했다. 그 이유는 범죄 및 불경기 때문이 31%, 한국에서 다시 성공해 보고 싶은 생각이 19%, 미국에서의 언어 문제 때문이 13%였다.
- 이민 온 지 10년 이하인 사람들 중 44%가 역이민을 생각하고 10년 이상 거주자 중에는 23%로 나타났다.

오래 된 이민자보다는 이민 햇수가 길지 않은 이들이 역이민을 생각하고 있었다.

그들은 한결같이 1980년까지는 미국이 기회의 나라로 손색이 없다고 생각했으나 이제는 더 이상 그렇지가 못하다고 믿고 있다.

하지만 이들은 특별한 기술도 가지고 있지 않고, 돈이 없어서 귀국할 엄두도 못 내고 있다고 안타까워했다.

1990년 9월 서울에서 열린 한민족 체전에 참가한 해외 교포를 대상으로 한 또 다른 조사에서는 64.1%가 가능하면 한국으로 돌아와서 살고 싶다고 응답했다. 물론 이렇게 역이민의 수치가 높은 것은 미국뿐만 아니라 중국·러시아권의 교포가 포함되어 있는 것도 눈여겨볼 만하다.

이러한 조사 결과는 여러 곳에서 나타나고 있다.

고려대학교 민족문화연구소는 지난 1997년 7월 재미 한인의 언어·문화 상황에 대한 설문 조사 내용을 책으로 펴냈다. 미국에 사는 한인들 1.259명이 응답을 했는데

● 꼭 한국에서 살고 싶다 7.9%

● 기회가 주어진다면 한국에서 살고 싶다 46.8%

● 한국에서 살고 싶은 생각이 없다 45.4%로 나타났다.

전체 응답자중 54.7%는 역이민을 가겠다고 했고, 45.4%는 영원히 미국에서 살겠다고 말했다.

1992년 4월 29일의 로스앤젤레스 폭동 이후 한인 교포 중 약 7%가 역이민을 결심했고, 40%는 미국 내 타도시로 이주하고 싶다고 말했다.

미국을 영구 정착의 대상으로 생각하는 것이 아니고 정착을 위한 과정으로 생각하고 역이민을 가겠다는 교포가 많다는 것이 최근 이민의 특징 중의 하나이다.

한국의 이민 정책에서 이제 역이민에 대한 정책도 세워져야 할 때이다.

8. 부메랑 유스 돌아오는 연어들

　아메리칸 드림을 찾아 미국으로 이민 갔던 1.5세들이나 현지에서 태어난 2세들이 『기회의 땅』 한국으로 다시 돌아온다. 역이민으로 다시 부모의 나라에 오기도 하지만 때로는 취업의 기회를 찾아서 오는 이들도 적지 않다.

　이들을 『부메랑 유스(돌아온 청소년)』 또는 『돌아오는 연어』라고 말한다.

　미국에서는 『바나나(Banana) 세대』 또는 『트윈키(Twenkie)』로 불렀다. 1.5세나 2세는 황인종이면서 서구 선망의 백색 사고(白色思考)를 지향한다 해서 곧잘 겉은 노랗고 속이 흰 바나나로 비유한다. 그리고 미국의 트윈키는 겉은 노랗고 속은 하얀 빵을 일컫는 말인데, 얼굴은 동양인이지만 생각하거나 행동하는 것은 마치 백인과 같다는 데에서 나왔다.

　이제 성년이 된 1.5세나 2세들이 한국을 찾아온 사연은 크게 세 가지로 나눌 수가 있다.

첫째는 부모를 따라 한국으로 온 케이스이다. 미국에서 초·중고 그리고 대학을 다니거나 졸업을 한 뒤에 미국 생활을 끝내고 영주 귀국을 한 경우이다. 이 때는 본인의 의사로 결정했다기보다는 가족의 뜻에 따라서 온 것이다.

두 번째는 역유학의 경우이다. 이동우 씨(서울 서초구 서초동)는 미국의 명문 코넬대 경제학과를 졸업한 뒤 한국으로 다시 유학을 와서, 서울대 경영대학원에 수석으로 입학했다.

세 번째는 취업으로 한국에 온 젊은이들이다. 한때는 모국의 취업 문호가 넓어지면서 각 전문 분야에 일자리를 찾아서 온 이들이 날로 늘어나고 있다. 변호사·증권 전문가·연예 및 방송 등 그 분야가 다양하다.

이들은 한국을 보는 시각이 각기 다르다. 임금은 적어도 조국이 좋다. 한국어를 열심히 배우기 위해서이다. 한국 문화를 피부로 접하고 싶다는 것 등을 그 이유로 설명한다.

서울대에 역유학을 온 이동우 씨는 "미국의 경영학이 한국보다 앞서 있는 것은 사실이지만, 앞으로 세계의 주무대가 될 한국 및 아시아의 경영 현실과 기업 문화를 익히는 것이 더 중요하다고 생각되어서 모국 대학을 선택했다."고 말했다. 그는 무역업에 종사하면서 한국의 세계화에 기여하고 싶다는 포부를 가지고 있다.

요즈음 대기업에서는 『1.5세대를 잡아라』는 스카웃 전략을 세우고 있다. 그래서 한국어와 외국어에 모두 능통하고 한국과 외국 사정에도 익숙한 이른바 이민 1.5세대들의 주가가 치솟고 있다.

　이는 국내 대기업들의 해외 진출 또는 해외 마케팅이 급증하면서 1.5세대를 찾기 시작한 때문이다. 국내 기업들은 대부분 연봉 계약으로 이들을 채용하며 일반 공채와는 달리 사업 프로젝트에 따라 수시 모집하고 있다.

　영상 소프트 회사인 드림웍스를 설립한 제일제당은 『이민 1.5세들은 해외에서 7년 이상 생활하고 현지 언어와 문화에 익숙한 인력』으로 분류하고, 200여 명을 인재 데이터 뱅크로 관리하고 있다.

　제일제당 자금부에서 일하고 있는 최민식 대리는 초등학교 6학년 때 미국에 이민 가서 뉴욕주립대학을 졸업, 리먼브러더스 증권 회사에서 4년간 근무했었다. 최 대리는 1995년 4월 뉴욕타임스에서 『월스트리트의 유능한 펀드메니저가 한국으로 돌아간다』고 보도한 화제의 주인공이기도 하다.

　해태 그룹 종합 광고 회사인 코레드의 해외 마케팅실 임진숙 씨(미국명 Jean)는 미국 보스턴에서 태어났다. MIT대학에서 경영학을, 버클리대학에서 법학을 공부했다. 미주리대 생물학 교수인 아버지의 권유로 한국을 방문했고, 이 때 "서울에 처음 와서 매료됐고 고국을 위해서 일하고 싶었다."고 말한다.

　한국과학기술단체총연합회는 해외 두뇌 초빙 프로그램을 실시하고 있는데, 생명 공학 등 첨단 분야 과학자를 해마다 유치한다. 모집 광고에는 『국제화·세계화·정보화에 따른 국가 경쟁력을 강화하기 위해서 우수한 해외 교포 및 외국인 과학 기술자를 국내 연구 개발 현장에 초빙, 활용함으로써 2000년대 과학 기술 선진국 진입에 기여하고자 함』이라고 표현하고 있다.

현재 국내에는 65명의 미국인 및 교포들이 고급 두뇌로 한국에 와서 일하고 있고, 젊은 1.5세와 학자들도 있다.

한편 중소 기업에서도 미국의 두뇌를 고국에 유치하는 프로그램에 참여하고 있다. 벤처기업협회는 1997년 4월 3일 로스앤젤레스의 남가주대, UC어바인에서 교포 자녀 유학생 등 해외 고급 인력을 유치하는 미주 인력 채용 박람회를 개최했는데 300여 명이 몰리는 등 성황을 이루었다.

한편 정부도 해외 우수 인력을 외교관으로 유치하는 외무 고시 2부를 신설했다. 지난 1997년 3월 9일 교포 대상 외무 고시를 실시했는데, 선발 인원은 5명인데 모두 89명이 지원, 17.8대 1의 경쟁률을 보였다. 외국어 능력과 국제 전문 지식을 겸비한 해외 교포를 외교관으로 선발하는 이 시험에는 미국에서 49명이 응시했다.

한국에서 제일 규모가 큰 『김&장 법률 사무소』에 교포 변호사가 10명이 일하고 있는데, 해마다 취업 문의를 해 오는 젊은 변호사가 늘어 가고 있다.

교포 출신 변호사들이 국내 증권가에서도 이름을 떨치고 있다. 동서증권 국제 금융 팀의 유동환, 기업 분석 팀의 김준영 변호사가 법률 자문으로 매우 바쁘게 일하고 있다.

그들은 까다롭기로 소문난 미국 증권법 조문의 법률 해석 등 이전에는 현지 법률 사무소에 의존하던 일들을 일사천리로 해결하고 있다. 김준영 변호사는 해외 금융 시장의 최신 동향과 정보 입수에도 일조를 하고 있다. 또한 증권 시장 개방에 맞추어 교포 인력 30여 명이 일하고 있다.

한국투자경제연구소에 근무하는 김종윤 씨(미국 앰허스트대 정치학과 졸업), 쌍용투자증권 국제부에서 일하는 백재욱 씨(웨슬리언대 역사학과 졸업) 등도 증권가에서 뛰고 있는 젊은이들이다. 김종윤 씨는 "미국에서는 내 자신 한국인인지 미국인인지 갈피를 못잡았으나 이제 완전히 한국 사람임을 깨닫게 되었다."라며 좋아한다.

이들은 오피스텔을 얻어 자취 생활을 하는데, 여의도 인근에 사는 친구들을 『마포파』, 강남에 사는 친구들을 『청담파』라고 부르기도 한다. 유공해운의 교포 비지니스맨 김성욱 팀장은 1.5세이다. 그는 미국 생활 20년을 정리하고 고국으로 돌아왔다.

"나는 강물을 거슬러 오르는 연어를 생각했다. 연어는 알을 낳기 위해서 고향에 돌아온다던데…. 미국에서의 방황이 끝나고 고향에 정착하는 것일까?"

그는 시카고 경영대학원을 졸업한 후 부동산 컨설턴트로 일했다. 그러다가 선경 계열사인 유공해운에서 신규 사업을 담당하기 위해서 귀국했다. 미국 회사에서 받던 연봉의 4분의 1밖에 되지 않지만 앞으로 한국에서의 경험으로 최고 경영자가 되기 위한 꿈 하나만을 가지고 왔다.

한국에서의 기회를 최대한 활용하면 성공은 꼭 이룰수 있다는 확신에서이다. 초등학교 5학년을 마치던 해 부모를 따라 미국으로 떠났던 꼬마가 어른이 되어서 한국으로 돌아온 것이다.

미국의 젊은 1.5세나 2세들이 다시 조국으로 오는 것은 조국에 대한 사랑, 기회의 땅에서 능력을 마음껏 펴보려는 의지, 그리고 국제화·세계화에 기여하겠다는 보람이 만들어 내는 작품이다.

그러나 한국에서 교포 인력 추세가 앞으로 계속 늘어나겠지만, 자리는 충분하지가 않다. 모국 취업 희망자가 급격히 늘어나면서 고국에 들어오는 좁은 문을 향해 그들끼리 치열한 경쟁을 벌일 날도 멀지 않다. 하지만 1.5세나 2세의 U-Turn 이민이 21세기까지 계속 이어질 것이다.

캐나다에서 귀국한 어느 1.5세는 한국과 캐나다를 비교하면서 다음과 같은 유머 있는 말을 했다.

"한국은 재미있는 지옥이고, 캐나다는 재미없는 천당"이라고.

9. LA를 사랑하는 사람들의 모임

SBS-TV 일요 아침 드라마 『LA 아리랑』이 국민들의 흥미와 관심을 불러일으키며 일요일 아침 안방의 인기를 독차지하면서 롱런하고 있다.

미국 서부의 관문 로스앤젤레스에서 살다가 한국으로 귀국한 이들이 친목 모임을 만들었다. 『LA를 사랑하는 사람들의 모임』이라는 단체이다. 역이민자와 상사 지사 주재원, 총영사관에 근무하던 외교관, 그리고 남가주에서 공부하던 유학생 등이 주요 멤버가 되고 있다.

그리고 일시 서울에 나와서 사업을 하는 이들도 회원으로 적극적인 참여를 하고 있다. 이들은 비록 로스앤젤레스에서 산 기간은 각각 다르지만 제2의 고향같이 생각을 하고 있다. 또는 언젠가는 다시 가 보고 싶은 도시로 아름다운 추억을 가지고 있다. 등록 회원은 약 300명에 이른다. 그리고 얼굴들도 참으로 다양하다.

이 모임의 목적은 순수하게 친목을 다지는 것 뿐이다. 회장도 없이 약 20여 명의 운영 위원들이 합의를 거쳐 모임을 이끌어 가는데, 총무가 실무를 맡고 있다. 회장 한 사람이 너무 색채를 내거나 독주·독선하는 것을 피하기 위해서이다.

1995년 여름 창립 모임을 가졌는데 100여 명이 참석을 했다. 이 날 서울 안의 작은 로스앤젤레스가 만들어진 것처럼 많은 얼굴이 나왔다. 그 해 12월 롯데 호텔에서 120명이 참석한 가운데 송년 잔치를 가족적인 분위기 속에서 즐겁게 치렀다. 매월 운영 위원들이 차례로 스폰서를 서 가면서 만나 로스앤젤레스와 서울의 삶을 화제로 삼는다.

이 모임의 불문율은 절대로 정치 비판을 하거나 남을 비난하는 이야기를 하지 않는 것이다. 로스앤젤레스에서 온 교포들이 여당을 하든, 야당을 하든 그것은 개인적인 문제이고 알아서 각자가 지원할 뿐이다. 이 모임에는 『로스앤젤레스를 사랑하는 당』 하나밖에 없다는 인식이다. 1996년과 1997년 두 차례 망년 파티를 갖는 등 이제 3살짜리 단체로 자라고 있다. 현재 총무는 언론계에 있던 임문수 씨가 맡고 있다.

또한 LA 총영사관에 근무를 했던 외교관들은 『윌셔 클럽』이라고 부르는 작은 친선 모임을 가지고 있다. 총영사관이 위치하고 있는 윌셔 가의 이름을 따서 지었는데, 전·현직 외교관들이 가끔 만나서 로스앤젤레스에서 근무하던 이야기로 꽃을 피운다. 당시 골프를 치던 일들이 화제에 많이 오른다.

샌프란시스코에서 살던 이들이 서울에 돌아와서는 『금문교(Golden Gate)』라는 모임을 만들었다.

인원이 많지 않아서 자주 모이지를 못한다. 특별한 일이 있을 때에만 만나는데 노승우 국회 의원, 김충일 국회 의원 등이 샌프란시스코의 옛 얼굴 등이다.

뉴욕에서 살던 교포들은 『뉴요커(New Yorker)』라는 모임을 만들었는데 미국에서 손님이 올 때 서로 연락해서 만난다. 박지원 청와대 대변인, 김혁규 경남 지사 등이 관심을 많이 표하는데 지금은 공직에 바빠 예전처럼 만나지를 못한다.

한편 용산 미8군에도 미국에서 온 시민권 교포 약 200여 명이 근무하고 있다.

그 중에는 로스앤젤레스에서 온 이들도 40여 명이나 되는데 친한 이들끼리 만나서 식사도 하면서 미국 이야기를 나눈다. 그런데 이들은 서울에 근무를 하다가 언젠가는 미국 시민권자로 다시 미국으로 돌아갈 이들이다.

한편 미국에 오래 살다가 한국으로 되돌아온 의사들이 『미국 한인 수련 의사회』라는 친목 모임을 만들었다. 미국에서 한국으로 돌아온 의사는 모두 450명 정도가 되는데 이 모임에서는 약 150여 명이 참여하고 있다.

고려대 구로 병원 산부인과 박용균 교수가 총무일을 맡고 있다. 박 교수는 미국 휴스턴 병원에서 15년간 근무하다가 귀국했다. 차병원 이정노 원장·안덕원·오병원·김명일·김관 의사 등이 주요 멤버이다.

이들은 미국에서 익힌 의료 지식과 인술을 한국에서 다시 펴는 것을 큰 봉사이자 보람으로 생각한다. 1997년 연말 파티를 뜻깊게 가졌다.

미국에 있던 의사들이 역이민을 오는 이유도 여러 가지이다. 나이가 들면서 마지막으로 한국에서 봉사하고 싶은 마음, 자녀들이 다 자라 결혼해서 나가므로 두 부부가 노후를 한국에서 보내고 싶어하는 뜻, 미국에서의 의사 수입이나 한국 의사 수입이 비슷하니까 경제적으로도 별 부담이 없기 때문에 오기도 한다.

그런데 일부 의사는 적응의 어려움이나 오랜 미국 생활에 대한 동경 등으로 다시 돌아가기도 한다.

10. 한국이 싫어서 재이민을 떠나는 사연

　미국에 살면서 신중하게 결단을 내리고 역이민을 왔던 한인들이 철새처럼 다시 미국으로 떠나고 있다. 재이민(Re-Immigration) 길에 오르는 것이다. 물론 철새는 인간과는 다르다. 철새는 환경을 피해서 떠나오지만 인간은 기회를 찾아서 떠나고 그 환경에 적응을 하면서 살아간다. 사람들은 흔히 재이민자를 철새와 같다고 비유한다. 그 이유는 역이민으로 나와서 사는 한국의 환경이 어렵더라도 그 어려움을 극복하고 살아갈 생각을 하지 않고 다시 편한 곳을 찾아서 떠나기 때문이다. 이민과 역이민 그리고 재이민의 길을 가는 이들을 철새족이라고 말한다. 한 번 떠난 사람은 또다시 떠나는 경우가 많다.

　재이민을 미국으로 떠나는 이들이 한결같이 말하는 이유는 한국의 주택값·교통난·교육 환경을 들고 있다. 그들은 재이민의 사연을 『합리적인 미국이, 비합리적인 한국보다 낫다.』고 결론지었다는 것이다.

재이민자들이 말하는 구체적인 출국 사연은 다음과 같다.

첫째는 복잡한 한국의 인간 관계, 불안한 사회의 요인들, 삶의 질 등에 환멸을 느꼈기 때문에 떠난다는 것이다.

둘째는 자녀 교육 문제 때문이다. 역이민을 와서 사는 동안 부모들은 어떻게 해서라도 어려움을 참고 이겨 내지만 완전히 미국화된 자녀들, 영어보다 한국말이 서툰 자녀들은 한국에서 따돌림을 받아 끝내 적응을 못한다는 것이다. 어떤 역이민 교수의 자녀는 한국에서 계속 산다고 하면 차라리 자살을 하겠다고 해서 결국 미국으로 재이민을 떠났다.

셋째는 한국에 와서 사업을 하다가 실패한 경우이다. 미국에서 사업을 하다가 귀국한 뒤 미국식으로 사업을 하면 백전 백패한다는 것이다. 세금 제도·인허가 과정·뒷돈 거래 등에 적응을 못하기 때문이다.

넷째는 한국에서의 일정 기간 계약직이나 근무 기간이 끝나서 다시 미국으로 돌아가는 경우이다. 엔지니어·의사·경영 컨설턴트·변호사 등이 이에 해당된다.

다섯째 영주권이나 시민권을 포기하면서까지 살 만한 이유를 찾지 못해서이다. 한국에 와서 살지만 정말 역이민을 오기를 잘했다는 명분을 찾기가 그리 쉽지 않는 다는 것이다.

여섯째 한국 사회의 수많은 불안 요인이 쉽게 가셔지고 편안한 나라, 통일된 나라가 그리 빨리 올 것 같지 않기 때문에 살기가 편한 미국으로 다시 가는 것이다.

이민의 사연이 갖가지인 것처럼 역이민의 사연 또한 사람마다 다르다. 그리고 재이민의 고민 또한 여러 가지이다.

　　로스앤젤레스에서 10년 동안 이민 생활을 하던 윤석준 씨(40세)는 1995년 3월에 한국으로 역이민을 나왔다. 로스앤젤레스의 폭동 후에 결심을 하고 한국으로 되돌아온 것이다. 그러나 6개월 만에 서울을 등지고 미국으로 재이민을 갔다.

　　그는 "한국의 소비 수준이 미국에서는 생각하지 못할 정도로 높았다. 주변 친구들의 씀씀이가 너무 커서 같이 만나기도 부담이 되었다. 사람들은 10년 전보다 더 경쟁적이고 무표정하고 때로는 험상궂게 느껴지기까지 했다. 한국은 고루 잘 사는 나라가 아니라 있는 자의 천국 같았다."라고 한국에 대한 인상을 말했다.

　　그는 "미국이 위험하다고 하지만 한국에 비하면 아무것도 아니다. 미국에서 흑인의 총에 맞아 죽는 것보다 한국에서 교통사고로 죽을 확률이 더 높다. 그리고 한국의 각박한 현실, 비합리적인 관습, 너무 높아진 소비 수준이 오히려 사회 문제가 된 지 오래다."고 한국 사회의 병폐를 지적했다.

　　재미 교포 강철은 씨(53세, 정당인)의 경우, 참다 못해 1992년 1월 국내 활동을 위해 자신의 영주권을 취소하고 주민등록증을 부여받았다. 그러나 이후 미국에 사는 자녀 졸업식에 가려고 미국 대사관에서 비자를 받으려 했으나 거부당했다. 그 이유는 나머지 가족이 미국에 있으면 비자를 줄 수 없고 정 가고 싶으면 영주권을 다시 받아야 한다는 것이 미국 대사관측의 유권해석이었다. 결국 강씨는 영주권을 다시 받고야 미국에 갈 수 있었다.

건축가로 로스앤젤레스에 살던 이태희 씨는 재이민을 갔다. 그의 재이민 이유는 한국 사회가 너무 복잡하고, 미국식 사고 방식으로는 적응해 나갈 수가 없었기 때문이라고 실토했다. 또한 김정배 씨는 5만 달러를 모아 가지고 역이민을 왔으나, 그 돈으로는 전세를 구하거나 사업할 돈이 되지 않아서 할 수 없이 미국으로 다시 떠났다. 그는 밑천을 더 많이 미국에서 번 뒤에 또다시 나오겠다는 말을 남겼다.

대기업의 고문으로 나왔던 인사, TV 방송국의 카메라맨으로 나왔던 젊은이, 한국에 나와서 음식점을 경영하던 여성, 김영삼 정부와 인맥으로 나왔던 원로, 대학의 초빙 교수로 나왔던 목사, 대기업의 부사장으로 나왔던 한때의 역이민자들이 지금은 모두 미국으로 떠났다. 한 교포는 역이민을 나왔다가 "한국이 통일이 된 뒤, 금강산이나 백두산을 마음대로 다닐 때에 다시 찾아오겠다."며 홀연히 재이민을 가 버렸다.

제3장 코리언 드림의 얼굴들

아메리칸 드림을 찾아 한국땅을
떠났다가 기회의 땅 미국에서
코리언 드림을 따라 다시
조국으로 돌아온 주인공들.
그들만이 간직하고 있었던
성공 시대 이민과 역이민의
꿈과 삶에 대한 가지가지의 사연과
사람 사는 이야기들을 모아 본다.

1. 정·관계

〈정계〉

■ 가슴이 따뜻한 인간 유재건 부총재

미국에서 이철수(李喆洙) 구명 운동에 앞장 섰던 유재건(柳在乾) 변호사. 현재 국민회의 부총재 겸 김대중 총재 비서실장으로 21세기 생활 정치의 꿈을 펴 나가고 있다. 타고난 말솜씨로 방송에서 명 MC 자리를 굳혔고, 대학 학장·생활 운동가 그리고 이웃 봉사의 경험을 토대로 한국 정치에 새 바람을 불러일으키고 있다.

그는 평소 한국의 정치와 선거에는 돈이 너무 많이 든다고 생각하고 있다. 선거법과 정당법을 개정해서 우리의 정치를 선진국 정치로 열어 나가는 데 앞장 서겠다는 의지가 높다.

▲ 국민회의 부총재 유재건 의원

유재건 부총재는 온건 합리주의자이다. 그는 변화의 새 시대에 정쟁과 갈등의 구호 정치보다는 부드럽고 인간적인 생활 정치 실현을 추구한다. 세계화 시대에 선진국에서의 변호사와 교수 경험을 살려서 미국식 정치를 뿌리내리려는 싱싱한 정치인이 꿈이다.

국회 의원 회관 3층에 근무하는 사람들 사이에는 유재건 의원을 『큰 바위 얼굴』이라고 부른다. 그의 인품과 덕망에 대해서 배울 것이 많기 때문에 붙여진 이름이다.

그와 김대중 대통령과의 첫 만남은 1983년으로 거슬러 올라간다. 그 때까지만 해도 김대중 총재에 대해서 잘 모르던 사이였다. 그 해 3월 29일 감옥에서 10년의 세월을 억울하게 보내고 석방된 이철수 씨를 찾아 샌프란시스코에 온 한 분이 있었는데 그분이 바로 당시 미국에 망명을 와 있던 김대중 총재였다. 한국의 민주화와 인권 회복을 위하여 군사 독재와 처절한 투쟁 끝에 망명객이 되어 샌프란시스코를 찾은 것이다.

유재건 후원회장과 이철수 씨의 손을 잡은 김총재의 두터운 손, 아무 말도 하지 않았지만 인간의 존엄한 인권에 대한 귀중한 승리임을 깨닫게 해 준 순간이었다.

오늘이 있기까지 유재건 의원의 삶의 무대는 미국이었다.

그가 꿈에도 그리던 유학의 길을 떠난 것이 1969년 9월 1일이다. 유학 목적은 아버지가 납북되었다는 이유 때문에 한국에서는 취직이 되지 않았기 때문이다. 시애틀에서 작은 비행기를 갈아타고 솔트레이크 시를 거쳐 프로보 시 브리감영대학으로 갔다. 3년간 석사 과정을 마치고 1972년 6월 한국 사람이 적은 시애틀의 워싱턴대학에서 박사 학위를 취득하기로 했다.

시애틀은 노스웨스트의 비행기가 기착하는 관문이라 많은 한 국인들이 이 도시를 통해 미국에 이민도 오고 방문길에도 꼭 찾게 된다. 가끔 그는 이민국(移民局)과 이민국 재판소에서 연락이 오면 영어를 잘 못하는 사람들의 통역도 맡아 해 주었다. 이민국에서는 시간당 얼마씩 통역 사례금도 받았다. 이 일이 후에 이철수 사건에 나서는 데 작은 인연이 될 줄은 몰랐다.

이철수는 억울하게 살인자의 누명을 쓰고 샌프란시스코에서 10년 2개월의 옥고를 치렀고, 재미 동포들은 20여만 달러의 변호 성금을 거두어 6년 동안 다섯 번의 재판을 통해 그를 구해 내는 데 성공했다. 처음부터 그는 구명 위원회 위원장으로 6년을 미친 사람 같이 뛰어다니며 이철수 구명 운동에 앞장을 섰다. 억울한 동포의 누명을 벗겨 주고 싶었기 때문이다. 영어도 능숙하지 않고 미국 이민 역사도 짧지만, 옳은 것은 옳다고 주장하는 뼈대 있는 한국 사람들이 미국에 와서 살고 있다는 것을 보여 주고 싶었다. 앞으로 돈 없고 영어 못하는 소수 민족 이민자들의 기본 인권에 미국 정부 당국이 더 깊은 이해를 가져 주기를 바랐다.

이철수 사건을 해결하는 데 나선 3명의 주역이 있다. 이들이 무릉도원이 아닌 새크라멘토에서 형제 결의를 맺었다. 나이가 제일 많고 성격상으로 혈기 방장한 장비는 새크라멘토유니온 지의 이경원 기자가 맡았고, 조직적으로 맡은 일을 효과적으로 감당하는 성격을 가진 랑코 야마다라는 일본인 2세 여자 변호사가 관운장을, 그리고 덕과 지혜가 겸비한 유비는 유재건 변호사가 맡기로 했다. 이 날은 1978년 11월 13일, 비가 억수같이 퍼붓는 북캘리포니아의 새크라멘 토 시에서였다.

한국에 돌아와 방송에서 잘 나가던 그가 정치로 변신하기까지
에는 그 나름대로의 사연이 있다.

1995년 8월 11일, 새정치국민회의 창당 발기인 대회가 63빌딩
국제 회의장에서 열리게 되었다. 새로운 정당의 지도자인 김대중
총재의 창당 배경과 정당으로서의 비전 등을 강연이 아닌 패널들과
의 토론 형식으로 꾸며 발기인 대회의 하이라이트로 삼겠다고 계획
했다. 그는 사회자의 막중한 임무를 맡게 되었다.

전국에서 몰려온 7천여 명의 발기인들 앞에서 "왜 이 시점에
서 새 정당을 만들어야 하는가, 이 정당은 무엇을 해야 하는가, 국
가와 민족을 위한 생활 정치를 펼쳐 나갈 정책 정당의 발기인이 된
것을 자랑스럽게 생각하는가, 나라를 사랑하고 우리 국민의 아픈
곳을 어루만져 주고, 가려운 곳을 긁어 주는 정당의 발기인이 되기
를 원하는가?" 등의 질문을 던지고 그들의 회답을 들었다.

장내는 열기로 꽉 차 있었고, 새 정당은 지금까지 존재했던
정당과는 색다른 정당이라는 확신을 갖게 된 당원들과 발기인들의
호응은 놀라울 정도였다.

다음 날 신문에 심야 토론 방송 사회자가 야당 발기인 대회에
서 사회를 봤다는 기사가 나왔다. KBS 심야 토론 담당자들이 어쩔
줄을 몰라했다. 그는 깨끗이 사의를 표했다.

2년여에 걸쳐 위원으로 봉사하던 대통령 정책자문기획위원회
(전 21세기위원회)도 그만두어야 했다. 부인도 수원에 있는 학교
에서도 해직이 되었다. 결혼할 때부터 정치를 하지 않겠다던 그가
이제 약속을 파기하고, 정치에 발을 들여놓게 되었으니 부인에게는
엄청난 충격이었다.

학교에서 해직되고 신문에 기사까지 나오던 날 부부는 엄숙하게 그 옛날『정치 불입문』약속 파기식을 거행했다. 우여곡절 끝에 결국 국민회의 후보로 성북갑 지역구에서 출마하기로 결심하게 된다.

출마하자 상대방 후보가 "미국에서 잘 먹고 잘 살다 왔다."면서 시민권 문제까지 들고 나와 비난을 했다. 첫 정견 발표에서 기호 2번 유재건 후보는 "사실 나는 미국에 유학을 가서 변호사가 되었고 오랜 기간을 살다 한국으로 아주 살 목적으로 7년 전에 영주 귀국한 사실이 있다. 나 스스로 우리 나라 국적(國籍)을 버린 적은 없다.

미국에서 동포들의 변호를 위해 시민권을 얻었던 적은 있으나 한국 국적을 버리지 않았다. 귀국해서 법무부 법무과에 갔더니, 형식상 필요한 것이니 이제라도 오전에 미국 국적 포기 신청을 내고 오후에 국적 회복 신청을 하라는 권고를 받고 이와 같은 국적법은 고쳐야겠다는 생각을 하면서 담당 공무원들의 지시를 따랐을 뿐이다. 나는 조국 앞에, 성북구 유권자 앞에 하나도 부끄럽지 않게 설 수 있다. 앞으로 당선이 되면 잘못된 법은 고치는 데에도 앞장을 서겠다."고 유세를 했다.

선거 혁명과 정당의 민주화가 제일 시급하다고 믿고 있는 그는 성북구로부터 새로운 시도를 모색하고 있다. 돈 안드는 선거와 지역구 관리, 그리고 늘 국민과 함께 선진 정치 문화를 가꾸어 가는 것이 얼마나 힘들고 외로운 길인가를 절감한다.

성북구에서 이런 풍토를 마련하는 것이야말로 우리 정치에서 시험 무대라는 일종의 역사적 소명감을 가지고 꾸준히 지역 주민들과 머리를 맞대고 때로는 토론하고, 때로는 설득도 해 가면서 작고 소중한 정치 혁명을 이루어 나가고 있다.

"5분만 만나 보세요. 가슴이 따뜻해집니다."

이 말은 유재건 부총재의 1996년 선거 표어였다. 그는 이 제목으로 자서전을 냈고 정치 개혁의 소리를 이 책에 담고 있다. 미국의 친지들은 오늘도 유재건 부총재를 지지하고 있다. 인권 변호사 또한 한국에서 최장수 방송 토론 문화를 정착시킨 변호사가 새 시대 새 정치에 필요한 인물이라고 믿고 『우리들이 아끼는 친구 유재건』이라는 후원회까지 조직했다.

■ 미디어 선거의 새 장을 연 김한길 의원

대통령직인수위원회 대변인을 역임한 국민회의 전국구 김한길 의원은 김대중 대통령 주변 신실세 그룹의 한 사람이다. 지난 대선 때에는 대 언론 관계를 총괄하는 공보팀장으로 활약한 소설가이자 언론인 출신의 정치인이다. 김한길 의원은 칼럼니스트의 경험에서 나오는 순발력 있는 정치 감각과 제도권 정치에 적응하는 모습에서 때로는 초선 의원 답지가 않다.

김한길과 최명길 부부를 킹메이커 부부라고 부른다. 그들은 세상에서 인간이 맡을 수 있는 최고의 자리인 대통령과 왕을 만든 주인공 역을 현실 정치와 드라마에서 모두 훌륭하게 그리고 성공적으로 해냈기 때문이다. 미디어 선거가 막을 올린 1997년 대선에서 그는 TV 속의 DJ를 준비된 대통령, 친근한 이웃 어른, 오직 나라만을 걱정하는 지도자로 비추어지게 하는 데 성공했다.

선거가 끝나고 김대중 당선자는 "TV가 없었으면 내가 대통령에 당선될 수 없었다."며 김한길 의원을 격려했다.

▲ 김한길 의원과 그의 부인 최명길 여사

그의 칭찬 속에는 선거 방송 대책단 부단장이자 후보 방송 대책 팀장으로 미디어 속에서 자신을 가장 잘 드러내 준 김한길 의원에 대한 고마움과 함께 그의 능력을 재평가한 것임은 두말할 필요도 없다. 방송 드라마 사상 영원히 기억될 사극 『용의 눈물』에서 이방원의 아내 민씨 역을 맡은 최명길은 그의 남편으로 하여금 생명을 건 무수한 험난한 고비를 지혜롭게 넘기도록 내조를 통하여 기어이 왕좌에 오르게 한다. 한 여자의 내조는 한 남자를 왕과 역적으로 만들 만큼 중요한 역할을 인기리에 해냈다.

김한길 의원은 입담뿐 아니라 뛰어난 판단력을 대선 기간 동안 여기저기에서 유감없이 발휘했다. 지난 11월 초 월드컵 축구 한·일전이 도쿄에서 벌어졌을 때 위험 부담을 무릅쓰고 김대중 후보의 참관을 강력하게 건의했다. 결국 한국 팀이 이김으로써 김 후보의 이미지를 끌어올린 계기를 만들었다는 평가를 받았다. 하지만 그의 첫 정계 입문은 순탄치만은 않았다.

처음 국민당 정주영 후보의 공보 특보를 하던 14대 때 서울 동작을구에 출마했으나 낙선했다.

그 이후 국민회의 전국구 의원으로 정치의 꿈을 실현하게 된 것이다. 초선 의원인 김한길 의원은 1996년 국회에서 "떡값도 받지 않겠다."는 자정 선언을 했다. 동료 의원과 만든 선언문에서 "남의 눈에 대들보를 탓하기 전에 내 눈에 티나마 먼저 자성하면서 깨끗하고 바른 정치를 위한 결의를 하게 되었다."고 밝혔다.

또한 계보 정치의 타파를 주장하며 국민회의 내에서 작은 반란을 일으킨 『내일을 준비하는 공부 모임』을 만들었다. 그리고 사람 중심의 분단 정치에 휩쓸리지 않기 위해 어떤 일을 해야 할 것인지 고민하고 있다. 패거리 정치를 청산하고 미래의 바람직한 정치상을 확립하기 위해 토론과 공부를 계속해 나가고 있다.

김한길 씨는 미국에서 돌아와 장편 소설 《낙타는 따로 울지 않는다》를 펴냈다. 이 소설은 갖가지 이유로 미국에 건너와 사는 한국인들의 삶을 소재로 했는데 섹스·도박·마약·범죄 등 미국 사회의 온갖 타락상이 적나라하게 나타난다. 새로운 삶과 도피의 장소로 미국을 선택한 이들은 아메리칸 드림이 환상에 불과했음을 깨달으면서 단세포적인 욕망을 추구하는 데 자신을 내던진다.

잘 알려진 대로 그의 대표작은 출간 6개월 만에 1백만 부가 팔린 베스트셀러 《여자의 남자》이다. 소설가말고도 신문 기자와 방송위원회 사무총장, TV 토크쇼 『김한길과 사람들』의 진행자 등 다채로운 경력을 갖고 있다. 칼럼과 에세이, 산문 등으로 김한길 씨는 《아침은 얻어먹고 사십니까》라는 책도 펴냈다. 이 책에서는 작가 개인의 내면 세계와 남녀 관계 등을 다루고 있는데, 1980년대 초반부터 미국에서 신문사 기자 생활을 쓴 『멀고도 험한 길』 등이 실려 있다.

그는 정치인의 피를 타고 났다. 진보 정당 운동에 헌신했던 김철 전 사회당 당수가 그의 부친이다. 일본 도쿄 태생인 그는 건국대 정외과를 졸업했다.

■ 대통령을 닮고 싶다는 박지원 공보수석

박지원 청와대 공보수석은 "김대중 선생님은 끝내 닮고 싶은 영원한 스승"이라고 말했다. 그리고 그에게 큰 소망으로는 김대중선생님을 대통령 만들기에 헌신을 하는 것이었고, 그 꿈을 꼭 이루어 내겠다면서 15년을 뛰었다. 그리고 끝내 1997년 12월 그 꿈을 이루었다. 요즈음 그는 또 다른 꿈을 꽃피우기 위해서 열심히 뛰고 있다.

▲ 청와대 공보수석 박지원 씨

이제 한국의 정치를 한번 신명나게 잘 해 보자는 것이다. 더 이상 국민을 볼모로 한 정치를 해서는 안 된다는 신념을 갖고 있다. 이제는 정치인이 국민에게 서비스를 할 차례라고 믿고 있다. 무엇보다 정치인은 국민들이 편안하게 살 수 있도록 그런 환경을 만들 의무가 있기 때문이다. 정치를 재미있고 신명나게 만드는 건 그리 어려운 일이 아니라고 생각하고 있다.

첫째로 대통령이 잘 하고, 둘째로 여당이 잘 하고, 셋째로 야당이 잘 하면 된다는 것이다. 이 삼각 관계가 제 역할을 다하여 조화롭게 이루어진다면, 자연스레 좋은 정치는 뒤따라 온다는 것이 박지원 공보수석의 정치 철학이다.

재미파 출신 정치인인 그는 미주 교포 더 나아가 해외 교포를 사랑한다. 1994년 7월 14일 민주당 국회 의원으로 본회 발언에서 "해외 교포들에 대한 체계적인 정책이 수립되어야 한다. 해외 교포는 세계 속에서 한국을 알리는 선봉장이자 우리의 가장 큰 해외 자산이다."라는 교포 예찬론을 폈다.

그는 김영삼 대통령에게 보내는 진정서에서 "중국 교포들을 받아들이시도록 진정합니다. 이들을 무조건 처벌하여 추방한다면 본국을 원망하게 될 것입니다."라고 썼다.

그의 정치 입문 이야기는 드라마틱하다.

전남 진도 출신인 그가 정치가가 되겠다는 꿈을 품기 시작한 것은 그가 섬소년이던 시절부터이다. 어려서부터 막연하게나마 이 다음에 크면, 정치가가 되어 많은 사람에게 봉사하는 사람이 되겠다는 꿈을 가졌다. 그가 단국대 경영학과에 진학해서도 그 꿈은 변함이 없었다.

대학을 졸업한 그는 럭키금성에 입사를 했고, 2년 후인 1972년에는 동서양행의 뉴욕 지사장으로 파견 근무를 나갔다. 그리고 1975년 액세서리·장난감 등을 수입하는 도매 업체인 『데일리 패션스』라는 회사를 설립했다.

그의 나이는 33세였으며 그 때 그는 미국 영주권을 받았다. 그러나 21년간의 미국 생활에서도 끝내 시민권을 신청하지 않았다. 언젠가는 한국으로 돌아와 정치를 하겠다는 꿈을 항시도 잊지 않고 있었기 때문이다. 뉴욕에서 사업은 별 탈 없이 순탄하게 진행되었고, 회사 규모도 날로 번창해져 갔다. 그런데 막상 사업으로 그렇게 성공하고 나니까 딴 고민이 생기기 시작했다.

"내가 미국에 돈만 벌러 왔던가, 한국도 아닌 미국에서 아무리 돈을 많이 벌어 본들 무엇하랴, 내 인생의 목표는 이것이 아니지 않느냐, 사업 이외에 미국에서 무엇이라도 다른 한 가지는 얻어 가지고 한국으로 돌아가야 하지 않겠는가, 어릴 적 꿈인 정치가가 되겠다는 생각을 위해서라도…."

그 때 제일 먼저 머리에 떠오른 것이 공부였다. 그는 뉴욕대학원에 입학을 했다. 처음 3개월간은 열심히 노력했지만 사업과 공부를 하는 것은 무리였다. 결국 그는 포기하고 말았다. 그리고 나서 다시 한인들의 권익에 대한 봉사를 해야겠다는 생각을 하여 한인회장에 도전했다. 결국 경선에서 패배했고, 2년 후 다시 출마해서 회장에 당선되었다. 최연소 한인회장이 탄생한 것이다. 1981년에는 로스앤젤레스에서 열린 미주 지역 한인총연합회 선거에서 회장으로 당선되었다.

1984년 5월, 박 대변인은 그 당시 미국으로 망명차 와 있던 김대중 선생을 친구 김경재 씨의 소개로 만나게 되는데, 그 때로부터 그의 인생이 달라지게 된다. 김대중 선생과의 만남은 그의 정치에 대한 꿈을 한층 더 성숙시켜 주는 계기가 되었다.

김대중 선생이 미국 망명에서 귀국한 뒤 그는 한국인권문제연구소 활동에 최선을 다했다. 당시 이 단체를 주도한 인물은 네 사람으로 김경재 국민회의 국회 의원, 박지원 청와대 대변인, 그리고 유종근 전북 지사(그 당시는 뉴저지 주 공무원), 이희호 여사 조카인 이영작 박사였다.

그 때 박지원 씨는 동교동과의 밀사역을 맡았다. 서울에 사업차 나오는 때마다 동교동을 방문하여 김대중 선생을 만났다.

동교동에 가서 선생님께 구두로 보고 사항을 알리고 또 미국에 가서 할 임무를 부여받곤 했다. 그야말로 철저하고도 비밀스럽게 역할을 수행했다. 뉴욕에서 한국인권문제연구소 3대 이사장을 맡으면서 정치계로의 입문 준비도 본격적으로 이루어지기 시작했다. 그리고 영주 귀국으로 그 뜻을 펴기 시작한다.

1992년 3월 총선 때 김대중 씨 추천을 받아 전국구 초선 의원으로 정치가의 첫발을 내딛게 되었다. 햇수로 따지면 미국 생활을 한 지 21년 만의 일이었고, 어려서부터 키워 온 꿈이 드디어 이루어지는 순간이었다. 민주당 전국구 21번으로 간신히 턱걸이(22명 당선)로 의원 배지를 달았다.

미주 교포 영입 케이스로 14대 국민 의원이 된 것이다. 전국구 의원이 되기 전 그는 1988년 총선 때 고향 진도에서 출마하려고 준비를 한 적이 있었다. 미국에서 번 돈으로 자동차 8대를 사고 배 3척을 임대해 열심히 뛰었으나 해남과 진도가 선거구를 합쳐서 1명만 뽑는다고 해서 지역구 출마를 포기했다.

김대중 씨는 새정치국민회의 총재 시절 박지원 대변인을 한말로『지칠 줄 모르는 성실함, 놀라운 정치적 순발력을 가진 인물』로 표현했다.

"박지원 대변인의 꿈은 귀국해서 정계에 입문하는 것이었고 나는 그를 돕기로 결심했다. 1992년 그는 전국구 국회 의원이 되었고 나는 그를 과감히 대변인으로 기용했다. 전국구에다 초선 의원에게 어떻게 대변인을 맡기느냐고 주위의 만류도 많았으나 나는 아랑곳하지 않았다. 나는 그를 알기 때문이었다. 일종의 도박을 한 셈이었는데 보기 좋게 성공을 거두었다.

소신과 원칙에도 강한 박 대변인이다. 그러면서도 유연함과 해맑은 미소를 늘 잃지 않는다. 누군가 박 대변인을『산소 같은 남자』라고 했는데 적절한 표현이라고 생각한다. 나는 그가 정치적으로 어디까지 성장할지 흥미롭게 관찰하고 있다. 무궁무진한 가능성이 그 앞에 있다. 나는 그를 도울 것이다.”

제1야당의 대변인으로서 4년 1개월 언론과 정치권에서는『최장수 명대변인』이라는 영예로운 꼬리표를 달아 주었다. 그는 별명이 또 있다.『김대중 총재의 그림자, 김대중 총재의 핵심』등이다. 그리고 한 잡지는 그를 베스트 드레서, 옷 잘 입는 박지원, 넥타이를 잘 매는 남자라고 평했다.

그는 천주교 신자이다. 하지만 그는 천주님께 한 가지 고백해야 할 것을 가지고 있다고 실토한다. 그것은 신앙에 어긋나게 점을 보는 걸 상당히 좋아한다는 사실이다. 친한 기자와 가끔 점쟁이를 찾아가기도 한다. 물론 점쟁이 말을 믿는 건 아니다.

여러 점쟁이가 똑같이 그에게 한 말은 “이 사람은 50이 넘어야 관운이 트여. 그 전에는 절대 안 돼.” 결국 이 말이 나중에 맞았다. 50세가 넘어서 국회 의원이 되었다. 그는 자신을 인생의 5수생이라고 부른다. 대학을 갈 때 재수를 했고, 3수 끝에 그것도 나이 50이 되어서 국회 의원이 되었다. 끝내 50에 관운이 트인 것을 생각하면서 그 점쟁이의 얼굴을 떠올렸다. 박지원 대변인은 김대중 총재에게 한번은 이런 이야기를 한 적이 있다.

“만약 예수님이 부활하신다면, 가장 먼저 하실 말씀이 무엇인지 아십니까? 바로 ‘기자들 왔느냐?’고 물으실 것입니다. 그래야 예수님이 부활한 사실이 일반인들에게 알려질 것 아닙니까?

아무리 좋은 일이라도 알려지지 않으면 소용없는 게 지금 현실입니다. 정치도 마찬가지입니다. 더욱 적극적으로 알려야 합니다. 아무리 언론이 마음에 들지 않더라도 비판만 할 것이 아니라 우리가 찾아다니며 알려 달라고 해야 합니다."

그는 한때 배우가 되려고 했다. 고등학교 때 국어 선생님 권유로 연극반에서 활동했는데 그게 아주 적성에 맞았다. 선생님도 재질이 있다며 그 길로 한번 나가 보라고 하셨다. 친구들도 마찬가지였다. 그는 배우란 직업에 상당히 매력을 느꼈다. 하지만 배우의 꿈을 이룰 수가 없었다.

"어머니가 연극을 한다는 자체를 굉장히 싫어했기 때문에 일찍 포기하고 말았다. 하지만 배우가 되었다면 괜찮은 배우가 되었을 것이라고 믿고 있는 그이다. 어떤 일이라도 한번 매달리면 끝장을 보는 내 성격에 비추어 볼 때 말이다."

자신의 인생에서 있어 한 가지 아쉬운 게 있다면 그건 배우의 꿈을 이루지 못한 것이다. 만약 다시 태어나 새로운 인생을 살게 된다면 그 때는 주저없이 배우의 길을 택하고 싶다고 말한다. 하지만 그보다 그는 정치가로서 체력과 두뇌를 겸비하고 있다. 재치와 순발력, 유머에 가득 찬 발표로 명대변인 소리를 듣고 있다.

닮고 싶은 김대중 선생은 대통령이 되었고, 그는 청와대에서 대통령의 그림자가 되어 좋은 정치가 활짝 꽃피우는 한국을 만들기에 주력하고 있다. 미주파 정치인으로 그의 앞날은 무한한 가능성이 점쳐지고 있다.

■ 통일 시대를 앞당기려 애쓰는 조순승 의원

▲ 통일 문제 전문가 조승순 의원

국회 의원 중에는 각 분야별로 이름을 날리는 전문가가 많다. 그 중에서 『통일 시대를 앞당기는 통일 전문가』로는 단연 전남 순천 출신 조순승 국민회의 국회 의원을 손꼽을 수가 있다. 앞으로 국회 외무통일위원장, 통일부 장관으로 발탁이 예상된다. 그는 늦은 나이에 교수에서 정치가로 변신을 했다. 젊은 시절부터 한미 관계사를 최초로 정리했고 한반도가 분단된 경위를 밝혀 낸 그의 연구 논문은 미국과 한국에서 주목을 받았던 학자였다.

박정희 정권에 의해 쫓겨나듯 미국으로 건너갔고 27년 만에 조국땅을 밟았다. 한국에 돌아와서 그는 다음과 같은 비석까지 미리 써 놓았다.

"여기, 한평생 오직 통일만을 애쓰며 살다 간 사람이 누워 있다."

조순승 박사는 남·북한의 한겨레가 더불어 잘 사는 통일된 조국, 그가 꿈에도 염원하는 소망이며 생의 목표라고 말한다.

그의 정치적 신념은 남다르다.

"통일만이 우리의 살 길이다. 통일이 되어야 선진 7대 강국으로 성장하여 살기 좋은 우리 나라를 만들 수 있다. 우리가 분단된 것도 유능한 인재의 상실 때문이다. 따라서 통일 조국을 이끌어 갈 인재를 양성하는 것이 무엇보다 중요하다."

초대 대법원장인 가인 김병로 선생이 어린 조순승 소년에게
들려 준 말을 오늘도 잊지 않고 실천하며 살고 있다.

"흉년이 아무리 무섭다 하더라도 그 중 인재가 없는 흉년만큼
무서운 것은 없다. 나라를 잃어 고통을 당하는 것도 인재가 없기
때문이다. 제발 인재가 되어라."

국제적인 엘리트 정치인으로 특히 통일 문제 전문 학자 출신
답게 가인의 말에 따라서 통일 시대 인재를 키우는 일에 진력하고
있다.

조순승 의원은 전남 승주군에서 농민의 아들로 태어났다. 중앙
중·고등학교와 서울대 정치학과를 다녔고, 6·25 때 재학 중에 입
대하여 공산군과 싸웠다. 1954년 미국으로 건너간 그는 미시간대
학에서 석사와 정치학 박사 학위를 받고, 1959년 귀국해서 연세대
교수가 되었다. 정치학계에서 조 박사의 명성이 높아질 즈음 5·16
군사 쿠데타가 일어났다. 국가재건최고회의 기획 위원으로 잠시 있
었다. 이 때 "절대 권력은 절대 부패한다. 6개월 이내에 민정 이양
하라."는 글을 월간 사상계에 썼고, 군사 정부로부터 체포령이 내
렸다. 그는 일본으로 피신, 망명 아닌 긴 망명이 시작되었다.

한국에 입국이 거부된 조순승 교수는 광주 사태가 또 한번 그
의 가슴을 용솟음치게 했다. 당시 미주리대학교 정치학과 대학원장
인 조순승 박사는 미주한국정치학회 회장 자격으로 "광주 문제에
대해 위컴과 전두환을 문책하라."고 카터 대통령에게 탄원서를 제
출했다. 1987년 6월 한국의 민주화 항쟁은 인생 행로에 일대 전기
를 마련했다. 그는 이 해 대통령 선거가 임박했을 때 그리던 고국
으로 돌아왔다. 실로 27년 만이다.

그는 김대중 평민당 대통령 후보의 외교통일특보를 맡은 일이 인연이 되어서 정계에 진출한다. 1988년 13대 총선이 실시되자 조순승 박사는 고향인 전남 승주군에서 평민당 공천으로 당선되었다.

13대 국회 임기 중에 조 의원의 활약은 가히 헤비급이라 할 만했다. 의원 외교의 차원을 넘어, 국가 외교의 중추적인 역할까지 수행한 것이다. 4년 동안에 그는 무려 30여 회에 걸쳐 40여 개국이 넘는 외국을 방문하고 외교 관계 자료를 수집하고 분석하였다.

1992년과 1996년에 총선에서 다시 당선되어 3선 의원으로 국회통상산업 위원장을 맡았다. 요즈음 그는 어느 곳에 가든지『통상 외교 전문가』,『통일 기반 조성에 공헌한 학자』로 불리고 있다. 조순승 박사는《그럼, 지금 어떻게 통일 준비를 해야 할 것인가》라는 책을 펴냈다.

그는 통일에 관한 글을 쓰면서 항상 대안을 제시하는 것이 특징이다. 또다른 그의 저서로는《한국 분단사》를 들 수 있다.

■《김형욱 회고록》을 쓴 김경재 의원

전남 순천 출신의 국민회의 김경재 의원, 그는 15년간 미국 생활을 접고 귀국한 후에 김대중 대통령의 측근 중의 한 사람이 되었다. 김경재 의원은 1997년 12월 대선 전에 김대중 대통령 후보를 위해『준비된 대통령』이라는 구호를 만들어 적중시켰다.

▲ 국회 청문회의 스타 김경재 의원

당의 이미지를 위한 마스코트로는 개미를 선정했고, 홍보 위원장으로 여러 가지 히트를 쳤다. 또한 1997년 4월에 열린 한보 청문회에서는 정곡을 찌르는 질문, 잘 준비된 자료로 증인들을 유도 심문해서 일약 청문회 스타로 떠오르기도 했다.

그는 미국 청문회를 통해서 미국 정치의 많은 것을 배웠기 때문이다. 그는 평민당에 몸담고 있을 때 교포 문제 세미나에서 교민청 설립의 필요성을 다음과 같이 역설했다. 그는 스스로 교포주의자임을 자처하고 있다.

"한민족은 세계 어디에서 살든지 우리 국민이다. 과거 편협한 쇄국주의와 교포들의 목을 조르는 본토인 우월 의식을 버려야 한다. 그들이 국내에 들어오면 자동적으로 국적을 갖게 되는 자동 국적 개념을 도입하기를 제안한다. 분단된 조국은 약하다. 강한 조국이 되기 위해서는 모든 한국인을 하나의 핏줄·민족으로 묶어야 한다. 따라서 이를 실현하는 실질적인 견인차 역할을 할 수 있는 교민청 설립을 제의한다."

1971년 그 당시 김대중 후보를 도와서 대선 운동을 하다가 결국 망명 아닌 망명으로 한국을 떠나야 했고 한 세월이 지난 뒤 다시 그의 곁으로 귀환한 것은 어쩌면 운명과 같다.

박사월이라는 필명을 가진 그는 미국에서 김형욱 회고록을 썼다. 5·16 비사에서 10·26 직전까지의 한국 정치 상황을 담은 이 책은 《5·16 비사》, 《한국 중앙정보부》, 《박정희 왕조의 비화》 등 3권으로 되어 있다. 미국에서만도 13개 교포 신문에 이 회고록을 연재했다. 이 책은 한국에서 《혁명과 우상》이라는 이름으로 다시 출간했는데 1백만 부 이상이 팔렸다.

김경재 씨가 처음 망명 중인 김형욱 전 중앙정보부장을 만나 회고록을 쓰게 된 것은 1977년 6월. 그는 버지니아신학교를 거쳐 펜실베이니어대학에서 정치학 박사 과정을 밟으면서 《한민신보》 주필을 맡고 있을 때였다.

"김형욱 씨가 회고록 집필을 제의해 왔을 때 무척 망설였다. 김형욱 중앙정보부장 시절 학생 운동권자로 심심치 않게 끌려가 고문과 구타를 당하는 곤욕을 치른 적이 있어 그에게 깊은 적개심을 가지고 있었기 때문이다."

그의 간곡한 부탁에 결국 1주일에 2~3차례 만나면서 2년 3개월 만에 회고록을 끝냈다. 처음에는 2백자 원고지 1,000장 정도로 6개월 만에 끝내기로 했지만 녹음 테이프만도 300여 개, 원고지가 모두 5,700장에 이르는 방대한 분량이 되었다.

일화 한 토막. 김형욱씨는 "김형욱·김경재 공저로 하면 사람들이 모두 나는 곁치레고, 김경재가 다 쓴 것으로 알 것 아니냐."고 했다. 그래서 내가 4월 혁명에 대해서는 특별한 인식이 있었으므로 『4월』이라는 필명을 쓰겠다고 했더니 그는 4월은 기생 이름 같다고 해서 『사월』이라고 쓰게 되었다. 여기에다 성은 발음하기 좋은 박으로 하다 보니, 박사월(朴思越)이 되어 버린 것이다.

김형욱 회고록은 박 정권에는 더할 수 없는 골치거리였다. 언제 터질지 모르는 시한 폭탄이었다. 이 회고록을 놓고 박 정권과 김 부장 사이에는 끈질긴 타협과 협박이 오고갔다. 결국 교섭 과정에서 김 부장은 1979년 10월 7일 프랑스 파리의 한 카지노에서 실종되었다. 결국 한국에서 6년간 정보 책임자로 있던 김형욱 부장은 이 회고록으로 목숨을 잃었다.

박정희 대통령은 한때의 최측근이 배신한 데 대해 격노해 상
소금지·궐석재판·재산몰수형 등 초법적인 내용을 담은 특별법 제
정을 지시했다. 1982년 3월 서울형사지법은 김형욱 씨(실종 당시
54세)에게 『반국가 행위자 처벌에 의한 특별 조치법』을 적용, 궐
석 재판을 통해 징역 7년 및 자격정지 7년에 재산을 몰수했다.

반공법 위반으로 재산까지 몰수당했던 김형욱 씨의 재판에서
김경재 의원은 유일한 증인으로 출석 "그는 철저한 반공주의자였으
며, 실종 전에 자신의 원고가 유출되어 일본에서 출간하려 한다는
소식을 듣고 이에 격분, 이를 막기위해서 노력했다."고 말함으로써
반공법 위반 혐의가 무죄로 판결난 것이다.

김경재 의원의 미국 유학 이야기.

1964년 서울대 정치과를 졸업한 김경재 씨는 재학 시절 『전국
대학생 학술 토론회』에서 두 번이나 대통령상을 받은 달변가이다.
공군장교로 제대한 후 사상계사에 근무하면서 글을 많이 썼고, 3선
개헌 반대 범국민투쟁위 부대변인을 거치기도 했다. 특히 1971년
에는 김대중 대통령 후보의 선거 홍보 선전 담당을 맡아 김대중 대
통령 만들기에 진력했다. 개표 상황은 예상한 대로였다.

군사 정부 아래에서는 정권 교체가 어렵다고 생각했다. 지친
몸을 오랫만에 누이가 있는 사당동에서 쉬고 있다가 세 명의 건장
한 청년에게 어느 날 연행이 되었다. 그는 온몸을 발가벗긴 채, 때
로는 팬티만 걸친 채 이방 저방으로 끌려다녔다. 그것은 정치 이전
에 인간에 대한 부정이었다. 며칠후 곤죽이 된 몸으로 풀려났다.

1972년 8월 27일 그는 에큐메니컬 장학생으로 선발되는 행운
을 잡았다.

남들은 스칼라쉽을 받은 유학생으로 미국을 간다고 부러워했을지 모르지만, 그는 비행기에 탔을 때 다시는 이 곳에 돌아오지 않겠다고 마음 속으로 외치는 한 패배자의 모습을 감추기 어려웠다. 그는 인간의 자유와 창의를 물리적 폭력으로만 억압하려 드는 국가라는 합법적 폭력 앞에 진절머리가 난 것이다.

"한국이 싫었습니다. 다시는 돌아오지 않겠다는 결심으로 서울은 떠났습니다. 다시는 이 땅에 돌아오지 않음으로써 나는 모든 것을 복수하리라는 생각으로 한국을 떠났습니다."

1987년 10월, 15년 2개월 만에 귀국했고, 그는 지금 미국에서의 귀중한 경험을 토대로 한국 정치에 새 바람을 일으키고 있다.

■ 북한 문제 전문가 양성철 의원

『깨끗한 정치인·투명한 정치인』을 다짐한 국민회의 양성철 의원은 통일외교 분야에서 두각을 나타내고 있다. 정치도 전문가의 시대를 맞으면서 『세계 무대에서 탁월한 국제적 감각과 유창한 영어 실력』을 가진 그가 눈에 띈다. 남북 통일의 시대를 준비하면서 앞으로 역할이 크게 기대되는 미주에서 돌아온 국회 의원이다.

북한 문제 전문가라는 것을 의정 활동에서 최대한 활용하고 있다. 양성철 의원은 미국 대학에서 오랫동안 북한 문제를 강의했다.

▲ 통일학을 가르친 양성철 의원

그러다가 한국에 가서 후진을 가르쳐야겠다는 생각으로 역이민을 온 양성철의원은 경희대 교수로 오래 재직했다.

1996년 4월 총선에서 정치권에 입문했고, 학자 출신 국회 의원답게 통일 문제에 있어서 이론과 현실을 접목하는 방식으로 통일 이상론을 극복하고 있다.

국정 감사에서 해외 교민 정책을 제대로 수행하라고 날카로운 질문을 던진 바 있고, 해외 공관의 감사에 나가서는 해외 동포 보호에 최우선을 두라고 주문한다. 또한 기회가 있을 때마다 해외 동포 정책의 일관성과 장기적 안목을 강조하고 있다.

켄터키주립대 교수로 재직하던 1986년 그는 《북한 기행》이라는 책을 펴냈다. 그 후 《남북 통일의 새로운 전개》, 《한반도 평화론》, 《북한의 정치 이념·사상》, 《북한은 변하고 있는가》 등 통일 관계 20여 권의 한글 저서를 냈다. 영문 저서도 10여 권을 가지고 있을 정도로 미국 대학에서 인정받던 북한 문제 전문 교수였다.

양성철 의원이 미국길에 오른 것은 1965년. 한국일보 기자를 하다가 하와이대학으로 유학을 떠났고, 1970년부터 동캔터키대 교수·캔터기대 교수를 지냈다. 미국 생활 20년 만인 1985년 경희대 평화복지대학 교수로 초빙되어 영주 귀국했다. 이후에 한국 국제정치학회 회장을 역임하기도 했다.

양성철 교수는 미 캔터키대 비교정치학 교수로 있으면서 한국 신문에 남북 관계를 주제로 가장 많이 기고를 한 한인 교수 중의 한 사람이다. 그는 국회에서 학계나 정부에서 통일 외교 정책을 연구했거나 정책 수립 및 집행에 참여했던 전문가들로서 『통일 외교 정책 포럼』을 만들고 그가 대표를 맡고 있다.

양 의원은『정부의 대북 정책 및 대외 정책을 연구 분석하여 보다 바람직한 정책 대안을 제시하겠다는 것이 이 포럼』의 취지라고 설명한다. 그는 대사 초청 시리즈를 펴나가기도 하고 미국·일본·중국·러시아 대사를 초청해서 국제 관계 정보를 듣고 있다. 이 모임에는 여야 의원 28명이 회원으로 가입해 활동하고 있다.

■ 스탠포드 출신 경제 정책 전문가 서상목 의원

강남갑구 출신의 한나라당 3선 의원. 경기고를 졸업하고 유학 길에 올랐다. 앰허스트대를 거쳐 스탠포드대학에서 경제학 박사 학위를 받았다.

서 의원은 세계은행 근무 중인 31세 때 정부의 두뇌 유치 프로그램에 따라 미국 시민권을 포기하고 귀국했다. 한국개발연구원 (KDI) 부원장을 거쳐 보건복지부 장관을 역임했다. 지금 한나라당의 모든 경제·사회 정책은 그의 손을 거쳐 이루어지고 있다.

■ 컴퓨터 시대의 명사회자 박원홍 의원

방송인. 시사 평론가로 이름을 날렸고, 지금은 야당인 한나라당에 입당, 큰 정치인의 꿈을 키우고 있다. 그는 로스앤젤레스에서 오랫동안 신문인·부동산 전문가·라디오 방송 등 활약을 하다 1993년 영주 귀국을 했다.

언론계에서 잘 나간다는 이야기를 듣던 미주파 선두 그룹 중의 한 사람이다.

▲ 언론인 출신의 박원홍 의원

귀국을 하면서 SBS-TV의 『그것이 알고 싶다』는 프로를 이지적이며 매끈한 그리고 예리한 분석으로 진행해서 방송 언론인 자리를 굳혔다. 다시 정계에 먼저 입문한 유재건 변호사의 뒤를 이어서 KBS-TV 『생방송 심야 토론』 프로의 새 사회자로 발탁되었다. 사회를 볼 때 노트북 PC를 들고 나와서 눈길을 모았다.

그는 『방송 진행자는 시대를 앞서야 한다』는 생각을 가지고 있으면서 『컴퓨터 시대의 사회자』라는 평을 들었다. 이런 인연으로 삼성 컴퓨터 광고에 출연하는 기회를 갖기도 했다. 그는 케이블 TV와 대구·청주 TV의 사회자 등 1인 3역을 했다.

박원홍 씨는 지난 1998년 4월 24일 한나라당에 입당을 했다. 한 선배 의원은 "심야 토론을 2년 반 동안 아무런 잘못 없이 진행해 왔는데 어느 날 갑자기 사회자를 호남 출신으로 교체하는 것을 보면 현 정권의 인사 행태가 문제라며 현실 정치에 참여하고 싶어 해 입당을 권유했다."고 말했다. 그는 1998년 7월 21일 재보궐 선거 서초갑구에서 쟁쟁한 후보들을 재치고 거뜬히 당선됨으로써 앞으로 참신한 새정치 구상을 펼쳐 나갈 것이다.

박원홍 씨는 당선 소감에서 "구시대의 정치를 뛰어넘어 새로운 정치를 구현하라는 국민의 엄숙한 명령이라고 생각한다."고 말하면서 "그 동안의 대립과 갈등을 용광로 속에 녹여 버리고 새로운 출발을 선보이겠다."고 덧붙였다. 박원홍 씨는 한국일보 견습 기자와 통신사 기자를 하면서 하와이대학 수학, 워싱턴 특파원을 거쳤다.

로스앤젤레스에서는 미주 동아일보 편집국장과 부동산전문학교와 회사를 경영했다.

한때에는 월터박이라는 영어 이름도 가지고 있었는데, 역이민을 오면서 시민권을 포기했다. 그리고 박원홍이라는 본래 이름으로 유명해졌다. 그 바쁜 사회 생활의 와중에서도 고려대학교 언론홍보대학원을 나올 정도로 학구적이다.

■ 통일을 준비하는 정치인 조웅규 의원

한나라당 전국구 국회 의원으로 통일외무분과 위원회 소속이다. 연세대 정치외교학과를 졸업한 뒤 유학길에 올랐고 뉴멕시코 주립대학교에서 정치학 박사 학위를 받았다. 워싱턴 한인유학생회 회장과 알콘주립대학교 교수로 재직하다 영주 귀국했다.

계명대학교 미국학과 교수·학생처장·국제대학원 원장으로 있다가 제15대 국회에 전국구 의원으로 진출했다.

『통일을 준비하는 정치인』임을 자부하는 조웅규 의원은 한나라당 이북도민위원회 위원장직을 겸하고 있다. 미국통인 그는『삶의 정치·생산적인 정치·화합의 정치』를 펼치겠다는 것이 포부이다.

미국에 있을 때에는 당시 김영삼 총재를 지원하는『한국민주회의』고문을 맡은 적이 있었다.

■ 새 정치의 이상을 품고 귀국한 장성길 씨

로스앤젤레스 한인 회장으로 있다가 정치에 뜻을 갖고 귀국했다. 제15대 총선에 순천갑에서 신한국당 후보로 출마했고, 미주 출신인 국민회의 김경재 의원에게 패배했다. 그 후 신한국당 연수원 부원장, 그리고 지난 대선 때 한나라당 해외 홍보팀 단장을 맡았다가 당을 떠났다.

〈행정〉

■ IMF시대 준비된 경제 정책 브레인 유종근 지사

IMF 한파가 휘몰아치면서 언론에 가장 많이 소개된 경제통이라면 유종근 전북 지사를 들 수 있다. 어쩌면 IMF 관리 체제 극복을 위해서 잘 준비된 미국 경제 전문가 같다.

▲ 마이클 잭슨을 초청하여 무주 리조트 투자를 협의한 유종근 지사

그는 어느 날 갑자기 한국의 경제 스타로 떠올랐다. 유 지사는 비상경제대책위원회 위원과 대통령의 경제 고문으로 픽업되었다. 그는 첫 조각 때 청와대 경제수석이나 통상산업부 장관으로 발탁될 것이라는 뉴스도 있었다. 하지만 언젠가는 꼭 그 자리에 오를 인물이다.

워싱턴포스트 지는 "시장 경제와 외국 투자 유치 신봉자인 유 지사가 한국 경제의 앞날을 이끌어 갈 지도자로 급속히 부상하고 있다."고 보도했다.

유종근 전북 지사는 여러 면에서 튀는 도지사이다. 진한 남색이나 녹색 와이셔츠에 샛노란 넥타이를 매고 공식 행사에 참석하는 정도는 기본이다. 노래 실력도 탁월해 각종 모임에서 꼭 한곡 뽑는다. TV에 출연해 피아노를 치기도 하고 노래를 부르기도 한다. 이와 같은 유지사의 거침없는 행태에 대해 자기 표현에 능한 『신세대형 지사』라고 불린다.

아시안 월스트리트저널은 1997년 12월 18일 『유종근 지사, 국제 IMF식 개혁의 선구자』라는 특집 기사를 냈다. 이 특집은 유 지사가 지난 2년여 동안 다양한 개혁 정착을 추진해 상대적으로 낙후되었다고 생각되던 전북 지역이 발전을 거듭하는 탈바꿈을 하고 있다고 보도했다.

그는 1995년 지사에 취임하자마자 『관청의 권위와 권력 상징』이라 할 수 있는 도지사 집무실을 실무 행정만을 처리할 수 있도록 줄였다. 그리고 만남의 열린 공간을 만들었다. 이는 주민들에게 보다 가까이 다가가 그들을 위한 행정을 펴기 위해서였다.

이러한 상징적인 조치를 취한 이후 수십 년 동안 중앙 정부 정책에서 소외된 전북 지역을 부흥시킬 수 있는 다양한 경제 프로그램을 실시했다. 그는 우선 미국 신문에 광고를 내 인재를 영입했다. 중앙 정부의 반대에도 불구하고 실무와 이론을 겸비한 미국 내 한국인 박사들을 채용해 자문단을 구성하고 다양한 지역 개발 계획을 실천했다.

기업가들이 마음놓고 사업에 전념할 수 있도록 각종 행정 규제를 대폭 완화시켰으며, 중소 기업 지원 자금을 만들어 발전성 있는 기업에 힘을 실어 주었다. 중앙 정부가 외국의 투자 유치에 저항감을 갖고 있었음에도 불구하고 외국인과 외국 기업의 투자를 유치하기 위한 일련의 조치를 단행했다. 그 결과 세계적인 팝 가수 마이클 잭슨의 무주 리조트 투자를 이끌어 냈다.

IMF를 졸업하기 위해서 한국 정부가 해야 할 일을 이미 그는 전북 지사로 있을 때 해냈다. 계속해서 그의 개혁적인 정책은 알찬 결실을 맺어 갔다. 1997년 전북 지역의 수출액은 1996년보다 33% 증가했고, 외국인 관광객도 1995년의 21,000명 수준에서 1997년 12월 현재 55,000명으로 늘어났다.

1995년, 한국에 민선 지방 자치 시대가 열리면서 그는 민선 도지사에 출마했는데 "20여 년이나 지역을 떠나 있던 인사가 갑작스럽게 어떻게 도정을 파악하고 이끌어 가느냐."는 공격에 곤혹스러워했다.

하지만 유종근 지사는 미국 생활(1970~1994) 가운데 절반 이상을 뉴저지 주 지사 수석경제자문관을 맡아 선진 지방 자치를 체험한 경력을 가지고 있다.

그는 "당시 주 지사 수석경제자문역을 맡으면서 장차 한국에서 시행될 지방 자치제를 항상 염두에 두어 왔다."고 설명했다.

유 지사는 취임 이래 지금까지 14차례 해외 출장을 다녀왔다. 지방 경영 시대가 열리면서 그는 김혁규 경남 지사, 문희갑 대구 시장과 함께 대표적인 세일즈 단체장으로 손꼽힌다. 그는 주지사의 고충에 대해 다음과 같이 말한다.

"과거에 우리 나라에서는 지사에게 아무런 권한이 없었어요. 지사 비서실장을 임명하려고 해도 내무부 장관의 승인을 얻어야 해요. 이런 정도니까 미국에서 경험했던 지방 자치 단체장과 비교를 할 수가 없죠. 그러나 한 가지 공통점은 리더쉽입니다. 제가 미국에서 세 명의 주지사를 모셨는데 능력과 의욕이 다 달라요. 역시 의욕을 가지고 열심히 일하는 지사, 그러면서도 남의 의견에 귀를 기울이고 그것을 수렴해 자기 것을 만들어 가는 사람에게는 훌륭한 업적이 남습니다."

고려대학을 나온 그가 미국 유학길에 오른 것은 1970년이었다. 같은 해 뉴욕주립대 경제학과 대학원에 입학을 했다. 그리고 1973년 8월 경제학 박사 학위를 취득했다.

럿거스대학에 출강을 시작했던 1978년 여름, 8년 만에 처음으로 고국땅을 밟았다. 아버지 회갑연을 치르기 위해서였다. 고국의 산천은 예나 다름이 없었다. 그러나 무거운 압박을 느꼈다. 유신 독재의 암울함이 한국을 짓누르고 있었기 때문이다. 유학을 떠날 때만 해도 순진하기만 했던 두 동생은 대학생이 되어 독재와 맞서고 있었다. 동생 유종성 씨는 유신 치하에서 네 번이나 감옥에 갔고, 막내 동생 유종일 씨도 5·18 때 잡혀간 적이 있다.

물론 독재와 투쟁했던 두 동생도 이 날만은 얼굴을 드러냈다. 감사 예배를 마친 뒤 아침 식사를 하려고 음식을 부모 앞에 내놓았다. 막 수저를 드는 순간 형사들이 들이닥쳤다. 곱게 차려 입은 한복, 걸게 차린 음식, 하나님을 향한 감사의 현장은 아수라장이 되고 말았다. 양쪽 팔을 끼고 동생 유종성 씨를 밖으로 끌고 나갔고, 형사들과 몸싸움이 벌어졌다. 아버지는 이 때의 충격으로 돌아가셨다.

그는 미국으로 돌아간 뒤 한국의 비참한 현실을 고발하기로 결심했다. 이를 위해 자유신문의 논설 위원으로 활동하기 시작했다. 자유신문은 필라델피아에서 미국 교포들이 발행하는 신문으로 인권적 요소를 많이 담고 있었다. 그리고 한국인권문제연구소에서 책임을 맡고 미국 정부와 미국 언론을 상대로 한국 독재 정부의 인권 탄압을 알렸다. 그 때 고통을 당했던 동생 유종성 씨는 지금 경제정의실천시민연합 사무총장을 맡고 있고, 막내 유종일 씨는 KDI 대학원 대학 교수로 재직 중이다.

그가 미국에서 영주 귀국을 결정할 때 있었던 일화 한 가지. 1991년 8월 어느 날 김대중 총재로부터 한 통의 전화가 걸려왔다.

"선거가 얼마 남지 않았는데 우리 나라로 돌아와서 나를 도와 주시오. 내년 선거까지…."

"어떻게 도와드리면 되겠습니까?"

"홍보가 중요합니다. 내 이미지가 왜곡돼 있는 것 같습니다. 이미지를 바로 잡는 데 힘써 줘야겠소."

홍보 위원장을 맡아 달라는 것이었다. 그러나 그는 주저했다. 홍보가 그의 전공이 아니었기 때문이다. 9월에 또 전화가 걸려왔다.

"꼭 맡아 줘야겠소."

그는 결국 한국에 들어왔고 선거에서 김대중 후보가 패한 뒤 2년 만에 미국으로 돌아갔다. 그리고 1994년 7월 완전히 귀국했다. 실로 24년 만의 일이다. 차분한 마음으로 모든 절차를 끝냈다. 미국에서 안정된 생활을 하면서 한국을 오가며 기회를 엿보는 것은 바람직하지 못하다는 결론에 도달했기 때문이다.

곧바로 미국 대사관을 찾았다. 한국 국적을 회복하기 위한 서류와 미국 국적 포기 이유서, 그리고 미국 여권을 반납했다. 미국 국적을 포기하는 기간도 무려 4개월이나 걸렸다. 미 연방 정부는 국적 포기자들을 대상으로 각종 범죄 행위나 세무 관계 등을 철저히 추적하기 때문이다.

국적을 포기한다는 것은 그 나라와 영원한 단절을 의미하기에 미국의 경우 국적을 한 번 포기하면 재취득이 사실상 불가능하다.

영주 귀국은 무조건 그리고 일시적으로 이루어졌으나 어느 직장을 구할 것인가 등에 대한 염려보다는 오히려 평화가 뒤따랐다. 그 이후 아태평화재단 사무부총장으로 갔다. 그리고 1995년 전라북도 민선 지사 선거에 국민회의 공천으로 출마했고 무난히 당선되었다. 고향을 떠난 그가 25년 만에 도백(道伯)으로 금의환향했다. 1998년 6월 4일 지방 선거에서 감히 도전자가 없어 전북 도민들의 압도적 지지로 제2기 민선 지사에 재선되었다.

유종근 지사는 바쁜 생활 중에도 《미국에서 본 한국의 정치 경제》, 《세계화와 지방화 시대의 지역 경제》, 《아내에게 들려 주는 경제 이야기》, 《IMF 알아야 이긴다》 등의 저서를 펴내기도 하였다. 자신의 경제 세계를 정리해 놓은 것으로 IMF 극복의 필독서로 떠오르고 있는 책들이다.

■ 성공한 사업가로 금의환향한 김혁규 지사

▲ 주식회사 경남무역의 김혁규 지사

김혁규 경남 지사는 미국에서 아메리칸 드림을 이룬 성공적인 이민자였다. 이민 1세로 미국에서 백만장자가 되었고, 김영삼 대통령과의 한때 인연으로 한국 정치계와 관계에서 승승장구 뻗어나갔다.

1995년 7월 전국 도지사 가운데 가장 많은 득표율로 당선되면서 고향에 금의환향했다. 미국의 역이민자 가운데 관운이 좋기로도 이름이 나 있다. 하지만 김 지사의 이민의 꿈과 역이민, 그리고 성공 사연은 실로 우연이 아니다. 그는 1971년 더 많은 것을 배우겠다고 단돈 1천 달러를 들고 미국으로 건너갔다.

이민 초창기 햄버거 가게에서 종업원으로 일하는 등 갖은 고생을 다 했다. 2년 뒤에는 모은 돈으로 뉴욕에서 가방 수입상인 혁 트레이딩을 설립했다.

주로 한국의 싼 가방을 미국에 수입해 판매하던 그는 한국 어시장(漁市場)의 생선 장수들이 허리에 차고 있던 전대(錢帶)에서 아이디어를 얻어 『색(sack)』이라는 벨트 파우치를 개발했다. 이 『색(sack)』은 세계적인 히트 상품이 되었고, 그 때에 본인이 상상할 수 없는 엄청나게 많은 돈을 벌었다.

경제적으로 여유가 생기자 그는 뉴욕 교포들을 결집해 유태인이나 중국인처럼 힘을 가진 단체를 결성해야 한다는 생각을 가지게 되었다. 그리고 뉴욕 경제인협회를 조직했고, 1979년 회장이 되었다. 뉴욕한인회 이사장도 역임했다.

김혁규 지사는 미국에서 김영삼 야당 총재를 후원한 것이 정치 인맥으로 이어졌고 1991년 귀국했다. 그리고 이 해 12월 한국 국적을 회복했다.

지난 대선 때 김 대통령의 사조직이던 나라사랑본부 기획실장을 맡았고 대통령 취임과 함께 청와대 민정비서관으로 발탁되었다. 그 후 사정비서관을 거친 후 1993년 12월 27일 경남 지사로 임명되었다.

그는 원래 말단 내무 공무원이었다. 고향이 합천인 그는 부산대 법학과를 졸업하고 경남 도청 공무원으로 첫 출발을 했다.

1968년부터 내무부 지방재정과에서 9급 공무원으로 미국에 가기 전까지 근무했다. 아직도 그 때의 동료 공무원들이 많이 공직에 남아 있다.

끝내 그는 『주사에서 25년 만에 최고의 자리인 지사』에 까지 오른 입지전적 인물이 되었다.

미국에서 오래 산 김혁규 지사는 국제화 개방화 시대를 맞아 지방 행정의 적극적인 대응 태세 구축과 경남 도내 농산물, 중소 기업 제품의 수출입 대행 및 내수 시장의 개척을 위해 『주식회사 경남무역』을 설립했다.

광역지방자치단체가 대주주가 되어 세워진 이 회사는 자본금이 30억 원 규모이다.

경상남도가 49%를 출자하고 나머지 51%는 외부 출자로 하는데, 경상남도 농협·수협·축협 및 금융 기관과 경남 출신 해외 교포 등이 출자했다.

전국에서 처음으로 설립되는 지방자치단체 직영의 이 회사는 경영 2년 만에 흑자 경영으로 돌아섰다.

경상남도는 1996년 7월 중에 5천만 원의 예산을 들여 KBS와 MBC를 통해 김혁규 지사가 직접 모델로 출연한 경남관광 상업 광고를 내보낼 정도로 진취적인 행정을 펴 나갔다.

김 지사는 CF 마지막 컷에서 남해 대교를 배경으로 2초 가량 출연, "설렘이 가득한 경상남도로 오세요."라는 끝말로 관광 경남을 호소한다.

"관료 사회와 보수적인 시각을 이겨 내는 것이 가장 어려웠다."는 그는 다양한 경영 아이디어를 행정에 접목시킨 『주식회사 경남』의 대표 이사로 불리기를 좋아한다.

오랜 기업 운영을 통해 몸에 밴 『고객 제일주의』의 경영 마인드를 가지고 있으며, 『도민 제일주의』를 실천한 지사의 평을 받고 있다. 경제 도지사가 된 그는 선진 일류 국가도 궁극적으로는 정신 문화와 물질 문화의 조화로운 발전을 성취함으로써만이 가능하다는 신념을 가지고 있다.

김 지사는 지자제 선거 전에 재산 공개를 했는데, 국내 재산 31억3천2백만 원과 해외 재산 413만 달러 등 모두 90억7천9백만 원을 신고했다. 김혁규 지사는 지난 98년 6월 제2기 지자체 선거에서 한결같은 노력과 도민들의 화합에 의해 압도적인 지지로 민선 경남 도지사에 재선되었다.

■ 청와대 안방 살림꾼 박금옥 비서관

청와대 인사와 예산, 그리고 살림과 친인척을 관리하는 총무 비서관을 맡고 있다. 과거 차관급에서 1급으로 조정된 직급으로 여성이 맡기는 박금옥 비서관이 처음이다.

김대중 대통령이 고위직에 남자가 아닌 박 비서관을 발탁한 것은 깨끗한 정치와 인사의 모범을 보이겠다는 의지가 담긴 것으로 설명하고 있다.

그는 1983년 뉴욕으로 유학을 갔고, FIT에서 실내 장식을 공부했다. 한국경제신문 뉴욕 지사 임원, 뉴욕라이프 보험회사 등에 근무했다. 1992년 대선 때 귀국하여 김대중 후보의 비서실 차장으로 인연을 맺었다.

대선에 패배한 뒤 김대중 총재가 영국에 유학했을 때 동행, 비서 역할을 하였고 귀국한 뒤 아태재단 이사장의 비서실장을 맡았다.

■ 최대 공기업 사장으로 공채된 장영식 사장

한국전력 제12대 사장으로 공채를 통해 선임된 장영식 사장은 뉴욕주립대 경제학 교수 등 30여 년 동안 미국에서 살다가 1998년 5월 영주 귀국했다.

조국을 위해 마지막 봉사의 기회로 생각하고 미국 시민권을 포기, 한국에 뼈를 묻으러 왔다고 말했다.

■ 수자원공사 사장을 역임한 임정규 사장

한국수자원공사 사장을 역임했다. 1980년대에 미국 뉴욕에서 김혁규 경남 지사와 함께 김영삼 총재를 지원하다 귀국했다. 신한국당 부대변인 · 중앙교육원 부원장 · 동남산업관리공단 이사장 등의 자리를 거쳤다.

그는 1972년에 이미 YS의 사조직인 한국문제연구소로 정치에 입문한 가신 그룹 1세대이다. 그러나 유신 직후 연구소가 문을 닫자, 혼자 미국 유학길에 올랐다. 야당 김영삼 총재의 첫 해외 비서가 되었다.

당시 김영삼 총재가 단식 투쟁을 벌일 때 한국민주회의라는 단체를 조직해서 교포 사회와 미국 언론계에 단식을 알렸다. 1987년 귀국, 김영삼 총재의 해외 담당 특보가 되었고 1992년 대선에서는 나사본 해외 사업단장을 맡아 10개국 교포 인맥을 집중 관리하는 일을 맡았다.

2. 문화 예술계

〈작가〉

■ 아랫목과 숭늉 생각에 돌아온 여류 소설가 장덕조 씨

여류 소설가 장덕조 씨는 60일이라는 짧은 날들을 미국에서 살았다. 성공한 아들들의 효도심에 따라 벼르고 별러 이민길에 올랐지만 따뜻한 한국의 아랫목 구들장, 그리고 된장찌개와 숭늉 생각이 나서 어느 날 다시 옛 집으로 돌아왔다. 가족들의 간청도 결국 어머니의 2개월 만의 귀향을 막지 못했다.

"미국에 있는 아들이 효도를 앞세워 나의 이민 문제를 들고 나온 것은 벌써 4~5년 전의 일이다. 나도 고국을 떠날 생각을 하고 서서히 그 준비를 시작했다. 1972년은 내가 첫 작품을 쓴 지 꼭 40년째가 되는 해다.

▲ 여류 소설가 장덕조 씨

1932년 5월, 개벽사에서 나오는 《제일선》지에 발표한 『저희』라는 단편이 내 첫 작품이었다. 나는 이 해를 출국의 해로 정했다. 나는 모든 것을 정리한 후 장차 쓰려는 두 개의 소설 자료만을 가지고 호젓이 김포 공항을 떠났다.

미국은 부유하며 악착같지 않은 나라였다. 한없는 자유, 그 자유의 밑바닥을 흐르는 질서, 백만 장자도, 쓰레기를 치우는 인부도 같은 고기와 우유와 치즈를 먹을 수 있는 평등, 우연히 지나친 사람들끼리도 주고받는 부드러운 미소 등 모든 것이 다 좋았다.

그러나 한 달이 지나자 나는 긴장감이 풀리고 허전함을 느끼기 시작했다. 그 곳에는 피비린내 나는 절규가 없었다. 어찌하여 통곡의 몸부림이 없는가.

나는 호화로운 서재에서 금속성 소리를 내며, 작품을 쓰는 미국의 한 작가를 방문했을 때, 저러고도 작품이 나오는가 의문을 가졌다. 시일은 흐르고 나는 도무지 글이 쓰여지지가 않았다.

가난과 저항의 절규는 너무나 오랜 세월을 두고 내 몸에 걸쳐 있던 진실의 의상이요, 내 몸을 불태워 온 고국을 떠나서는 글을 쓸 수 없다는 것을 깨달았다.

허드슨 강변의 긴 파크웨이를 차로 달리며 나는 내 뿌리가 너무나 단단히 고국의 땅 속에 박혀 있다는 사실을 깨달았다. 나의 가지가 아무리 새로운 세계를 향해 뻗어나가려 해도 조국의 땅속 깊이 펼쳐져 막혀 있는 내 뿌리를 송두리째 파 옮기기는 것은 어려운 일이라 생각이 되었다. 그래서 나는 각박한 조국으로 다시 되돌아왔다."

1972년 4월 24일자 한 신문에 난 기사이다.

그 당시 문학 평론가 백철 씨는 장덕조 여사가 이민 간다는 이야기를 듣고는 "하지만 늘그막에 이국에서 지낸다는 건 상상할 수도 없어요. 아마 다시 돌아오게 될 거예요. 더욱이 작품 활동을 계속하던 장 여사가 그 곳에서 뭘 하겠어요? 번역 문학을 할 수는 없을 테고, 계속 우리 작품을 쓸 텐데…."라며 모국을 떠나는 것을 아쉬워했었다.

너무 풍요한 물질 문명의 그 땅을 버리고 귀국한 여류 작가, 장덕조 여사의 또 다른 이야기이다.

"10원짜리 볼펜으로 평생 글을 쓴 내가 최고급 만년필을 들고 으리으리한 서재에 앉았으니 영 글이 써져야지." 1972년 2월 26일 살던 집·자가용·책·원고 뭉치를 모두 처분하고 미국으로 이민을 떠났던 작가 장덕조 여사가 두 달도 안 된 4월 18일 핸드백만 든 채 김포 공항에 내렸다.

검은 안경으로 얼굴을 가리고 "이민이 아니었다."고 총총히 사라졌던 장덕조 여사는 이틀 후인 20일 오전 큰딸 박경애 씨의 집 2층 서재에서 그 동안의 결과를 털어놓았다.

"떠날 땐 먼저 가신 영감님 곁에 내 무덤과 비석까지 만들어 놨었으니까, 미국 가서 영원히 살 생각이었지. 막상 가 보니 여생을 보내기에는 편하겠지만, 우리 같은 할마씨들이 갈 데가 못 돼. 우선 말이 통해야지."

고개를 흔들면서 돌아오는 데는 "큰 용기가 필요했다."고 말했다. 그리고 성공한 자식들이 노후를 편하게 모신다고 미국에 온 많은 노인들이 쓸쓸하게, 고독하게 살면서도 체면상 돌아오지 못하는 예가 많다고 했다.

"애들이야 1~2년 기다리면 적응이 될 거라고 하지만 내 나이가 몇이야? 도저히 하루라도 더 견딜 수가 없었어. 효도를 한다지만 삼등 표 가지고 특등실에 앉은 기분이었어."

체이스맨해턴은행 극동 담당 책임자 박원형 씨를 비롯, 네 아들과 사위(당시 중앙일보 워싱턴 특파원 김영희 씨. 현재 중앙일보 대기자)가 간청을 했지만 글을 쓰기 위해서는 어쩔 수 없이 떼를 쓰다시피 해서 돌아왔다는 설명이다. 장덕조 씨는 다산(多産)을 국가의 인구 정책으로 삼던 시절에 일곱 남매를 길러 냈는데, 이민 당시에는 아들 넷과 딸 하나가 모두 미국에서 살고 있었다. 장덕조 씨는 1976년 이민의 이야기를 다시 세모 수상에 썼다.

"내 생각으로는, 그 나라에서 가지는 뻗을 수 있지만 뿌리까지 옮겨 심을 수 없는 나무였다.

지금 내 가슴 속에 맺혀 있는 무상감(無想感)과 집념은 아들들이 살고 있는 나라에 내가 함께 살 수 없다는 서글픔과 내가 태어난 땅에 대한 애착에서 오는 것이다. 아들들은 번갈아가며 미국으로 나를 부른다. 그러나 나의 한국인으로서의 집념은 아들들의 야심에 못지않게 강한 것이었다. 끊임없이 찾아오는 아들과 딸과 사위를 이 땅에서 맞고 보낼 것이다."

역이민으로 돌아온 후 미국에 살고 있는 아들들을 찾아 자주 여행을 한 장덕조 여사는 《일곱 장의 편지》라는 첫 수필집을 1981년 11월에 펴냈다.

"소반에 앉아 글을 쓰던 고국의 안방 맛이 그리워져 결국 돌아오고 말았다."는 그는 항상 미국 문화에 대한 견해는 젊은이처럼 신선하고 긍정적이다.

한국으로 돌아온 장덕조 씨는 계속해서 작품을 썼고 대하 소설《고려 왕조 5백년》을 펴냈다. 장덕조 씨는 이 소설을 쓰기 위해 4년간 거처를 옮기고 전화를 끊고 외부와의 접촉을 일체 차단한 채 집필에만 몰두할 정도였다.

경북 경산에서 태어나 이화 여전 영문과를 거쳐 개벽사 기자로 재직하면서 소설을 쓰기 시작한 장덕조 씨는 대구매일신문사의 문화 부장을 역임했다. 스케일이 크고, 유창한 문장을 구사하는 그의 대표작으로는《벽오동 심은 뜻은》등이 손꼽힌다.

최근에는 교문리에서 손자 손녀들을 만나며 건강하게 지내고 있다고 가족이 들려 주었다.

■ 이민 생활의 애환을 그리는 작가 송상옥 씨

소설가 송상옥 씨는 로스앤젤레스에서 이민 생활을 하다가 1994년 귀국했다. 13년 만의 일이다. 한국에 돌아온 송상옥 씨는 작가 자신의 이민살이 체험이 배경으로 깔려 있는 작품을 계속해서 쓰고 있다. 그 중 첫 작품으로《광화문과 햄버거와 파피꽃》을 펴냈다.

이 소설은 한국일보 미주 본사 기자로 있으면서 듣고 본 교포들의 이야기를 소설로 옮긴 것이다. 이 소설 중에는 작가 자신의 이야기도 여러 곳에서 나온다.

▲ 이민 소설을 쓰는 작가 송상옥 씨

"열세 해 미국살이를 끝내고 다시 새 생활을 시작하려고 서울로 돌아온 나에게 첫걸음 치고는, 사뭇 얼떨떨하고 몹시 짜증스러운 것이었다. 이 곳에서의 앞으로의 일들이 결코 쉽지 않을 것임을 암시하는 듯했다."

소설 속에서 한 친구와 나눈 역이민의 이야기 한 토막.

"그런 삶 찾아갔으면 왜 거기서 잘 살지 않고 도로 왔나. 혼자서 말이야, 그리고 올 작정이었으면 나이 덜 먹었을 때 진작 왔어야지."

"그런 일 마음대로 되나. 직장 생활 하고, 아이들 공부시키고."

"전에 살던 집은 어떻게 하고 갔나?"

"팔고 갔지. 관리하기가 힘들어서 말이야. 그 돈으로 로스앤젤레스에서 조그만 집을 장만했어."

"그걸 팔고 오면 되겠구나."

"거기와 여기 집값이 워낙 차이가 나서. 거기선 한 식구 살기에 불편이 없는 집이지만, 팔아 와도 여기선 전세 아파트 얻기도 힘들어."

친구는 정말 딱하다는 듯이 말했다.

"듣자니 떼돈을 벌어온 것도 아니고, 앞으로 어떻게 할 작정이냐? 누가 취직 시켜 준대?"

그는 아픈 데를 바로 찔린 기분이었다.

송상옥 씨는 독백처럼 되묻기도 한다.

"나를 돌아오게 한 건 진정 무엇일까. 무엇 때문에 나는 여기 와서 빌빌거리고, 아는 사람들이나 찾아다니며 못난 꼴을 보이고 있는가 하고 생각해 볼 때가 있었다. 그러나 나 스스로 그에 대한 시원한 대답을 찾지 못했다. 나의 서울 재상륙이 예상했던 것보다 훨씬 어려운 것임을 확인한 게 소득이었다."

문학 평론가인 서강대 이태동 교수는 소설가 송상옥 씨가 한국으로 되돌아와서 다시 글을 쓰게 된 것을 용기 있는 결단이라고 말한다.

"고맙게도 그는 어울리지 않는 미국 생활을 깨끗이 청산하고 힘들게 귀국을 해서 황혼이 찾아오는 나이 앞에서도 작가로서의 용기를 잃지 않고 무섭게 문학과 인생에 대결하는 자세를 보이고 있다. 그가 희망의 땅으로 생각했던 미국으로 건너갔으나 글쓰기에 대한 그의 꿈을 실현하지 못하고 13년이란 긴 세월을 휴면기나 다름없이 보내야 했지만, 그것은 결코 헛된 것이 아니었다. 인고의 세월 속에 이국땅에서 얻은 처절한 체험은 그를 크게 성숙하게 만들어 작가로서 많은 변모를 보이게끔 하고 있기 때문이다."

송상옥 씨는 두 번째 작품으로 야당 대통령 후보의 암살 계획을 다룬 전작 장편《들소 사냥》을 펴냈다. 미국 이민 생활에 실패한 사람이 한국의 가장 유력한 야당 대통령 후보 암살을 계획하는 내용이다. 미국 이민 생활 중 아내와 자식들을 무장 강도에게 잃고, 세상에 대한 배신감과 절망에 사로잡힌 주인공은 한국의 야당 대통령 후보를 암살하라는 제의를 받고 귀국하지만, 그것을 실행에 옮기지는 않는다. 가장 비인간적인 행위인 살인은 어떠한 경우에도 용납되지 않기 때문이다.

자신은 비록 현대 사회의 광적 행위인 살인에 의해 가족을 잃었지만 다른 사람의 목숨을 빼앗는 행위는 해서는 안 된다는 인간적인 고뇌를 담고 있다.

1959년 동아일보 신춘 문예와 사상계로 등단한 송상옥 씨는 기자로, 작가로 활발하게 작품 활동을 했다.

그러다 1981년 새로운 세계에서 새 경험을 하기 위해 이민길에 올랐고, 한국일보 미주 본사 편집 위원으로 미주 한인 사회의 문학과 예술 분야 글을 많이 썼다.

이제는 가족을 뒤로한 채 서울에 돌아와서는 창작에만 전념하고 있다. 특히 미국 이민 생활을 주제로 하는 작품을 구상하고 있다.

■ 롱아일랜드 한국학교 김송희 교장

1967년 도미, 뉴욕 롱아일랜드 한국학교 교장과 한국일보 뉴욕 지사 편집 위원 등을 지냈다. 《뉴욕에 살면서 서울을 그린다》는 수상집을 내기도 한 소설가로 현재 국립도서관에 근무하고 있다. "모국어에 대한 그리움과 모국어로 글을 써야 하는 일을 천직으로 여기고 있어서 고국에 돌아오지 않을 수가 없었다."고 영주 귀국을 한 자신을 이야기한다.

〈음악가〉

■ 세계적인 지휘자 정명훈 문화 대사

한국이 낳은 세계적 지휘자. 서울에서 태어나 뉴욕 메네스음대, 줄리아드대학원을 나왔다. LA필하모닉 부지휘자를 거쳐 자르브르켄-바스티유오페라 음악 감독을 지냈다.

빈필하모닉 · 뉴욕필하모닉 · 런던 심포니 등 세계적인 명문 교향악단을 두루 지휘했다. 어려서 미국으로 이민 갔고 가족들은 시애틀에서 한국 식당을 했다.

▲ 세계적인 음악가 정명훈 씨

11살, 12살 때 몸이 아픈 아버지를 대신해 1년 반 동안 꼬마 주방장으로 일했다. 1996년 6월에는 한국 정부가 정명훈 씨를 명예 문화 대사로 임명하기로 밝혔고, 이 때 그는 시민권을 버리고 준외교관 활동을 할 뜻을 밝혔다.

1998년 1월부터 2000년 12월까지 KBS 교향악단 음악 감독 겸 상임 지휘자로 선임되었는데 부지휘자 선임 문제 등으로 4개월 만에 사의를 표했다. 정명훈 씨의 지휘봉에 국민들은 항상 많은 기대를 걸고 기다리고 있다.

■『자장자장』의 예술종합학교 김영미 교수

한국예술종합학교 교수 겸 성악가로 1995년 첫 자장가 음반인 『자장자장』을 펴냈는데 7만 장이나 팔렸다. 1998년 소프라노 김영미의 자장자장 2집인 『세상에서 가장 아름다운 노래』를 출반했다.

로스앤젤레스에 있을 때에는 로벗슨 한인 연합감리교회에서 성악가로 활약했다.

■ 국악관현악단 지휘자 겸 연극 배우 김용만 소장

국립국악원 지휘자, 서울시립국악관현악단 상임 지휘자, 부산
시립국악관현악단 수석 지휘자를 역임했다. 현재는 한국음악연구소
소장을 맡고 있는 국악계의 작곡가 겸 지휘자이다.

얼마 전 연극 배우로 변신『날 보러 와요』에서 형사 반장을
맡았고, 『춘향이 없는 춘향전』의 연출을 맡기도 했다. 로스앤젤레
스에서 국악 활동을 했고『가주 타령』을 작곡했다.

■ 아시아의 유망주 유진박 씨

전자 바이올리니스트. 최근 KBS-2TV에서『킬리만자로의 표
범』이라는 드라마에 출연했다. 미국에서 태어난 그는 13세 때 링컨
센터에서 공연을 갖는 등 천재 바이올리니스트로 주목을 받았으며
줄리아드음대 재학 중 전자 바이올리니스트로 방향을 바꾸었다.
클래식과 팝재즈를 넘나드는 크로스 오버로 큰 인기를 모으고 있다.
1997년 일본에서 아시아 유망주 7명의 음악가로 선정되기도 했다.

■ 재이민을 떠난 피아니스트 백혜선 씨

한국에는 외국에서 생활하다 귀국한 후 아까운 재능과 지식을
충분히 발휘하지 못하고 사회 변두리에 머물거나 아니면 다시 외국
으로 떠나 버린 인재가 하나둘이 아니다.

세계적인 피아니스트 백혜선 씨(33세)는 재이민을 떠났다. 1996년 어렵게 자리를 잡은 서울대 음대 교수직을 떠나 미국으로 되돌아간 것이다. 그 이유는 『공부를 더 하기 위해서』이지만, 사실은 국내에서 연주 활동과 교수 생활을 함께 하는 것이 무리라는 판단 때문이다. 물론 백 교수는 이러한 결정을 내리기까지 많은 고뇌를 했다.

"한국 풍토에서는 세계적인 예술가가 나올 수도 발붙일 수도 없습니다. 한국의 예술 풍토는 악화되어 있어요. 국내에서 음악에만 전념하기가 얼마나 힘든 일인가를 깨닫게 되었습니다."

그는 1년이라는 기간, 대학에서 뭔가 새 바람을 일으키려고 애도 써 보았지만 결국은 실망이 컸다고 말했다.

"외국에서 공부한 실력 있는 음악가들이 돌아왔다가도 90% 이상은 떠나려고 해요. 보다 정확히 말해 이름있는 음악가는 아예 들어오려고 하지 않습니다. 어느 대학 할 것 없이 음악 활동은 제쳐놓고 자리 지키기에 급급한 교수들이 많아요. 워낙 교수 자리 잡기가 힘들어서인지는 모르지만 교수만 되었다 하면 그 자리에 안주해 버려요. 학교 경력과 연주 경력이 교수 선발 기준이 되어야 하는데 우리 나라에서는 돈으로 연주 경력을 살 수도 있어요. 돈이 없으면 연주회도 못 열지요."

그는 예술 발전의 최대 걸림돌로 획일화된 예술 풍토를 든다.

"예술은 곧 개성인데 우리 사회는 튀는 사람은 일단 배척해요. 그러니 개성을 꽃피울 수 없는 거지요."

교수직을 내놓고 미국으로 돌아간 백혜선 씨는 한국 음악 교육의 새 바람이 부는 날 다시 오겠다는 생각을 하고 떠났다.

현재 미국 보스턴에 살며 세계를 무대로 연주 활동을 하고 있는 피아니스트 백혜선 씨는 전업 연주가의 길로 나섰다. 얼마 전한국에 와서 전국 9개 도시의 순회 공연을 했다. 이번 순회 공연후 미국에서 로즈웰 심포니오케스트라와 베이컬스 필하모니오케스트라와 협연하고 보스턴에서의 여름 캠프 9월 미국 순회 공연에 나선다. 1998년 2월 메이저 음반사인 EMI를 통해 데뷰라는 앨범으로세계 음악 시장에 새롭게 인사를 한 그는 금년 가을 또 다른 음반을 낼 예정이다.

백혜선 씨의 연습 시간은 하루 14시간 정도. 연주회를 앞두고는 오전 4시까지 꼬박 연습으로 밤을 지샐 때도 많다. 1m 70cm의키에다 어릴 때 수영으로 다져 온 체력이 뒷받침되었기 때문에 가능한 일이다. 그래서 별명도 백곰·킹콩·장군의 딸이라고 부른다.

그가 태어난 것은 1965년 대구. 14살 때인 예원중 2학년 때미국으로 유학을 갔다. 1992년 부스턴 뉴잉글랜드 음악원 아티스트 디플로마 취득을 했고, 1989년에는 윌리엄 펠 국제 콩쿠르에서은상을 받았으며, 호암아트홀에서 국내 데뷰 리사이틀상을 받았다.1994년에는 문화체육부 선정 젊은 예술가상을 받았다.

난파음악상·우경음악상을 수상했다.

피아노를 전공하는 한국의 후배들에게 들려 주고 싶은 이야기.

"한국 학생들은 흉내를 잘 내는데 응용력·유연성·창의성이부족합니다. 자신이 원하지 않는 길이라면 언제라도 진로를 바꿀수 있는 용기가 필요합니다. 또 자녀의 재능을 과대 평가하지 말고어릴 때 다양한 선택을 할 수 있도록 부모님들이 도와 주는 것이중요하다고 말씀드리고 싶습니다."

■ 남가주 음악계로 다시 돌아간 이영애 교수

오랫동안 남가주 음악계에서 성악가·지휘자·교수로 활동하다가 1993년에 한국으로 귀국했던 이영애 교수(글로리아합창단 대표)가 1997년 다시 로스엔젤스로 돌아갔다.

이영애 교수가 귀국했던 것은 스승인 김자경 교수(김자경 오페라단 단장)의 간곡한 요청을 받고서였다. "세계 어디를 다녀 봐도 재목이 없으니 귀국해서 한국 성악계의 발전에 이바지하라는 것"이었다. 이화여대 음대 교수 재직을 끝으로 미국에 온 지 26년 만의 귀국이었다.

김자경오페라단 부이사장에 취임한 후 김자경오페라 종교음악 합창단을 창단했다. 오랫만에 귀국 생활의 보람을 느꼈다. 하지만 26년간 제자를 가르치고 활동하던 남가주 음악계가 그리워서 다시 돌아갔다.

"이제 내 인생의 나머지 부분을 다시 돌아온 고향 같은 이 곳에서 음악인들과 함께 부비고 살 것입니다. 60년 넘게 배워 온 음악 세계를 빨리 전해야 합니다."

그는 나이를 잊고 산다. 무대에 서면 쉬지 않고 16곡을 이어 부를 정도로 열정도 대단하다. 다시 제자들이 있는 곳, 음악을 사랑하는 이를 찾아 재이민의 길을 택했다.

〈미술가〉

■ 신토불이의 재미 작가 노정란 씨

화가인 그녀는 1994년 19년 만에 귀국했다. 경기도 고양 시의 한 농촌에 비닐 하우스를 화랑으로 꾸미고 자연을 벗삼아 작품 활동을 하고 있다. 1996년 박여숙화랑에서 날개·풍선 등 작품으로 개인전을 가졌다. 1995년에는 미국에서 제작한 작품으로 전시회를 했고, 박화랑의 전시회는 신토불이 작품이 특징이었다.

■ 남가주 미술협회장 김봉태 교수

판화가로 로스앤젤레스에서 오랜 동안 작품 활동을 했다. 남가주미술가협회 회장을 10여 년 넘게 맡으면서 한국 화가들의 로스앤젤레스 전시회를 위해 힘썼다.덕성여대 교수로 영주 귀국했고, 개인전 그룹전 등 활발한 창작 활동을 하고 있다.

■ LA『삼일당』을 경영한 조각가 심재현 씨

조각가로 1971년 도미했다. 로스앤젤레스에서 삼일당·시몬슨갤러리 등을 경영하면서 한국 작가 및 미국 작가 전시회 주최에 큰 몫을 차지했다. 한국으로 돌아와서는 야외에 설치하는 조각 작품을 많이 창작하는 등 활발한 활동을 하고 있다.

한국의 생활 속의 반드시 고쳐야 할 문제로는 각 분야에서 얼마든지 줄일 수 있는 자원의 낭비를 들고 있다. 대표적으로 너무 낭비가 많은 음식 문화를 지적하고 있다. 하지만『경제 성장의 덕분으로 이렇게 잘 살게 된 한국』이라고 자랑스러워하면서도 우리나라 경제에 대한 충고를 잊지 않았다.

5·18을 추모하는『광주 시민조각공원』공모전에서 최종적으로 당선되어 그 이름이 더욱 유명해졌다.

3. 종교계

〈기독교〉

■ '한국으로 돌아가라'는 천성을 듣고 귀국한 김상복 목사

▲ 북한에 복음을 전파하려는꿈을 가지고 있는 김상복 목사

분당 할레루야 교회의 담임을 맡고 있다. 미국에서 목회를 하다가 25년 만에 한국으로 되돌아왔다. 항상 온화한 눈빛과 따뜻한 음성의 김 목사에게 피폐해 있는 북한땅에 교회가 복원되고 환희에 넘치는 북녘 사람들의 얼굴이 자주 보인다고 말한다. 한국의 20대 대형 교회로 커진 할레루야 교회 담임 목사인 그는 1997년 분당에 새 성전을 지었다. 목회의 또 다른 전성기를 맡고 있는 미주파의 성공한 목회자이다.

김상복 목사가 한국으로 역이민을 오게 된 뜻이 특별하다. 자신의 의지가 아니라 하나님의 "한국으로 가라."는 음성을 듣고 이루어졌기 때문이다. 그래서 어느 날 홀연히 한국으로 되돌아왔다.

현재 한국 기독교총연합회 남북협력위원회 위원장 겸 북한교회 재건위원장을 맡고 있으며, 북한 교회 재건과 미전도(未傳道) 종족 복음화를 평생의 선교 과제로 생각하고 있다.

분단 시대 피해자의 한 사람인 김 목사는 1939년 평양의 믿는 가정에서 9남매 가운데 다섯째로 태어났다. 6·25가 일어난 1950년 중학교 1학년이던 그는 폭격으로 아버지를 잃고, 형·누나와 함께 잠시 피신한다고 떠나왔던 것이 끝내는 어머니와 헤어져서 이산가족이 되었다. 피난지 부산에서 영도제일교회에 출석하며 중학교를 마친 김목사는 경복고와 서울대 문리대를 졸업했다.

대학교 4학년 때에 4·19가 일어나고 시위 현장에서 세 번 죽음의 고비를 넘긴 그는 죽음에서 살아난 의미를 찾기 위해 고민하다가 손봉호 서울대 교수·이만열 숙대 교수·심상곤 박사 등과 함께 도덕성 회복 국민생활 개혁운동을 전개해 나갔다.

서울 문리대 8인방으로 일컬어지던 이들은 한국을 변화시키려면 해외에서 공부를 하고 와야 한다는 생각에 모두 유학을 떠났다. 김 목사는 미국에서 페이스신학교를 졸업했다. 목회는 꿈에도 생각하지 않고 기독교철학 교수의 꿈을 안고 간 그는 졸업식날 식장 앞에서 뉴저지 갈보리교회의 미국인 장로 5명에게 납치당하듯 교회 강단에 섰다.

"나는 목회의 뜻이 없습니다. 그리고 나는 석사·박사를 마쳐야 합니다." 김 목사는 정중히 거절을 했으나 그들은 "1년만이라도 우리 교회를 맡아 달라."고 요청했다. 김 목사는 이 교회에서 2년 동안 목회를 하고 인디애나 신학대학원에서 공부한 뒤 7년간 신학교 교수와 미국인 교회를 담임했다.

워싱턴으로 자리를 옮긴 그는 워싱턴 신학대학에서 14년간 교수로 일하면서 한인 교회를 담임했다. 이 때부터 교수이면서 강한 영적 목회자로 국내에 알려지기 시작했다. 아시아연합신학대학과 한국기독교선교원이 그를 필요로 했고, 최순영 신동아그룹 회장과 이형자 원장이 할레루야교회와 함께 세 선교 기관을 맡아 달라고 초빙했다.

미국이 사역지라고 생각했던 그는 1990년, 안식년 휴식지였던 영국 에딘버러에서 기도 중 "한국으로 가라."는 음성을 듣고 그 자리에서 짐을 싸 한국으로 왔다. 역이민이 하나님의 뜻에 의하여 어느날 갑자기 이루어진 것이다.

김상복 목사는 1980년 36년 만에 평양에서 어머니(94년 88세로 소천)와 상봉했다. 이 때 그는 "너무나 큰 하나님의 은혜에 보답하는 길은 하나님을 위해 목숨을 바치는 것"이라고 하나님께 약속했다. 남북협력위원장과 북한교회재건위원장으로 일을 하고 있는데 남북한 사회 분위기가, 그가 하고자 하는 일을 따라 주지 못하고 있다고 안타까워하고 있다.

하지만 북한 동포 돕기 운동에 더 비중을 두고 활동을 하려 하고 있다. 그것이 마음의 통일을 이루고 북한 복음화에 중요한 역할을 한다고 믿고 있기 때문이다. 김상복 목사는 북한 교회를 더욱 자주 방문하면서 통일과 복음화의 길을 열기를 원하고 있다. 한국 교회가 탈북자들을 돌보고 평화로운 통일을 하여 북한의 문이 열릴 그 날이 오면 단시일 내에 북한을 복음화할 수 있는 만반의 준비를 해 나가고 있다.

평양에 산정현교회를 재건하고 싶다는 꿈을 가지고 있다.

■ 총신대 총장으로 돌아온 김의환 목사

총신대학교 총장으로 취임하기 위해 1995년 3월에 귀국했다. 나성 한인교회 담임을 맡고 있던 김의환 목사는 이 대학이 종합대학교로 승격하면서 초대 총장으로 선임되어 한국으로 돌아왔다. 서울 사당동과 경기도 용인의 양지 두 곳에 캠퍼스를 가지고 있고 학생은 모두 3,600명이다.

■ 21세기 국제선교협회의 총재 조문경 목사

미국 남가주에서 교회 담임과 기독교교회연합회 회장을 맡는 등 한인 교계에서 크게 활약을 하다 귀국했다. 한국에서는 21세기 국제선교협의회 총재와 강남대학 교회 담임을 맡고 있다.

■ 남가주교회연합회 회장 차국찬 목사

남가주에서 목회와 교회연합회 회장을 역임했다. 귀국해서 민족문화통일회 회장을 맡고 있다. 김영삼 전 대통령과 친분을 오래 가지고 있다.

■ 목회 심리 치료 전문가 심상권 박사

한국기독교 상담문화연구원 원장으로 있다. 미국 클레아몬트 신학교에서 상담 전공 박사 학위를 받았고, 프린스턴·웨스트민스터 등에서 학위를 취득했다.

로스앤젤레스에서 나성 한미정신건강센터 객원상담역과 나성 기독교 가정상담소 설립, 목회 심리 치료 전문가로 봉사를 했다.

■ 사회 봉사 활동에 헌신한 민승 목사

한국기독교 청소년선교회 부설 서울 형제교회 담임을 맡고 있다. 로스앤젤레스에서 교회를 담임했고 장로회 회장을 지냈다. 미국 생활 10년 만에 귀국한 뒤 4·19장학회와 한국복지신문 회장 등 사회 단체에 적극적인 봉사를 해 왔다.

지난 5월 강변 한신코아 빌딩에 『서울형제교회』를 창립, 크게 부흥을 시키고 있다.

■ LA 부름교회의 담임 박용민 목사

분당에 있는 할레루야교회 목사로 평신도목회연구원을 지도하고 있다. 로스앤젤레스에서는 부친 박철주 목사가 창립한 부름교회 담임으로 있다가 한국으로 나왔다.

■ IMF 시대의 모범 목회자 김광혁 목사

1977년 미국으로 이민을 떠난 김 목사는 19년 만에 영주 귀국, 천호동 근처에서 에브라임교회를 개척해서 목회를 하고 있다. 역이민을 왔을 때 쓰레기장에 버려진 멀쩡한 가구를 주워 와서 살림살이로 쓰는 검소함을 보였다.

그리고『허리띠를 동여매고 살아야 할 한국인들이 너무 허례허식이나 체면을 존중하는 것』이 안타깝다고 했다. 몇년 전부터 이미 IMF 시대의 근검 절약을 실천하고 있다.

〈불교〉

■『통일 부처』평불협 회장 신법타 스님

한국 불교계에서 신법타 스님(본명 : 신광수)이 아니었다면 북한의 지원과 교류, 그리고 통일 문제에 누가 그처럼 관심을 가질 수 있을까 하는 생각을 한 번쯤은 해 보게 된다. 그만큼 신법타 스님은 북한 불교계에 관한 한 없어서는 안 될 스님이다. 아마 통일의 시대를 준비하기 위해서 태어났고 그래서 스님이 된 것 같다.

▲ 통일 시대를 준비하는
신법타 스님

신법타 스님은 요즈음 소박한 꿈을 가지고 있다. 북한의 여러 지역에 금강국수공장을 세우고 주민들에게 계속해서 식량을 지원하고 싶어 한다. 그리고 금강산 4대 명사찰 중의 하나인 신계사를 하루 빨리 복원하는 일이 시작되기를 바란다. 이 두 가지 숙제를 위해서 북경과 평양 그리고 미국을 멀다 않고 바쁘게 오가고 있다.

한국 불교계에서는 신법타 스님을 『통일 부처』라고 부른다. 부처님이 해야 될 남북 통일 문제를 스님이 대신해서 하고 있기 때문이다.

벌써 이 길에 나선 것도 10년이 넘었다. 하지만 선구적인 그의 생각들이 아직은 큰 결실을 맺지 못했다. 남북 정부간 대화가 순조롭지 못해서이다. 하지만 스님은 이에 낙심하거나 흔들림이 없다. 그야말로 부처님같이 웃으면서 하나하나를 추진한다.

신법타 스님은 현재 대한 불교 조계종 제10교구 본사인 영천 은혜사 주지이다. 또한 대구 불교방송사 사장을 맡고 있다. 그리고 불교 단체의 책임을 맡고 있는 곳도 여러 곳이나 된다. 1995년부터 조국평화통일 불교협회(평불협) 회장과 금강산 신계사 복원추진위원회 상임 부회장, 금강산국수공장 후원회 중앙위원회 위원장, 북한 불교연구소 소장 등 중심 역할을 하고 있다.

1998년 3월에는 북경에서 열린 남북 미주동포 불교회담 대표로 참석, 석가탄일 법회에서 조국 통일 타종식과 발원문을 낭독하기로 합의했고, 로스앤젤레스에서 제2차 남북불교회담을 열기로 조선불교도연맹 심상련 서기장과 합의를 했다. 특히 금강산 국제그룹 박경윤 회장과 신계사 복원에 대한 5개항의 합의를 역사적으로 이루어 냈다. 불교계의 금강산 관광에 권한을 위임받았다.

신법타 스님이 북한을 보는 눈은 한결같다. 그리고 신념이 단단하다.

"남북 간의 신뢰 회복에는 민간 교류가 가장 중요합니다. 특히 우리 민족 고유의 종교인 불교계의 책임은 더할 수 없이 큽니다. 이제 한국 쪽에서 마음의 문을 열고 그들을 따뜻한 동포애로써 대해야 합니다. 그리고 경제적으로 힘이 있는 한국이 지원에 나서는 것은 너무나 당연하지요. 우리 불교계가 통일 사업을 뒤늦게 시작했지만 큰 결실을 맺을 것을 확신합니다. 불교계의 역할이 갈수록 커집니다."

신법타 스님이 한국 불교계에 북한 문제 선구자로 나선 것은 1985년 로스앤젤레스 남가주대학에서 박사 학위 과정을 밟으면서부터이다. 1986년 6월에는 처음 불교 자료 수집차 처음으로 북한을 방문했고 지금까지 모두 4차례를 다녀오면서 북한 불교 전문가가 되었다. 그는 학문적으로 연구를 계속해서 『북한 주체 사상과 불교』, 『남북한 불교 교류와 전망』, 『북한 종교 연구—불교를 중심으로』의 논문을 썼고 박사 학위 제목은 『20세기 북한의 불교 연구』이다.

그리고 《북한의 절과 불교(정태혁 박사와 공저)》, 《중원에 서서—중국 답사기》 등 2권의 저서를 냈다. 북한에서 찍은 사진을 가지고 전국을 순회하며 북한 불교 사진 전시회를 가졌다.

미국에서 학위를 마치고 귀국한 신법타 스님은 대한불교 조계종 총무원 총무부장과 소요산 자재암 주지를 지냈다. 한때 평불협이 회지로 내는 『하나로』의 기사가 문제가 되어 구속되기도 했는데 현재 고등법원 항소를 통해서 무죄 투쟁을 벌이고 있다.

한국 불교계에서 행동과 실천을 겸하고 있는 신법타 스님은 통일의 그 날까지 헌신을 다짐한다. 이제 그를 통해서 금강국수공장이 북한 곳곳에 설 날도 멀지 않았다. 특히 금강산에 신계사가 복원되고 그는 계속해서 장안사·유점사를 다시 세우는 일에도 쉼이 없을 것이다. 그러는 사이 남북한 불교계에는 믿음이 자라고 대화와 교류의 폭은 더욱 넓어질 것이고, 통일이라는 그 날을 당기게 될 것이다.금년 중 금강국수공장 설립과 신계사 절터를 현장에서 확인하기 위해 북한 방문을 예정하고 있다. 북한과 한국·미국을 잇는 불교계의 다리를 놓기 위해 더욱 그의 행보는 바빠지고 있다.

■ 이철수 사건을 후원한 여래사 주지 이설조 스님

대한불교 조계종 제11교구 본사인 불국사 주지를 역임. 군사 정권의 서슬이 시퍼렇던 1980년 속리산 법주사에서 『10·27 법난』을 당한 그는 미국 샌프란시스코로 떠났다. 현지에서 포교 활동을 벌이다가 1992년에야 고국땅을 밟을 수 있었던 아픈 사연을 간직하고 있다. 샌프란시스코 여래사(如來寺) 주지로 있었고 이 때 이철수 사건을 후원하는 데 큰 몫을 담당하기도 했다.

1995년 9월에는 불국사 주지로 고속 철도 경주 통과 반대를 위해 단식 투쟁을 벌이기도 했다. 그리고 1996년 초에는 유네스코에서 불국사와 석굴암이 세계 문화 유산으로 지정된 후 기념 법회를 크게 열었다.

4. 학계·신문 방송계 등

〈일반 학계〉

■ 북한 경제 전문가 방찬영 박사

▲ 한국 기업의 소련 진출을 도왔던 방찬영 박사

　미주에서 영주 귀국한 교포 중에 통일 전문가로 이름을 날리는 또 다른 인물이 있다. 방찬영 박사는 미국에서는 소련 전문가로 출발했고 한국에 돌아와서는 남북 경제 교류에 공헌하고 있다.

　UCLA에서 경제학을 전공한 방찬영 교수가 소련 문제 전문가로 활약할 수 있게 된 것은 지난 1976년. 교수로 재직 중이던 샌프란시스코대학 부설 아세아문제 연구소장을 맡으면서부터이다. 소련 학술원 초청으로 처음 방소한 이래 지금까지 40여 회 정도나 소련을 방문했을 정도이다. 1989년 정주영 현대 회장의 소련 방문 때 동행했고, 당시 박철언 대통령특보의 소련 방문도 주선한 것으로 알려졌다. 그는 한국 기업의 소련 진출을 도왔다.

원래 소련 경제가 전공인 방찬영 교수는 언젠가는 소련 경제가 개혁을 할 수밖에 없다는 것을 인식했고, 프라우다 이즈베스타야 뉴욕타임스 등 주요 신문에 자주 기고했다.

방 교수의 글을 읽어 본 카자흐의 나자르 바예프 대통령이 만나자고 해서 모스크바 숙소에서 만났고 1991년 7월 1일 파격적으로 국가경제위원회 부원장으로 임명되었다. 이 기구는 대통령이 위원장이고, 방 박사가 부위원장이다.

다시 대통령 경제특별보좌관을 맡았고, 나진 선봉 지역 투자자문 회사인 코러스 인터내셔널 사의 회장으로 추대되었다. 이 회사는 앞으로 북한의 대외경제추진협의회와 공동으로 경제협력단을 구성 1백억~1백50억 달러 규모의 투자를 할 예정이다. 영주 귀국을 위하여 한국에 온 방찬영 박사는 삼풍 백화점 붕괴 사고로 부인과 아들딸 등을 잃는 비극을 당하기도 했다. 그는 한국에 나와서 《기로에 선 조선 민주주의 인민 공화국》이라는 책을 펴냈고 저자의 평생 동반자였던 아내에게 바친다고 서문에 썼다.

■ 대학 경영에 신사고를 도입한 송자 총장

모교인 연세대학교 총장 시절 "나를 세일즈맨 총장으로 불러 달라."고 할 정도로 대학 경영에 신사고(新思考)를 보여 주었다. 현재는 명지대 총장인데 한때 이중 국적 파문에 휩싸이기도 했다.

그는 미국에서 학위를 마친 후 코네티컷주립대 교수가 되었고, 이 때 영주권을 취득했다. 송 교수는 1977년 소아과 의사인 부인이 주한 미군에 취업하면서 미국 시민권을 취득했다.

이 때 한국 국적이 자동적으로 상실되었으나 신고를 하지 않아 서류상으로는 1984년까지 2중 국적을, 그 이후는 무국적자가 되었다. 1992년 연세대 총장에 취임했고, 1993년 3월 한국 국적을 회복했는데, 이것이 문제가 되었다.

연세대 일부 교수들이 총장으로 선임된 것은 무효라는 소송을 제기했다. 1심에서는 법원이 총장 무효 판결을 내렸으나, 2심에서 문제가 되지 않는다고 판시함으로써 국적 파문이 일단락되었다.

■ 국제 문제 전문 변호사 출신의 김정원 교수

미국에서 31년간 살다가 1986년 영주 귀국을 한 미국 변호사이다. 귀국 이유는 당시 김영삼 대통령 후보를 지원하기 위해서였다. 그는 민추협 때부터 본격적으로 김영삼 진영에 참여를 했고, 민자당 총재 외교안보특보를 맡았다.

1993년 김영삼 대통령이 취임한 뒤 안기부의 해외 정보를 담당하는 제2차장에 임명되었으나 2중 국적 문제로 바로 사임했다. 그 후 외무부 특임 대사로 임명되었고, 다시 한국국제교류재단의 이사장을 맡았다.

경기고를 졸업한 그는 1955년 장학생으로 도미, 콜럼비아대학을 졸업했고 존스홉킨스대학에서 법학 박사 학위를 받은 뒤 변호사가 되었다. 1965년 시민권을 받았고, 1986년 귀국 때 한국 국적 포기와 회복의 절차로 인해 2중 국적 소유 오해를 불러일으켰다.

하바드대 한국동창회 회장을 맡았다. 1998년 5월부터 세종대 정보통신대학원 원장 및 국제정보통신연구소장을 맡고 있다.

■ 원자력공학의 정근모 박사

전 과기처 장관, 현재 아주대 석좌 교수로 고등기술연구원(IAE) 원장으로 재직하고 있으며 미국 학술원의 공학 부문(NAE) 회원으로 선정되었다. 정근모 박사는 20년간 미국 뉴욕대학 등에서 원자력공학 및 전기공학과 교수로 근무했다.

■ 교육 전문 컨설턴트 황희철 교수

명지대학교 교수 겸 상담실장을 맡고 있다. 로스앤젤레스 교육구에 근무했고, 캘리포니아주립대학 교수를 지냈다.

■ 크리스찬아카데미 원장 이화수 박사

아주대학교 정치외교학과 교수로 크리스찬아카데미 원장을 맡고 있다. 오레곤대학에서 박사 학위를 받았고 로스앤젤레스에서 정신건강센터 소장을 맡았다.

■ "No" 라고 용기 있게 말하라는 선한용 교수

감리교신학대학 교수로 은퇴을 했고 노후를 한국에서 보람 있게 보내고 있다. 1961년 미국으로 유학을 떠났던 선 교수는 미국인 교회 담임 목사와 교수로 있다가 1981년 영주 귀국했다.

그는 "아닐 때는 아니다라고 말하는 용기 없이는 한국 사회는 부패할 수밖에 없다."면서 "풍향계 같은 인간이 판치는 세상이 된 것이 안타깝다."는 말을 자주 했다.

■《철학의 여백》의 저자 박이문 교수

포항공대 교양철학부 교수로 재직 중이다. 우리 시대의 대표적 철학자로 통하는 그는 1965년 도미했고 보스턴 시몬스칼리지 교수를 역임했다. 1996년 한국에 돌아와서 펴낸《이성은 죽지 않았다》는 책은 과학 기술과 문명 앞에서 인류는 어떠한 철학과 가치관을 가져야 할 것인가를 이야기하고 있다. 또한《철학의 여백》이란 책도 냈는데 여기에서는 철학으로 못 채우는 인생을 말하고 있다.

■UCLA의 동양도서관장 출신 김익삼 교수

단국대학교 중국문학과 교수로 재직 중이다. 한때 이 대학 도서관장을 지냈다. 김 교수는 UCLA의 동양도서관 관장을 맡았었다.

■미국에서 부동산 분야를 전공한 임항근 교수

6년 전부터 전북 익산 시에 있는 원광대학교 교수로 재직 중이다. 경상대학 국제교류부장을 맡고 있으며 재무 관리·경영 분석 등을 가르친다. 임 교수는 로스앤젤레스의 올드타이머로 부동산 분야 전문가이며 남가주대학에서 박사 학위를 받았다.

<과학계>

■ 과학 인재 양성에 나선 천성순 박사

▲ 과학 교육에 정진하는 천성순 총장

미국에서 선진 과학 기술을 배운 뒤 한국에 돌아와서 과학 분야에서 공헌하는 많은 두뇌들이 있다. 대학에서 후진을 가르치는 데 평생을 바친 학자들도 적지 않다.

대전산업대학교 총장 천성순 박사가 그 대표적인 인물이다.

"미국의 차별화에 심한 갈등을 느끼고 살면서 사람에게 돈만 벌고 편안하게 사는 것이 만사가 아니라는 마음이 들었습니다. 특히 우리들의 후세가 미국에서 차별을 받지 않는 길은 우리 나라가 경제적으로 발전해야 된다고 생각했지요. 자원이 없는 한국에서는 인적 자원을 최대한 활용해야 됩니다."

그는 13년간의 유학 생활 및 미국 대학에서의 교수 생활을 뒤로하고 1972년 영주 귀국을 했다.

한국과학기술원(KAIST) 부원장과 원장, 그리고 대전산업대학교 총장으로 한국의 미래 과학자 교육의 외길을 걷고 있다. 천성순 박사는 대학에서 한국의 인재 교육에 나선 것 못지않게 많이 공헌한 분야가 바로 한국 정부의 과학 기술 정책 자문이다.

그는 총무처·노동부·동력자원부·상공부 등에서 전문 위원으로 참여를 했다. 사회적인 활동으로는 3·1문화상 기술부 심사위원, 삼성 그룹의 호암상 공학상 부문 심사위원장 등을 맡았다.

천성순총장이 폭넓은 학문을 습득하기 위해 유학길에 오른 것은 1959년 3월, 그의 나이 24세 때였다. 한양대학교 광산공학과를 졸업한 지 1년 뒤였다.

미국 마퀴트대학에서 기계공학 석사 학위를 마쳤고, 스티븐스 공과대학에서 금속공학 박사 학위를 받았다. 공부만 하는 9년간 참으로 많은 고생을 했다. 우선 영어 때문이었다.

영어로 강의하는 내용의 이해는 물론 회화 및 영문 작성 등에서 따라가기가 힘들었다. 또 한편으로는 강의 시간 틈틈이 아르바이트를 해야 하는 것이었다. 지금도 기억에 생생한 것이 식당에서의 버스보이, 기숙사 청소, 병원 세탁소의 일 등이다.

"미국에서 인생의 좋은 경험을 쌓았고 많은 것을 배웠지요. 즉 절약 정신이나 모든 것을 공정히 평가하며 항상 법을 지키는 준법 정신을 들 수 있습니다. 한국에 와서 과학기술원 원장·대전산업대 총장을 하면서 미국에서 배운 많은 좋은 아이디어와 방법을 적용할 수 있었으므로 결과적으로 미국 생활이 나의 인생에 있어, 사회 생활에 많은 도움을 준 것이지요."

천성순 총장은 미국 유타대학에서 6년간 대학 교수 생활을 했다. 1972년 홍능기계 자문위원으로 영주 귀국을 했고, 이 때 미국 영주권을 포기했다. 한국에 와서는 가족들이 많은 역이민의 충격을 받아야 했다. 특히 아이들이 한국의 주입식 학교 공부에 적응하지 못했고 과외를 받으면서 진도를 따라가는 데 애를 먹었다.

한국에 귀국한 뒤에도 미국 유타대학 초 빙교수·로스앤젤레스 UCLA의 방문 교수·하바드대학교·케네디대학 초빙 연구 위원으로 나가서 공부하는 등 쉬지 않고 학문의 길을 걷고 있다.

그는 교포들이 미국과 한국에서 똑같이 기여하기 위해서는 2중 국적을 허용하는 것이 바람직하다고 믿고 있다. 특히 좀더 넓은 세상을 체험하고 그것을 바탕으로 자기 발전과 국가 발전을 가져올 수 있으므로 계속 이민을 나가야 한다고 말한다.

한국의 국가적 과제는 경제를 크게 발전시키는 것이라고 믿는 천 총장은 "그것이 바로 한국 과학 기술의 발전이며 과학과 국가 경제의 발전과 서로 비례해 간다."고 강조한다.

한국 과학계의 큰 인물로 후진 양성에 헌신한 그는 모두 138편의 연구 논문과 51편의 연구 보고서를 냈다. 그리고 28명의 박사와 65명의 석사를 직접 길러 냈다. 미국 유학파로서 귀국한 후 한국 과학 교육의 중요성을 오늘도 캠퍼스에서 실천하고 있다.

〈의학계〉

■ 차병원 부원장 차광은 박사

소아과 의사로 분당 차병원 부원장을 맡고 있다. 포천 중문의과대학 기획실장을 겸하고 있다. 로스앤젤레스에서는 병원을 개업했었다.

■성형외과 전문의 김관식 박사

아주대학병원 성형외과 과장으로 재직하고 있다. 로스앤젤레스에서는 김관식성형외과를 올림픽 타운에서 개업하였다.

■ 혈액병리학의 현봉학 박사

아주대 의대 교수로서 《나에게 은퇴란 없다.》라는 책을 펴냈다. 펜실베이니어대학에서 박사 학위를 받은 뒤 미국 의료계 특히 혈액병리학 분야의 권위자로 인정받았다. 미국에서 서재필기념사업회 회장으로 봉사를 했다.

■ 아주대 의대 학장 이호영 교수

아주대학교 의과대학장으로 전국 의과대학장협의회에서 새 회장으로 선출되었다.

■ 중앙의료원의 김용제 박사

로스앤젤레스 지역에서 오랫동안 안과 의사로 개업을 하다가 영주 귀국했다. 현재 중앙의료원 안과 과장을 맡고 있다. 한때는 미8군 군의관으로 근무한 적도 있다. 의사로서 바이올린 연주 실력이 뛰어나 음악회를 여러 번 개최하였다.

■ 복강경 수술의 권위 이인국 박사

로스앤젤레스에서 산부인과 병원을 개업하다 귀국, 영동제일 병원 복강경수술센터와 외국인 클리닉 소장을 맡고 있다.

〈신문·방송계〉

■ LA의 명 방송 진행자 백형설 씨

로스앤젤레스 교포 사회에서는 알아 주는 재담가였다. 사업과 방송 활동을 하다가 1995년 영주 귀국을 했다. 1997년 4월부터 KBS 제1라디오에서 밤 10시 5분부터 11시 50분까지 방송되는 라디오24시에서 공동 진행을 맡았었다. 그는 정치 평론·경제 동향·증권 소식·스포츠 여행 등을 직장인들이 알아야 할 시사 아이템을 선보였다. 앞으로의 꿈은 한국의 TV에서 대담 프로 사회를 보는 것이다.

■ 개그맨 겸 FM서울의 진행자 이근찬 씨

교통 방송의 주말 토요대행진과 일요대행진을 톡톡 튀는 재치 있는 진행으로 인기를 모으고 있다. 매주 전두환·김동길 씨 등 유명 인사의 목소리를 흉내내는 『교통문화 이게 뭡니까』의 특집 방송의 반응이 좋다.

1995년부터 불교 방송에서 퀴즈대장정을 진행하는데 전국적으로 청취율이 오르고 있다. 성대 묘사는 물론 피리·장구 연주 등 전문가 뺨치는 다양한 특기와 재주를 가지고 있다.

KBS-2TV의 TV 문학관·전설의 고향 등 드라마 속의 국악 연주자로 나오기도 했다. 국악예고를 졸업하고 다운타운의 DJ로 활동하다 1985년 미국으로 이민. FM서울 방송의 『가요 폭소』를 진행하다 1995년 귀국했다.

■ LA FM서울의 방송리포터 양지영 씨

로스앤젤레스의 FM서울에서 음악 방송 및 생활 영어 강좌를 진행하다 귀국, MBC-TV의 『세계 최고를 찾아라』 리포터로 활약하고 있다.

성남시에서 초등학교를 다니던 1982년 가족 이민으로 로스앤젤레스에 갔고, UC어바인대를 졸업했다.

■ 미스 코리아 출신의 아나운서 장은영 씨

『열린 음악회』의 사회를 보면서 일약 유명해진 KBS 아나운서이다. 미국에 다시 유학 중이다. 연세대에 재학 중이던 1992년 미스코리아 대회에 나가서 선으로 뽑혔다. 『열린 음악회』 이외에도 밤 11시 뉴스라인과 KBS 아침뉴스광장 프로를 진행했다.

1986년 사업하는 아버지를 따라 미국으로 이민을 갔고 UC어바인대에서 생물학을 공부하다 귀국했다.

■ 방송 시사 프로그램 진행의 김성수 씨

KBS 춘천방송국 총괄부장으로 아침 시사 프로그램을 진행하고 있다. 로스앤젤레스에서는 FM서울 방송에 근무를 했고, 서울에 와서 KBS 위성TV국 PD 생활을 했다.

■ LA 한국일보의 임승쾌 씨

기독교방송국(CBS) 대전지사 개설 위원을 맡고 있다. 샌프란시스코 한국일보사에서 편집국장을 지냈다. 그는 아메리카 통신 《박수 칠 때 떠나라》는 책을 펴냈다.

5. 연예·스포츠계

〈가요계〉

■ 재미 교포 대학생 보컬 그룹 솔리드

『이밤의 끝을 잡고』로 한때 정상의 인기를 얻었던 보컬 그룹 『솔리드』의 세 멤버는 모두 재미 교포 대학생이었다.

정재윤과 이준은 8세 때 이민을 갔고 김조한은 현지에서 태어난 교포 2세이다. 이들이 구사하고 있는 음악이 국내의 것이 아니라고 느낄 정도로 미국것과 닮았다. 『솔리드』는 흑인 리듬 앤 블루스 뮤지션들의 가창력과 무대 매너를 능가하는 율동과 노래로 단숨에 폭발적인 인기를 누렸다. 세계적으로 음악의 복고 바람이 일고 있는 가운데 『솔리드』 음악은 한국의 대중 음악을 세계적 추세에 빠르게 맞추어 가는 데 도움을 주었다.

▲ 정상의 인기를 누렸던 보컬 그룹 솔리드

그들은 세 명 모두가 어려서부터 미국 교육을 받았기 때문에 우리말이 익숙하지 못하다. 말은 무리 없이 알아듣지만 가사까지 쓰기는 어려워했다.

제1집 『넌 나의 처음이자 마지막이야』, 제2집 『이밤의 끝을 잡고』 등 음반을 계속해서 냈고, 새 앨범 3집은 1백만 장에 육박하는 판매 기록을 남겼다.

그룹 『솔리드』는 1996년 말 한때 KBS-TV에서 출연 정지 처분을 받았다. 그 이유는 연말 가요 대상 시상식 때 솔리드가 불참했기 때문이다.

"신곡 홍보 등 아쉬울 때는 TV에 달려오다가 방송사 행사 때는 안 나오는 거냐."며 혼내 주기로 했다는 후문도 있었다.

그러나 솔리드는 다소 억울하다는 표정을 감추지 못했다. 시상식 참석 통보를 받았으나 멤버 전원이 미국에 있어 나가기가 어렵다고 양해를 구했음에도 불구하고 징계 조치를 내린 것은 너무 심하다는 반론이다.

1993년 데뷔해서 폭발적인 인기를 누렸던 『솔리드』가 4년 동안의 한국에서의 활동을 마감하고 결국 전격 해체를 했다. 이 때 청소년 팬들에게 큰 충격을 안겨 주었다.

해체 이유는 학업을 계속하기 위해서이다. 정재윤은 UC어바인대학 경제학과, 김조한은 UCLA 언어인류학과, 그리고 이준은 USC 신문방송학과를 휴학했는데 다시 학업의 꿈을 완성하기 위한 것이다.

해체와 동시에 음악계를 떠난 솔리드는 1997년 7월 15일 미국으로 돌아갔다. 그 후 김조한만 다시 귀국, 솔로 가수가 되었다.

■ 10대 청소년들의 우상 아이돌

한국에서 10대 청소년들의 우상
으로 나타났던 인기 댄스 그룹 『아이
돌』은 『Bow Wow』, 『꿈 속의 그녀』
등 잇따라 히트를 치면서 바람을 일으
켰다. 그리고 앨범이 30만 장 이상 팔
려 나갈 정도로 단숨에 인기를 모았다.

1980년대 이후 출생한 최연소 듀
오였던 『아이돌』의 주인공은 최혁준
군과 이세성 군. 최혁준 군은 미국에
서 태어났고, 이세성 군은 브라질 상

▲ 청소년들의 우상이었던 듀오 아이돌

파울루에서 출생했다. 이 어린 두 소년이 춤과 노래로 10대의 우상
이 된 것은 어느날 우연히 이루어졌다.

댄스 그룹 잼의 멤버인 황윤미가 포켓볼을 치고 있는 최혁준
을 보고 『일단 그림은 된다』는 판단으로 한 기획사로 데리고 온 때
가 1995년. 사장은 이 방면에 끼와 소질이 있다고 판단을 했고,
또다시 외국인 학교에 다니는 이세성을 발견함으로써 『아이돌』이
탄생했다. 혁준과 세성은 자신들이 한국에서 10대 가수가 될 줄은
꿈에도 몰랐다. 혁준은 성적이 좋아서 당연히 대학 진학을 생각하
고 있었고 세성은 무역업을 하는 아버지를 이어 사업가가 되는 꿈을
가지고 있었다. 『아이돌』의 춤은 서투르다. 또한 어눌한 말투와 어
색한 우리말을 구사하는 핸디캡도 있다.

그래서 더 솔직하고 부드러운 인상을 준다. 1995년 『아이돌』은 탄생과 함께 단숨에 인기를 모았고, 1년 반 동안 정상의 자리를 지켰다. 전국적으로 5천여 명에 달하는 팬클럽 멤버를 가질 정도로 폭발적인 인기를 누렸다.

최혁준의 어머니는 왕년의 인기 배우였던 나오미 씨. 1970년 신성일과 주연한 『연애 교실』로 데뷔, 톱스타로 스크린을 누볐는데 1974년 재미 사업가 최명광 씨와 결혼하여 함께 도미했다. 그러다가 1989년 남편이 갑작스런 교통 사고로 사망하자 세 아들과 함께 영주 귀국을 했다.

나오미 씨는 한국에 들어와서 탤런트 생활을 하고 있다. 1997년 2월 『아이돌』이 전격적으로 해체했다. 해체 이유는 공부를 더 하기 위해서였다. 원래 미국에서 살다가 귀국했던 최혁준은 3월 중에 다시 미국으로 돌아갔다. 브라질에서 태어나고 자란 이세성도 아버지의 사업 때문에 미국으로 들어가야 했다.

"처음에는 인기라는 것이 마냥 좋았어요. 그러나 시간이 지나갈수록 너무 불편하고 힘들었어요. 가수는 나중에라도 할 수 있지만 공부는 때가 있잖아요." 최혁준은 대학 교수가 되겠다는 꿈을 가지고 있고, 아무런 잡념 없이 학업에만 전념하겠다고 말했다.

"팬 여러분, 그 동안 뜨겁게 사랑해 주셔서 감사합니다. 이제 아이돌, 우리들은 여러분과 똑같이 평범한 학생으로 돌아가지만 즐거운 추억은 오래 잊지 못할 거예요." 마지막 잡지 인터뷰에서 『아이돌』이 남긴 말이다.

팬클럽의 한 중학생은 "오빠들이 꼭 귀국해 가요계에 컴백하리라고 믿는다."고 말했다.

한 TV의 PD는 "한창 순수하게 친구들과 어울리고 학교 생활에 낭만을 느껴야 할 나이에 연예계의 생리에 적응하기가 힘들었던 것같다. 그들의 어려움을 십분 이해하고도 남는다."며 먼 훗날을 기대했다.

■『날 떠나지 마』의 튀는 가수 박진영 씨

『날 떠나지마』라는 데뷰곡으로 인기 최고의 가수. 자신의 앨범에 들어 있는 8곡 중 6곡을 직접 작사·작곡한 개성과 재능을 겸비한 싱어 송 라이터이다.『튀는 가수』로 불리는 박진영은 1990년 연세대학 지질학과에 입학했다. 그리고 재학 중 아르바이트로 연예계에 입문했다.

고등학교 시절부터 타의 추종을 불허하던 춤솜씨가 가수 김건모 매니저의 눈에 띄어 고등학교 3학년 때부터 이미 백댄서로 활동했다.

1994년 10월 자작곡인『날 떠나지 마』를 발표하면서 가수의 길을 걷기 시작했다. 학교 생활과 연예 활동을 겸하느라고 1996년 2월 졸업했다. 현재 더 공부를 하기 위해 경기대학 행정대학원에 재학 중이다.

그는 얼굴 생김새나 옷차림이 이국적인 개성파이다.

아버지가 경영하는 기업의 뉴욕 지사장으로 발령이 난 덕분에 3살부터 10살까지 뉴욕에서 살면서 초등학교를 다녔다. 그래서 영어 회화가 유창하다.

■ 의사를 포기, 가수가 된 이무송 씨

『사는 게 뭔지』로 데뷔한 재미 교포 출신의 가수. 이미 시민권을 포기했고 여가수 노사연과 결혼해서 화제를 뿌리기도 했다. 자신이 작사·작곡한 『사는 게 뭔지』는 로큰롤 리듬에 트롯 멜로디를 어우러 만든 곡이다.

한때 그는 시민권 소지로 문제가 되기도 했고 불법 취업 활동으로 1천만 원의 벌금을 내기도 했다. 문화체육부로부터 1년 6개월짜리 연예인 공연 허가증을 받았지만 국내 가수로 활동을 계속할 것인지 선택의 기로에서 고민을 많이 했다. 끝내 한국 정착을 위해 시민권을 포기했다.

이무송 씨는 고교 때 부모를 따라 미국 필라델피아로 이주, 현지에서 워싱턴 앤드 제퍼슨대학 의대에 진학하여 의사가 되려고 했다. 그러나 부전공인 음악에 빠져 의학 공부를 중단하고 모국에 돌아와 음악인으로 변신을 했다.

■ 매혹적인 목소리의 팝가수 박정현 양

로스앤젤레스에서 목회를 하는 아버지와 간호사 사이에서 태어난 2세 가수. 『인트로』라는 데뷔 음반을 냈다. 매혹적인 목소리에 달콤한 팝, 격렬한 올터너스티브 그리고 세련된 리듬이 조화를 이룬 노래를 부른다.

■ 골든 디스크의 미래 가수 유승준 군

『가위』로 가요 차트 1위에 오른 교포 가수이다. 1989년 로스앤젤레스로 이민을 갔고, 1996년 세리토스대학 재학 중에 한국으로 와서 제1집 『가위』를 발표했다.

새로운 청춘 스타로 자리를 잡은 그는 1998년 1년 비자가 만료되어 미국으로 떠났는데, 1만 5천여 명의 팬이 공항에 몰려와 큰 소동을 벌였다.

1997년 골든 디스크 상을 받았다. 유승준 군은 10월 서울에서 열리는 마이클 잭슨의 북한 어린이 돕기 공연에 특별 출연을 했다. 『나나나』라는 타이틀 곡이 담긴 제2집을 냈는데 그는 10대들에게 가공할 폭발력을 가진 미래의 가수이다. 앞으로 영주 귀국해서 연예 활동을 계속하겠다고 밝혔다.

■ 『서울에서 평양까지』의 신형원 씨

『개똥벌레』, 『유리벽』, 『서울에서 평양까지』 등의 서정적인 노래로 폭넓은 인기를 누려 온 중견 여성 가수이다.

1977년 단국대 영문학과에 입학했다가 가족들이 이민을 떠나는 바람에 메릴랜드대학 철학과를 다녔다. 가수 생활을 하면서도 공부를 계속하기 위해서 서울예술전문대학 실용음악과에 다시 입학했다.

■ 이민 2세 록 그룹 유 앤 미 블루

　　미국 이민 2세 두 명으로 구성된 『유 앤 미 블루』는 평론가로
부터 탄탄한 음악성을 인정받았던 록 그룹. 그러나 이들이 발표한
두 장의 음반은 별다른 성공을 거두지 못했다. 결국 두 사람은 미국
으로 건너갔다. "그 동안 미국에 계신 부모님께 소홀했고 재정리를
위한 시간이 필요하다."고만 말한다.

　　『유 앤 미 블루』는 동갑내기 이승렬과 방준석으로 구성됐으며,
이 두 사람은 뉴욕주립대 빙햄턴대에서 한 방을 쓰며, 음악적 교분을
쌓았다. 한국에 건너와 음반을 발표한 때가 1994년. 이들은 『꽃』,
『Nothing is good enough』, 『지울 수 없는 너』, 『어떻게』 등을
발표하여, 록의 기대주로 주목받았다. 미국에서 다양한 록 음악을
접했던 이들에게 적지 않은 기대가 쏟아지기도 했었다.

■ 통기타와 청바지의 『아침 이슬』 양희은 씨

　　통기타와 청바지가 상징하던 1970년 청년 문화를 거론할 때
빼놓을 수 없는 가수. 그가 부른 김민기 작사·작곡 『아침 이슬』은
금지된 곡으로 한때 부를 수가 없어서 더욱 유명해졌다. 그녀는
서강대학 사학과 1학년이던 1971년 명동 생맥주집 오비스캐빈에서
노래를 시작했다. 오랜 미국 생활을 거쳐 귀국했고 1993년부터 콘
서트 가수로 꾸준히 무대에 서고 있다.

　　『아침 이슬』 25주년 기념 콘서트를 가졌고, 『내 나이 마흔에
는』이라는 새 곡을 냈다.

■ MBC 대학가요제의 박정운 씨

『오늘 같은 밤이면』, 『먼 훗날에』 등의 노래로 히트를 친 가수로 1989년에 데뷔했다. 미국 시민권을 가지고 있던 그는 상용 비자를 가지고 국내에서 연예 활동을 한 혐의로 한때 조사를 받기도 했다.

7세 때 미국으로 이민을 갔고, 1986년 MBC 대학가요제에 참가하느라고 귀국했다. 아버지는 시카고에서 식당을 하고 있으며, "어려우면 언제든지 미국으로 오라고 말하고 있어서 더욱 단단한 마음을 먹고 활동하고 있다."고 말한다.

■ 강변가요제의 박미경 씨

1985년 강변가요제에서 『민들레 홀씨 되어』로 장려상을 받고 배고픔과 설움을 맛보기도 했다.

가족과 함께 이민을 가서 3년간 살다가 결국 음악이 그리워서 돌아왔다. 1992년부터 흑인 음악을 하기로 하고 1994년 모습을 바꾼 새 음반을 냈다.

『넌 그렇게 살지 마』, 『이유 같지 않은 이유』를 허스키하면서도 거칠 것이 없는 시원한 창법으로 부른다. 후련한 노래말, 발랄한 리듬 등에 힘입어 정상에 우뚝 섰다. 앞으로의 꿈은 미국 연예계에 진출하는 것이다.

■『너를 잊을 수 없어』의 최연제 씨

여가수로 3집 앨범 『Pure and Simple Heart』를 발표했다. 현재 시애틀 코니시대학에서 공부하고 있다. 어머니인 탤런트 선우용녀 씨가 로스앤젤레스에서 살 때, 미국 중·고등학교를 다녔다. 제1집은『너의 마음을 내게 준다면』, 제2집『너를 잊을 수 없어』등으로 이미 팬들에게 친숙한 가수이다.

■『은하 철도 999』의 강수지 씨

1988년 뉴욕 맨해턴연극학교 재학 중에 MBC 대학가요제 미주 대회 후 가수로 데뷔했다. 『보라빛 향기』로 인기를 얻었고, 가수 심신과의 열애로 화제를 뿌리기도 했다.

다시 일본으로 건너가서 뮤지컬 『은하철도 999』에 출연하여 스타의 자리를 굳히고 있다.

■ 트로트계의 풍운아『옥경이』의 태진아 씨

『트로트계의 풍운아』라고 불리기도 하는 정상의 가수이다. 『옥경이』, 『노란 손수건』 등이 히트를 했는데, 이 곡들은 미국의 이민 생활 9년 동안의 아픔과 고난을 주제로 한 것이다. 미국의 밑바닥 삶이 영주 귀국한 뒤에 가수로서 보약이 될 줄은 전혀 몰랐다고 이야기 할 정도이다.

특히 『옥경이』라는 곡은 1981년 미국에 이민 가서 3개월 만에 결혼을 한 이옥형 씨의 이름을 따서 지은 노래이다.

이민 생활 중 늘 그늘 속에 숨은 주역이 되었던 부인을 생각하며 9년 만에 귀국해서 부른 첫 노래였다. 크게 히트를 했고 골든 디스크 상을 받기까지 했다.

옥경이의 헌신적인 내조 없이는 오늘이 있기가 불가능했고 그래서 아내에게 바치는 노래를 부르기로 결심한 것이다. 이 노래의 처음 제목은 『고개 숙여 울던 너』였지만 무언가 이미지가 더 가슴에 와 닿게 하는 것이 좋겠다고 해서 『옥경이』로 고쳤다. 가난이 맺어 준 사랑이 바로 옥경이와의 만남이었고 태진아는 부인을 내 노래 인생의 80% 이상이라고 말한다.

▼ 미국에서의 고난을 이겨 내고 재기에 성공한 트롯 가수 태진아 씨

또 하나 히트한 노래가 『노란 손수건』. 1980년대 중반 그가 미국 생활에서 마음의 안정을 찾지 못하고 방황하던 그를 붙들어 주었던 아내를 생각하는 시간이 많았다.

그 때 한 외국 영화가 오버랩되면서 가슴을 찡하게 만들곤 했는데 『노란 손수건』의 주제를 거기서 찾았다. 이 곡도 크게 히트를 했다. 그가 부르는 노래마다 히트를 한다고 해서 『미다스의 신화를 가진 가수』라고 말한다. 태진아가 이민길에 오른 것은 1981년 3월. 스캔들 등 우여곡절 끝에 그는 단 2달러만을 들고 미국에 건너갔고 팝콘 한 봉지로 끼니를 때우며, 남이 버린 햄버거로 요기를 했다. 설상가상으로 어머니의 부음을 받았다.

그러나 비행기삯이 없어 어머니 장례식에 참석을 못했고 이를 항상 생각하면서 불효자라는 마음을 떨치지 못하고 있다. 그래서 사모곡이라는 노래를 즐겨 부르고 효도 무대에 단골로 나가 어머니를 생각한다. 이민 생활 9년을 뉴욕에서 살았고, 브로드웨이에서 잡화상·의류 노점상 등을 했다. 1989년 귀국을 했고 『옥경이』로 10년째 인기를 한몸에 모으고 있다.

그의 또 다른 노래 『사랑하리 내 조국』도 미국에 이민을 가서 온갖 굳은 일을 겪으면서도 그 때마다 고국을 그리는 절절한 동포애를 주제로 했다.

■『차표 한 장』 쥐고 온 송대관 씨

『해뜰 날』, 『차표 한 장』 등으로 인기 최고의 트로트 가수. 1980년 가족 이민을 떠났고 9년 만에 다시 한국에 돌아왔다. 미국 워싱턴에 살면서 식당 경영으로 사업에 성공했지만 가수의 뜻을 버리지 못해 영주 귀국을 했다.

지난 1996년에는 가수 25년 결산 디너쇼를 가졌다. 자전적 이야기를 담은 노래 『해뜰 날』의 영화에 출연하기도 했다.

■ 매혹의 저음 가수 남일해 씨

매혹의 저음 가수로 『빨간 구두 아가씨』, 『비내리는 부두』, 『이정표』 등의 히트곡을 가지고 있다. 1960년대와 70년대에 인기 정상의 가수였다.

1981년 로스앤젤레스로 이민을 갔다가 1983년 귀국했다. 1984년 가수분과 위원장에 출마해서 당선되었는데 영주권 소유 문제로 자격 시비에 오르기도 했다. 1997년에 한국연예협회 선행 연예인으로 선정되어 국무 총리 표창을 받았다.

■ 대형 뮤지컬 가수 윤복희 씨

노래를 부른 지 45년째가 되는 대형 뮤지컬 가수이다. 그녀는 7세 때에 크리스마스 뮤지컬로 데뷔를 했고, 『빠담 빠담 빠담』, 『피터팬』, 『지저스 크라이스트 수퍼 스타』 등이 대표작이다. 윤복희는 1965년 라스베이거스에 처음 닿았고, 10대인 그 때 10년을 넘게 미국에서 생활을 했다. 처음 해외 공연을 나간 것은 1963년 10월이다. 그는 간증 자서전 《딴따라》라는 책을 펴냈는데 이 책에서 아직도 라스베이거스를 사랑하는 사연을 다음과 같이 썼다.

"나의 가구와 짐들은 아직도 라스베이거스에 있다. 꼭 20년 전, 한국에 잠깐 다니러 온 뒤 지금까지 눌러앉아 있기 때문이다. 언젠가는 꼭 되돌아간다. 나는 늘 그런 생각으로 지냈다. 그게 벌써 20년이다. 당연히 돌아가야 할 만한 사연들과 사람들이 사막 위의 도시 라스베이거스에 남아 있다.

나는 그 건조한 네바다의 찌는 듯한 날씨를 너무 사랑한다. 10대 때 10년을 넘게 생활한 탓도 있지만 아직도 그 곳에 사랑의 사연이 남아 있기 때문이다." 지금의 이름은 윤복희이지만 한때는 성복희, 그리고 유주용 씨와 결혼한 후에는 보키 폰 보데라는 독일 이름을 가졌었다. 한때 독일 국적을 갖기도 했다.

윤복희 씨는 독실한 크리스천이다. 주위에서는 윤 집사라고
부르지만 권사가 되었다. 10년째 윤 집사로 불리다 보니 이제는
이름처럼 되었다.

■『잊혀진 가을』의 이용 씨

가수로 오랜 이민 생활을 청산하고 1988년에 귀국했다. 미국
에서 학비와 생활비로 어려움을 겪어 커피·담배·술을 모두 끊었
다. 『잊혀진 가을』로 유명한 그는 1997년 새 앨범을 발표했다.

■10·26의 그 때 그 여인 신재순 씨

박정희 대통령의 시해 사건이 일어난 10·26 때 당시 만찬
자리에 앉았던 『그 때 그 여인』으로 잘 알려져 있다. 재미 동포와
결혼해 남가주에서 살았고 귀국해서 처음으로 연극 『런던 양아치』
에 출연했다. 한양대 연극영화과 학생이었던 그가 16년 만에 다시
무대에 선 것이다.

〈탤런트 · 배우 등〉

■ KBS-TV 슈퍼 탤런트 박상아 씨

1995년 KBS의 슈퍼 탤런트대회에서 대상을 받고, 연예계에 진출했다. 그 동안『젊은이의 양지』,『8월의 신부』등 TV 드라마와 뮤지컬『사운드 오브 뮤직』, 연극『여자는 무엇으로 사는가』등에 출연했다. 쇼 프로 토요대행진의 진행을 맡았었다.

13세 때 로스앤젤레스로 이민을 가서 중·고등·대학교를 다녔고, 미스 남가주, 미스 아시아 USA에 뽑히는 영광을 안았다. 한국에서의 연예 활동을 위해 영주권을 포기했다.

■ 통통 튀는 대사의 이제니 양

재미 동포 출신의 탤런트. 미국 국적 시비 문제로 최근에 한국에서 연예 활동을 계속하느냐 마느냐의 고민에 빠져 있다.

1994년에 SBS-TV 공룡 선생으로 데뷔했다. 현재 MBC-TV 시트콤『남자 셋 여자 셋』에 출연 중인데 어린 듯한 외모이지만 나이에 비해 성숙한 눈매로 남자 중고생으로부터 최고의 인기를 얻고 있다.

이 양은 한국에서『맑다, 깨끗하다, 발랄하다』는 이미지를 주는 탤런트이다.

해맑은 미소와 통통 튀는 대사로 시청자들의 인기를 독차지하고 있는데 『LA아리랑』,『아이싱 파파』 등 드라마에서 인기를 꾸준히 쌓아 왔다.

그러나 이제니 양은 미국 시민권을 가지고 있어서 방송 프로한 편을 할 때마다 문화관광부의 허가를 받아야 하는 어려움을 겪어 왔다. 최근에는 가요 프로의 MC로 내정되었으나 복잡한 절차 때문에 다른 사람으로 교체되기도 했다. 이제니 양은 외국인 학교에 재학 중인데 일단 활동을 중단, 미국의 대학으로 진학하고 20살이 넘어서 국적을 바꿔 오는 방법을 생각하고 있다.

■ 남가주 미스 코리아 출신 홍여진 씨

1979년 남가주 미스코리아 진으로 서울 본선 대회에서 선으로 뽑히는 영광을 안았다. 한국으로 귀국해서 영화 배우와 탤런트로 인기를 모으고 있다.

영화 『박대박』 등에서 섹시걸의 이미지를 심었고 SBS-TV 『임꺽정』에서는 갓바치 아내 역을 맡았다. KBS에서는 『굿모닝 영동』,『영웅 일기』,『사랑은 없다』,『박봉숙 변호사』 등에 출연했다.

미스 코리아 친목 모임인 녹원회 부회장도 맡았다.

▲ 미스 코리아 출신의 탤런트 홍여진 씨

■ FM서울의 이종만 씨

탤런트로『용의 눈물』에서 태조 이성계의 내시부사 역을 맡아 열연했다. 그리고『파랑새는 있다』등에 출연했다. 로스앤젤레스에서는 FM서울에서 세태를 풍자하는 프로를 맡아 인기를 모았다.

■ 영원한 코미디언 배삼룡 씨

코미디언으로『비실이』의 별명을 갖고 있다.『웃으면 복이 와요』등 TV 코미디 프로에서 인기를 한몸에 안았다. 1980년 말에 캐나다 공연을 갔다가 로스앤젤레스에 머물면서 기정자 씨와 결혼했다. 그는 미국에서 적응이 안 되어 1983년 2년 7개월 만에 귀국했다. 1994년 후배들이 희극 생활 50년과 고희를 기념하는 공연을 베풀어 줄 정도의 원로 코미디언이다.

데뷔는 50년 전인 1945년 11월 무작정 고향 양구를 떠나 춘천에 있던 악극단에 견습 단원으로 들어갔다. 어느 날 주연 배우가 도망가 버려 그가 대타가 되었고 어눌하게 몇 마디 이어 가자 객석에서 웃음이 터졌다. 그는 1960년대와 70년대, 서민의 꾸밈 없는 생활을 담아 냈던 코미디 주인공으로 가장 큰 위안을 주었다. 그는『나는 남들보다 못났다』는 자세로 연기하고 있다. 오랜 동안 병석에 누워 있다가 최근 아내 기정자 씨의 극진한 간호로 털고 일어나 아내와 단 둘이 경기도 천진암 근처의 전원 주택에서 여생을 즐기면서 간혹 TV 등에서 아직 시청자들에게 웃음을 선사하고 있다.

■ 차밍스쿨의 패션 모델 김동수 씨

『못생긴 톱모델』이라는 별명을 가지고 있는 김동수 씨는 서울의 지하철 역에서 자주 만날 수 있다. 패션 모델로 대형 광고에 자주 나오기 때문이다.

그녀는 어린 나이에 미국으로 가족 이민을 갔고 세계적 감각을 지닌 패션 모델이 되어서 1985년 한국으로 돌아왔다. E.T.라는 별명을 가지고 있지만 개의치 않는 성공한 모델이다.

"한국의 모델치곤 나처럼 못생긴 사람이 없습니다. 물론 그런 얼굴 덕에 한 번 본 사람에게는 안 잊히는 장점도 있지요. 그러나 어떤 때는 오히려 그게 불편합니다. 이성으로 사람을 사귈 때지요."라고 말한다. 현재 국민대 모델학과 주임 교수를 맡고 있다. 그녀는 21세기를 준비하는 창조적 여성을 위해서 『나의 멋』이라는 주제로 자주 강연을 다닌다.삼성과 현대·대우·LG 등 유명 기업체에 출강을 하는 한편 《미운 오리 김동수 이야기》, 《못생긴 톱모델 김동수의 차밍 스쿨》, 《성공을 위한 남성 옷입기》 등의 책을 펴냈다.

▲ E.T.과 모델의 대모 김동수 씨

김동수 씨가 미국으로 떠난 것은 1976년, 로스앤젤레스 시립 대학에서 공부를 하다가 모델 컨테스트에 입상하면서 미국식 모델의 길을 걷기 시작했다.

미국과 이탈리아·프랑스 등에서 활동을 하면서 세계적 감각을 지닌 패션 모델이 되었다. 1990년부터 2년간 챠밍 스쿨『와이낫(Why Not)』을 운영했고 MBC·SBS-TV에서 멋내기 코너를 진행하기도 했다.

김동수 씨는 지금은 『이오디』라는 패션 회사의 대표를 맡고 있다. 그는 "IMF 관리 체제하에서의 옷차림은 작은 변화로 침체된 변화를 바꾸고 자신감을 되찾을 수 있어야 한다."고 강조한다.

그리고 싼 옷과 비싼 옷을 섞어 입으라고 추천한다. 예를 들어 시장에서 산 1~2만 원짜리 바지에 비싼 기성복 재킷을 걸치면 전체적으로 고급스럽게 보이는 효과를 얻을 수 있다는 것이다.

■ 다채로운 이력의 연극 배우 장두이 씨

16년 만에 되돌아온 장두이 씨는 표현술이 다양한 배우이다. 강렬한 눈빛에 콧수염이 인상적이다. 킬러 등 악역을 자주 맡는다.

▲ 다양한 연기의 소유자 장두이 씨

그는 신체 연기가 뛰어나다는 평을 듣는다. 그의 이력 또한 다채롭다. 고려대학교 국문학과를 나와 서울예전 연극과와 무용과를 다니면서 연극 인생의 길을 닦아 갔다. 그는 1978년 뉴욕 라마마극단 초청으로 미국에 갔다. 세계적인 연극 무대에서 배워 보고 싶어서였다. 1994년 영주 귀국할 때까지 미국과 유럽을 무대로 활동하는 국제 연극인이라는 말을 들었다.

1989년 뉴욕에서 극작·연출·음악을 맡은 『심청의 노래』를 공연해 호평을 받았다. 처음 라마마극단 초청으로 뉴욕에 건너간 장두이는 엄청난 문화 충격을 받았다. 연수 기간 8개월이 끝나자 불법 체류자가 되었고 7년 뒤에야 영주권을 받았을 정도이다. 아침 8시부터 12시간씩 야채 가게에서 일했다. 밤 10시면 다시 무용 학교에 달려가는 집념을 보였다. 새벽 4시에 여는 시장 철물점에서 봉투도 날랐다. 가게에서 미친놈 소리를 들어 가며 대사를 외우고 춤을 연습했다.

1996년 4월 서울에서 공연한 『맨해턴 1번지』에서 주인공이 된 그는 이 연극에서 자신의 뉴욕 이야기에 직접 출연한 것이다.

주제는 두 남자의 삶과 좌절을 그린 것이다. 이 연극에서 그는 미군과 결혼한 누나의 초청으로 미국에 가서 배우를 꿈꾸는 역할을 맡았다. 친구는 살인을 저지르고 도망왔다. 그는 이 연극에서 현실과 꿈 사이를 방황하다가 끝내 자신의 삶을 마감한다.

연극 배우 장두이 씨는 한국에 돌아온 뒤에 자전적 에세이 《공연되지 않은 내 인생》을 펴냈다.

이 책 속에는 1978년에 뉴욕으로 건너가서 1994년 귀국하기까지의 연극 인생과 삶의 여정, 추억으로 남길 이야기가 담겨 있다. 너무나 춥고 배고파 자살의 충동까지 느꼈던 뉴욕 생활이었지만 브루클린대학원과 머스커닝햄 무용학교에서 연기와 현대 무용을 배우면서 배우로서 보람을 느꼈다. 그는 동양인의 한계를 극복하고 작가·배우·무용인·음악인·연출가의 벽을 넘게 되었다.

연극 『첼로』를 계기로 16년간의 미국 생활을 완전히 정리, 귀국을 결심했다.

그는 "그간의 고독과 외로움을 씻어 버리고 고국을 마음껏 사랑하며 꿈을 펼쳐 보겠다."는 포부를 가졌다. 장씨는 "국제 무대에서의 경험을 바탕으로 문화에 목말라 하는 도시인들의 갈증을 해소시킬 예술성 있는 작품을 선배·동료와 함께 만들고 싶다."고 각오를 다졌다.

사실 그는 『첼로』를 공연하기 두 달 전만 해도 뉴욕에 있었다. 그 곳에서 뼈를 묻어도 좋을 만큼 그는 뉴욕 연극 배우로 자리를 잡고 있었다.

"두이 이젠 이 쪽으로 와. 그 정도 열정이라면 우리 나라에선 충분하고도 남아. 자기가 태어난 곳에서 뼈를 묻을 생각을 해야지."

한 친지의 강력한 권고가 역이민의 길을 열어 놓은 것이다.

귀향, 어딘가 제자리를 찾은 듯한 푸근함이 느껴지고, 그에게 혈류(血流)가 흐르는 단어가 되었다. 언젠가 장두이는 말했다. 『내가 마지막 설 무대는 한국』이라고.

이른 아침 한기가 도는 구기동의 작은 오피스텔에서 바쁘게 하루를 준비한다. 그러면서도 아직 낯선 땅에 들어선 이방인이라는 느낌을 지울 수 없다. 그래서 『회귀』란 제목으로 자작시를 썼다.

고향엘 왔다.
16년 만에 찾은 산천은
흐트러진 머리만큼이나 겁에 질려 있다.

한국에서 국제화·세계화라는 말이 유행한다. 그렇다면 연극에서의 국제화는 무엇인가.

뉴욕 같은 문화 중심지에서 몸으로 부딪쳐 연극을 체험하고 이론으로 무장한 후 그 에너지를 한국으로 가져온 뒤에 한국 연극을 위상이 높아지게 하는 일을 맡아야 한다고 믿고 있다.

1995년에는 백상예술대상 연극 부문에서 『첼로』로 남자 연기상을 받았다. 대경전문대 연극영화과 교수로 강단에 서면서도 자유분방한 학생들을 놀라게 하고 있다. 많은 학생들은 그의 표현과 그의 설명을 조금이라도 놓칠세라 열심이다. 미국 연극을 한국에 접목하고 있는 그는 역이민에 성공한 예술가이다.

■『애마 부인』의 오수비 씨

영화 배우. 1984년에 『애마 부인 2』의 주인공을 맡아서 에로영화에 첫 출연을 했다. 『서울에서의 마지막 탱고』 등 모두 12편의 영화에서 열연했고 1986년 결혼과 함께 미국으로 갔다.

10년 만에 다시 한국에 나와서 『립스틱』에 출연했다.

〈스포츠계〉

■ 세계적인 골프 스타 박세리 양

미국 델라웨어 주 윌밍턴에서 열린 맥도널드 LPGA 챔피언쉽에서 11인더파, 273타를 쳐 우승을 차지했다. 이 기록은 최연소·최저타로 한국 여성으로는 처음 세계 골프계의 정상에 우뚝 섰다.

삼성 아스트라 소속이다. LPGA 챔피언쉽 경기에 연이어 1998년 7월 미국 최고의 전통과 권위를 자랑하는 US오픈골프대회에서 황색 돌풍을 일으키며 연장전 끝에 최연소의 나이로 세계 제패에 성공, 우승 트로피를 안았다.

박 양은 1987년 대전 유성초등학교 6학년 때 하와이로 이민 갔다가 2년 만에 돌아왔고 영어가 유창하다.

■ 밸런스 농구 감독 최종규 씨

인천 대우증권 농구팀 감독 때 미국의 밸런스 농구를 한국에 선보였다. 『밸런스 농구』란 시스템과 속공을 중심으로 재미있게 균형을 유지해 나가는 것으로 미국에 있어서 배운 신기술이다.

그는 1억2천만 원의 몸값을 받고 있어서 국내 스포츠 사상 최고의 연봉을 받고 있는 미주파 농구인이었다. 국내 프로 지도자 중 최고참인 최 감독은 농구부가 없는 제물포고교 출신으로 연세대 경영학과 2학년 때 일반 학생보다 키가 크다(1m 88cm)는 이유 하나만으로 농구공을 잡았다가 날로 그 실력이 빛을 보았다.

1969년 ABC 대회와 1970년 아시안 게임 국가 대표로 우승을 이끈 주역이 되었다.1979년부터 로스앤젤레스에서 이민 생활을 하느라 17년간 농구계를 떠났지만, 틈틈이 모은 NBA의 전술집이 신생팀 대우 감독으로 취임하면서 큰 도움이 되었다. 유창한 영어를 구사하는 그는 용병이 활약하는 한국 프로 농구 시대의 적임자라는 평을 받고 있다. 하지만 한국을 오래 떠나 있어서, 처음 귀국해서는 이방인 소리도 들었다.

별명은 큰 키와 후덕한 마음으로 『빅 존』으로 불린다.

한국 프로 농구 시대를 연 5인방 중, 최종규 감독도 그 중의 한 명이다. 그들 5인방은 한국 농구를 살리는 길은 프로화뿐이라고 믿고, 1995년부터 이 계획을 추진했다. 미국 NBA에 정통한 그는 사업 계획 분야를 맡았다. 특히 그는 외국 선수를 용병으로 데려올 것을 강력히 주장했다. 한때 이 계획이 어려움을 겪자 "프로화에 실패하면 다시 이민을 간다."고 할 정도의 비장한 마음으로 외국인 농구의 프로화를 성공시켰다. 지난 1998년 5월, 17년 후배인 유재학 코치에게 감독직을 넘겨 주고 퇴진했다. 구단의 재계약 요청을 뿌리쳤는데 "나 다음에는 유 코치가 팀을 맡아야 된다."는 첫 약속을 지키기 위해서였다. 그래서 언론에서는 『코트의 신사 아름다운 퇴진』이라고 표현했다.

■ 칠전팔기의 챔피언을 먹은 홍수환 씨

1974년 남아공에서 WBA 밴텀급 챔피언에 오른 왕년의 복서. 1982년 미국으로 이민 가서 10년 사는 동안 택시 기사·자동차 딜러·프로모터 등의 직업을 가졌고 1992년 귀국했다. 요즈음에는 TV 해설 위원과 국제 심판으로 활약하고 있다

그리고 IMF 『헝그리 복서』로 기업 강사로 뜨고 있다.

"아무리 힘들다지만, 저처럼 매맞고 앞이 안 보일 정도로 캄캄해진 적이 있느냐고 물어 보면 숙연해 지더군요. 이대로 그냥 주저앉을 수 없다는 오기가 있었기 때문에 챔피언이 될 수 있었다고 『근성』을 강조하지요."

6. 비지니스의 현장

■ LA 한인 타운의 청(淸)냉면 식당 장영옥 사장

사업을 잘 하고 있는 사람은 만나 보면 무언가 남다른 면이 있다. 아이디어가 뛰어나거나 대인 관계가 특별하다. 지난 날의 경험에다 용기를 접목시켜 성공의 열쇠로 만드는 이들도 있다. 청냉면 식당으로 성공한 장영옥 사장에게서 그런 면들이 보인다. 요즈음 한국을 휘몰아친 IMF 한파 속에서 새 메뉴 개발로 승부를 걸어 보려는 노력도 남다르다.

로스앤젤레스 한인 타운에서 올드 타이머였던 장영옥 사장은 이제 서울에서 11개의 청냉면 식당과 공장을 경영하는 여성 사업가로 성공했다.

▲ 여성 사업가로 성공한 장영옥 사장

우연한 기회, 천호동에 있는 신세계백화점에서 청냉면 식당을 오픈했고, 행운의 여신이 오늘까지 동행하고 있다. 한국에 돌아온 뒤 망서리다가 미국 시민권을 포기했다. 이제는 한국 주민등록증까지 발급받은 어엿한 서울 시민으로 서울식으로 살아간다.

28년간 미국 생활을 뒤로하고 1992년 영주 귀국했다.

로스앤젤레스 교포 중 많은 사람들이 그렇듯이 4·29폭동 후 무슨 사업을 다시 할까 망설이고 있을 때였다. 그러한 미세스 김에게 평소 친분이 있던 신세계백화점 이명희 부회장이 어려운 사정을 이해하고는 "서울에 나와서 식당을 한번 해 보는 것이 어떻겠느냐?"며 권유를 했다.

그것이 한국행 역이민의 비행기를 타게 된 것이다.

"청냉면이란 맛이 깨끗하고 시원하다는 청(淸)의 이미지에서 첫 아이디어를 얻었어요. 그리고 식당이 언제나 깨끗하다는 청(淸), 종업원들이 항상 친절하고 깨끗하다는 청(淸) 등 세 가지 청(淸)이라는 이미지를 생각하면서 식당을 개업한 것이지요."

처음 오픈한 청냉면이 식당 사업의 효자가 되었다. 그야말로 장사가 잘 되었다. 한국에 돌아오기를 잘 했다는 생각이 들었다. 하지만 30년 만에 서울 생활을 다시 시작해 나가는 데는 힘든 것이 한두 가지가 아니었다. 동서남북 지리도 낯선데다가 옛날 서울에서 쓰던 말씨까지 변해 있어서 모든 것이 낯설기만 했다. 서울에서 하루하루 살아가는 데는 때로는 자신이 바보처럼 느껴질 때도 있었다.

그런 중에도 청냉면 식당을 경영하는 데 크게 도움이 되었던 것이 바로 로스앤젤레스에서 동서식품과 동서호텔을 경영하던 사업 경험과 지식의 활용이었다.

우선 식당의 안과 밖을 깨끗하게 하기 위해서 미국의 새 청소 기구들을 가져왔다. 이 때문에 청냉면 식당은 신세계백화점 천호동 점에서 가장 깨끗하다는 칭찬을 들었다.

청냉면이라는 메뉴도 처음 생각했던 이상으로 호평을 받았다. 처음에 『가장 한국적인 메뉴가 가장 세계적인 메뉴가 될수 있다』고 생각했다.

한국 전통 음식 중에서 스낵화가 가능한 냉면을 고른 것이 적중한 것이다. 거기다가 과학적인 조리 방법과 관리 시스템에 착안한 것이 도움이 되었다.

청냉면 식당 2호점과 3호점을 냈다. 또다시 장사는 잘 되었다. 손님이 줄을 서서 찾는 식당이 되었는데, 주방장은 이를 알고 월급을 더 올려 달라고 때를 쓰기 일쑤였다. 거기다가 각 식당마다 주방장이 만드는 냉면 맛이 다른 것도 문제거리였다. 같은 상호의 청냉면 식당의 맛이 제각각이라는 소리가 들렸다. 그래서 이번에는 공장을 차렸다.

중앙 요리 시스템(Central Cooking System) 방식을 통해서, 맛을 똑같이 내고 적기에 좋은 재료를 공급하기 시작했다. 냉면 소스 등 주요 재료를 직접 생산했고, 냉면 사리 제조는 완전 기계화를 이루었다.

장영옥 사장의 인간미와 경영 기법이 곳곳에서 나타났다. 권위주의가 아닌 가식 없는 마음으로 한 사람 한 사람을 대했다. 항상 진실되게 대하니까 때로는 주인을 너무 어수룩한 사람으로 보기까지 했다. 하지만 얼마의 시간이 지난 후부터는 종업원들이 여사장의 인간미를 알고는 가족처럼 따랐다.

두 번째 아이디어가 냉면에 쓰는 얼음을 직접 식당에서 만든 것이다. 밖에서 사 오는 얼음에는 대장균이 있다는 것을 알고는 힘이 들더라도 깨끗하고, 맛이 있는 얼음을 직접 만들었다.

위생 검사 걱정은 커녕 손님들도 홈메이드(Home Made) 얼음이라는 것을 알고는 좋아했다.

세 번째로는 꾸준히 새 메뉴를 개발해 나갔다. 명동 청냉면 식당에서 『오렌지 냉면』이라는 메뉴를 선보였다. 냉면 사리와 신선한 채소, 갖가지 소스를 곁들인 냉면 위에 가늘게 썬 오렌지를 올려 놓았다. 보기에도 아름답고, 먹을 때에는 오렌지 향기까지 풍겼다. 젊은이들이 좋아하는 메뉴가 되었다.

한편으로는 계속 식당을 확장해 나갔다. 일산·창동·신사동·압구정동·포스코 빌딩·중계동·일산·분당·연신내 그리고 인천에 청냉면 식당을 오픈했다. 몇 곳은 신세계백화점 안에 들어갔다. 돈도 어느 정도 벌었고 압구정동에 아파트를 샀다.

장영옥 사장의 꿈은 크다. 앞으로 청냉면 식당을 전국 규모로 확대해 나가는 것이다. 그리고 가장 한국적이면서 세계적인 메뉴를 개발해 나가는 것이다. 금년부터 심혈을 기울이는 새 메뉴가 바로 쌀로 국수를 뽑아 내고, 미국식 국수인 파스타(Pasta)를 만드는 것이다. 다이어트식에 콜레스테롤이 없고, 맛도 두 배가 더 좋은 새 식단을 청냉면에 가면 맛볼 수 있게 하자는 것이다.

IMF 파동으로 식당의 판매고는 떨어졌다. 불경기는 계속되겠지만 이를 이겨 나갈 의지와 지혜가 필요한 때라고 말한다. 그래서 청냉면 식당에서는 사치성 메뉴보다는 맛과 양을 푸짐하게 갖춘 메뉴에 비중을 두고 있다.

청냉면 식당에 가서 배불리 맛있게 먹고 왔다는 소리를 들어야 한다는 것이다. 그렇게 하는 것이 IMF식 경영이 아니겠느냐며 웃는다.

"미국 시민권을 포기하지 않고서는 사업을 할 수가 없어요. 여러 가지 제약이 따르는 것이지요. 몇 밤을 지새우면서 생각을 하다가 결심을 했어요. 30년 미국 생활에서 서울 초년생 생활을 시작하려니 아쉬움이 많았지요…."

장영옥 사장은 1997년 12월, 시민권을 포기한 뒤에 4년 만에 처음으로 한국 여권으로 제2의 고향 로스앤젤레스를 다녀왔다. 아직도 불경기로 힘들어하는 교포들을 만나고는 안타까움을 지워 버릴 수가 없었다고 했다.

장영옥 사장은 한국에서 장사를 하려면 지금이 『귀국의 적기』라고 말한다. 달러가 2배로 뛰면서 전보다 투자 비용이 반으로 떨어졌기 때문이다. 그리고 IMF의 요구 조건으로 미국 시민권자나, 외국인이 사업을 하는 데 제약이 줄어들고 있다고 설명한다.

■ 문화 사랑방 『못잊어』의 김보애 씨

영화 배우인 딸 김진아 씨와 함께 논현동에서 한식당 『못잊어』를 경영하고 있다. 로스앤젤레스에서도 『못잊어』, 『이조식당』 등을 경영했다. 최근 우리 나라 영화계의 영원한 스타이며 그의 부군인 김진규 씨의 타계로 큰 슬픔과 많은 충격을 받았다.

■ 산본 『향나무』의 김인수 씨

로스앤젤레스에서 17년간 이민 생활을 하다가 1996년 영주 귀국했다. 현재 산본 신도시에서 『향나무』라는 한식 식당을 경영하면서 농장을 관리하고 있다. 주부생활사와 학원사 미주 지사장으로 활약하면서 교포 언론 문화 발전에 기여했다.

■ 아트 디렉터 장은선 씨

미술 전시회의 기획 전문가로 활동하고 있다. 한국 작가의 외국 전시나 미국 화가의 한국 전시회 등을 추진하고 있다. 로스앤젤레스에서는 라디오코리아에서 근무했다.

〈영어 교육〉

■ 새로운 영어 교습법의 헨리홍 목사

미국 뉴욕에서 한·흑 갈등 해소에 앞장섰던 헨리 홍 목사가 한국에 나와서 『영어 발음 구구단』이라는 기발한 교습법을 보급하고 있다. 《헨리홍의 비지니스 영어》를 출간했다.

분명 배운 대로 발음을 했는데 미국인들이 알아듣지 못했다면 이유가 있다는 논리이다. 그래서 영어를 수학의 구구단처럼 만들었고 하루에 1단씩 9일만 외우면 영어 발음을 끝내게 된다는 것이다. 『영어는 왈츠와 같다』라는 메시지를 통해서 "노래로써 영어를 배우는 것이 가장 바람직 하다."고 말하는데 발음보다 더 중요한 것은 리듬이라고 강조한다.

연세대 문헌정보학과를 졸업했고, 미국에서 신학교를 졸업한 뒤 사랑선교교회 목사로서 한·흑인 화합에 앞장서 왔다. 일간 무역·기자협회 회보·이코노미스트에 비지니스 영어를 연재 중이다. LMC영어선교연구원을 개설하여, 품위 있는 영어 강좌를 실시하고 있다.

■ 액션 잉글리시의 신정원 씨

아리따운 미모와 함께 TV 영어 회화 프로 진행자로 인기를 모으고 있다. 이화 여대 언어교육원 강사인 그녀는 영어 콤플렉스에 시달리는 직장인들에게 영어를 잘 하는 지름길은 생활 주변과 자신의 관심 영역에서 시작하는 것이라고 말한다. 신정원 씨는 KBS 2TV의 액션 잉그리시(월~토 오전 6시)를 독특한 구성과 활기 넘치는 진행으로 화제를 모으고 있다. 1997년 1월부터 방영을 시작한 이 프로는 상황을 설정해 회화를 배우도록 도와 주는데 『퀴즈 퀴즈』, 『드라마로 배우는 영어』 등으로 구성되어 있다. 또 KBS1라디오 (97.3MH2)의 『생방송 오늘』에서는 신정원의 영어 한 마디 코너를 맡아 『홍도야 울지 마라』 등 우리 가요를 영어로 소개하고 있다.

신정원 씨는 10년간 영어 회화 프로를 진행하고 있는데, 『영어는 우리 상품과 문화 등을 세계로 소개할 수 있는 효과적 수단』이라고 강조한다. 친언니는 미국 하원 의원의 부인인 신자 도브로 미국 여성 정치계에서 한인의 위상을 높이기 위해 활약하고 있다

■『수박 영어』의 김유경 씨

영어 교육 연구가 김유경 씨가 미국 이민 생활 중 영어 때문에 당혹했던 체험을 살려 수박 영어라는 것을 개발해 냈다. 수박 영어는 영어 교육이 쓰기·읽기 위주의 수박 겉 핥기가 아닌, 말하기 위주의 수박 속 먹기가 되어야 한다고 해서 붙인 이름이다.

1972년 서울 경기여고 2학년 때 부모를 따라 하와이로 이민 갔다. 뉴욕에서 콜럼비아 교육대학원을 마친 그녀는 영어 교사를 하면서 한인 청소년을 위해 처음으로 교육 프로그램을 만들었다.

그 후 LA 등 교포 거주 지역에서 그녀의 프로그램이 성공적인 것으로 평가받았고, 1990년 국내에 들어와 본격적으로 수박 영어 보급에 나섰다. 현재 유치원에서 수박 영어를 배우는 어린이는 1만 2천 명이나 된다. 미국으로 돌아가서 한미박물관장을 맡고 있다.

■ 한국 채칼로 미국을 누빈 미스터 찹찹 고세림 씨

　　미국 이민 생활을 별나게 한 코리언이 있다. 체면보다는 자기 스타일이나 개성에 맞추어 소신껏 미국이라는 무대에서 배우처럼 살다가 역이민을 온 이들이 있다. 『미스터 찹찹』으로 알려진 고세림 씨. 미국에서 20년간 살면서 30만 개의 채칼을 팔았다.

　　한국에서 부인이 만들어 보낸 채칼을 로스앤젤레스 지역 스왓밑이라는 야외 시장에서 일장 쇼를 하면서 한국산 채칼을 판 것이다. 시골 장터의 약장수 같은 그의 채칼 선전은 가히 미국인들로 하여금 혀를 차게 했다.

▲ 채칼로 승부를 건 고세림 씨

　　"이 땅에 살고 계시는 모든 미국 국민 여러분 안녕하십니까? 지구상에 유일 무이한 미스터 찹찹입니다."

　　그는 장터에서 쇼를 할 때 이렇게 거창한 영어로 시작한다.

　　"미국 사람들은 야채를 좋아합니다. 하지만 썰 줄을 모르기 때문에 많은 고생을 합니다. 그런데 제가 가지고 있는 이 채칼을 이용하면 야채를 마음에 드는 모양대로 만들어 요리할 수 있습니다. 지금 미국 주부들이 가지고 계시는 채칼은 19세기의 채칼입니다. 19세기 요리 도구를 가지고 요리를 하면, 19세기 요리밖에 만들 수없는 것입니다."

그리고 이어 자신만의 건강론을 유머러스하게 편다.

"야채를 많이 먹어야 건강해집니다. 안 그렇습니까?

육류를 주로 먹는 미국인들을 구하기 위해, 이 미스터 참참이 한국에서 날아온 것입니다."

그는 못하는 영어지만 상대방을 의식하지 않고 거침없이 말하면서 채썰기 묘기를 신나게 보여 주면 채칼은 불티나게 팔렸다. 그의 참참쇼를 구경하러 오는 백인·흑인·멕시컨 단골 고객이 생길 정도였다. 로스앤젤레스타임스 등 유명한 신문에 그의 기사가 실렸고 ABC 방송 등에도 소개가 되었다. 1988년 서울 올림픽 당시에는 미국인에게 한국을 알리는 행사에 출연할 정도로 유명해졌다.

하지만 그의 일생에도 한이 서린 사연이 있다. 1937년 제주도 조천에서 태어난 그는 4·3 사건 때 아버지를 잃고 가난의 굴레를 썼다. 초등학교를 졸업하고 다방·식당 등에서 일하며 강인한 의지를 길러 나갔다. 페인트공으로 월남전에 다녀왔다. 직업을 찾던 중 서울에서 채칼을 만들어 식당에 팔러 다니기도 했다.

1975년 11월 21일 그는 어렵게 구한 돈으로 미국행 비행기에 올랐다. 서른여덟의 나이에 머나먼 이역 만리로 취직을 하러 가는 길이었다. 요리사, 이것이 고세림 씨가 미국행 취업 비자에 찍혀 있는 방문 목적이었다. 워싱턴에서 처음 채칼 장사를 시작했고 다시 로스앤젤레스로 옮겨와서 자리를 잡았다. 채칼은 잘 팔리는데, 일이 꼬이느라고 불법 체류자로 검거되었고 한국으로 추방 되었다.

1년뒤 다시 청운의 뜻을 품고 미국으로 건너가서 새 출발을 하는 의지를 보였다. 1980년에는 어렵게 영주권을 얻었고, 성인 학교에서 영어를 배우는 등 주경 야독 생활까지 했다.

하지만 미스터 찹찹으로 채칼장수를 한 지 18년 어느 날 문득 고향 하늘을 바라보면서 그는 마음이 변했다. 나이가 들면 고향으로 돌아가고 싶은 것이 인간의 마음이다. 매일 쇼를 끝내고 돌아설 때면 무언가 모를 허전함이 그의 가슴에 차 올랐다. 아무래도 이제는 장사를 그만둘 때가 되지 않았나 하는 생각이 들었다. 이민자들이 많이 사는 곳은 정복했다는 생각이 들었다. 이미 그의 나이도 어느덧 60을 바라보고 있었다. 이젠 정말 고향으로 돌아가고 싶었다. 아내와 아이들이 기다리고 있는 곳, 그 곳이야말로 나를 받아주고 휴식을 안겨 줄 마지막 장소라는 생각이 간절했다.

"여보 돌아오세요. 돈도 돈이지만, 이제 한국에서 여생을 보내야 하지 않겠어요?"

그는 고민이 되었지만 아내의 이야기에 용기를 얻었다. 결정을 내리자 이제는 돌아가는 일만 남았다. 18년 동안 미국시장을 휘젓고 다닌 기억들이 하나둘씩 머리 속을 스쳐 갔다.

그렇지만 결코 아쉽지가 않았다. 돌아가서도 열심히 살면 될 테니까. 마음의 결정을 내리자 그렇게 홀가분할 수가 없었다. 비행기표를 끊었다. 1994년 12월 30일 오후 2시 비행기였다.

"오늘이 바로 내 생일이 될 것이다." 나는 로스앤젤레스 하늘에 대고 앞으로는 내가 미국을 떠나는 날이 내 생일이 될 것이라고 외쳤다. 그리고 그 동안 한국에서 아이들을 키우느라 고생한 아내의 손을 꼭 잡았다."

한국에 돌아오니 그는 천국에 다시 돌아온 것 같았다. 질서 의식은 한국이 1960년대 수준으로 살지만 고향의 푸근함에 눈물을 흘렸다.

미국에서는 사고 방식 차이가 너무 많고, 인종 편견에 지쳐 있었는데 한국에는 끈끈한 정이 살아 있었다. 자기만 일을 열심히 한다면 곳곳에 길이 보였다.

귀국한 후 고세림 씨는 주부들에게 식생활 개선과 의식 개혁 운동에 더 바빠졌다. 주부들이 가정에서 맛있는 음식을 만들고 살림을 잘 해야 나라가 부강해진다는 자신의 뜻을 펼치기 위해 TV 출연·라디오 방송, 그리고 주부 클럽 강연 등 하루가 짧다고 느껴질 정도였다.

1997년에는 고세림의 자전 에세이 《육십일 세 한국 청년》이라는 책을 펴냈다. 드라마 같은 자신의 인생을 이 한 권에 담았다. 역이민 후 그의 새 직업은 건강 전도사가 된 것이다. 그는 요즈음도 속이 끓어 가만히 있지를 못한다. 미국 주부들은 그의 채칼로 건강한 식단을 만드는데 한국 주부들은 아이들에게 햄버거와 인스턴트 식품을 많이 먹인다.

"엄마의 정성이 들어간 음식이 건강하고 화목한 가정을 만들어요. 야채를 많이 먹어야 건강합니다. 아이들에게 요리법도 가르치고."

미스터 참참이 또다시 IMF 시대에 『의식 개혁 전도사』로 뜨고 있다. 그는 『IMF를 극복하려면 한국인의 의식 개혁이 선행되어야 한다』는 메시지를 전하고 다닌다. 채칼 장수·건강 전도를 거쳐 IMF 의식 개혁 운동의 선봉장이 되었다. 최근에 우리 나라 TV에서도 『미스터 참참』 고세림의 미국 행각 등을 특집으로 소개하여 큰 관심을 불러일으켰다.

■ 재벌 부회장에서 식당 웨이터로 변신한 서상록 씨

서상록 씨도 미국으로 이민을 갔다가 고국이 그리워서 다시 역이민 온 사람이다. 그는 한국에 돌아와서 삼미 그룹 부회장으로 있다가 회사가 부도나자 그만두었다.

IMF 시대 한국경영자총협회 고급인력정보센터에 식당 웨이터로 구직 신청서를 냈고, 1998년 4월 1일부터 롯데호텔 프랑스 식당『쉔브룬』에 웨이터 견습으로 취직이 되었다.『이런 전직, 새 인생 출발』등 언론에 화제를 뿌린 인물이다.

삼미 회사가 부도나자 컴퓨터 회사나 식당 체인을 운영해 달라는 제의를 몇 곳에서 받았으나 회사를 망쳐 종업원들의 꿈을 짓밟은 데 대해 속죄하는 마음으로 웨이터를 택했다고 했다.

그는 자신의 변신에 대해 많은 한국의 인사들은『유명해지려고 발버둥치는 것』으로 분노하고 있고, 심지어 그의 가까운 친구조차 "장난치고 있다."고 말하고 있다.오는 12월까지 견습 기간에 그룹 부회장 시절 월급의 10%도 안 되는 60만 원을 받는데 만족해 하고 있다.

"하루에 쓰는 돈이라야 왕복 지하철 요금 900원이면 족합니다. 그러나 부회장으로 운전기사 딸린 고급 승용차 타고 다닐 때보다 오히려 마음이 편해요.

돌출 행동이라고 비난하는 사람들이 많아요. 그렇지만 어떤 일을 하든 최선을 다하는 진정한 프로의 자세를 보여 주고 싶을 따름입니다."라 는 말도 잊지 않았다.

웨이터로 있으면서 짬짬이 시간을 내어서 그는 손님 유치를 위한 편지를 쓴다. 그런 후에 식당 매출이 30% 늘고 강연 요청도 잇따르고 있다.

평소에 그와 가깝게 지내던 최형우 의원이 직접 식당에 찾아와 식사를 하고는 "열심히 하라."는 이야기를 남기고 자리를 떴다.

그는 오늘도 자신의 일터인 식당에서 그리고 그를 불러 이야기를 듣고자 하는 현장에서 강연도 하며 열심히 살아가고 있다.

■ 헤어 스타일의 귀재 알렉산더김 씨

헤어 스타일리스트로 16년 만에 역이민을 왔고 압구정동에서 『알렉산더김 미용실』을 경영하고 있다. 로스앤젤레스에서 『최고의 미용사』, 『커트의 마술사』라는 평을 들었는데 세계화 바람을 타고 귀향을 했다. 그는 1970년대에 이미 한국에서 『따를 사람이 없는 미용사』라는 명성을 얻고 있었다.

제4장 태평양을 건넌
선구자들의 이야기

백년 전 한국과 하와이의 만남,
역사적으로 이민사적으로 매우 뜻이 깊다.
1902년12월 22일 음력으로 동짓달 스무나흘,
첫 이민선이 떠나던 날
인천 부두에는 세찬 바람이 불어와
태평양을 건너 기회를 찾아 나선
용감한 사람들은 눈물을 흘리면서 떠났다.
이들은 갖은 고초와 한을 삼키면서
훗날 조국 독립 운동의 별들이 되었고
오늘날 미국땅에 한국인 2세, 3세, 4세들이
뿌리를 내리고 살아갈 수 있도록 하였다.

〈I〉

1. 태평양을 건넌 7,226명의 선구자들

100년 전에 한국과 하와이의 만남, 그것은 역사적으로 보나 이민사로 보나 그 의미가 너무나 깊다. 한미 관계가 새롭게 시작되면서 이민을 통해 새 다리가 놓여졌고 동방과 서역의 문화의 만남이 이루어졌다. 한국 역사상 첫 공식 이민이 미국이었다는 것은 바로 선진 새 세계로 길이 열린 것이며, 1세기 동안 인적 교류를 통해서 더욱 가까운 이웃이 될 수 있었다.

하와이는 미주 이민의 1번지이자 독립 운동의 요람이다. 하와이 이민사 100년의 의미는 한없이 크다. 하와이는 자연이 아름답다. 각종 특산물이 풍요로우며, 그 중 사탕수수는 오랫동안 제일의 수입원이기도 했다.

사탕수수는 야생으로 하와이 각 섬에서 옛날부터 자랐다. 처음으로 사탕수수에서 사탕을 추출한 것은 1802년의 일이고 돈을 벌기 위해서 농업으로 개발한 것은 1830년 이후의 일이다. 1867년 하와이 왕국이 미국과 상호 조약을 체결함으로써 하와이 산물이 미국 본토에 면세로 통관하게 되었다.

▶ 나성의 초기 이민 주역들.
1970년 초 나성에서 열린
삼일절 행사에 나온 초기
원로들. 앞줄 왼쪽부터
이화목 씨, 이혜경 씨,
문연실 씨, 한 사람 건너
뒷줄 오른쪽이 박리근 씨,
이메리 씨, 이범영씨.

　　이로 말미암아 하와이 사탕 농업이 크게 발전했고 끝내는 경제의 가장 으뜸이 되었다. 그런데 사탕수수 재배에 필요한 노동력은 전적으로 외부에서 불러들인 인력에 의존하게 되었다. 그래서 1852년 처음으로 중국에서 대량의 노동자를 수입하였으며 그래도 모자라서 포르투갈·일본에서 인력을 들여왔다.

　　1896년 11월 2일 하와이 정부는 한국에서도 노동자를 불러들이는 문제를 토의한 후에 정식으로 이를 승인했다. 11월 24일에는 라우파호호 사탕수수 회사가 25명의 한국인을 노동자로 데려오겠다고 신청은 했으나 실현되지 않았다. 그러다가 2년 후인 1898년 9월 29일 중국 우장(牛莊)에서 선박 대리점을 경영하고 있던 G. E. Boardman이라는 사람이 한국인 농업 노동자 700명을 모집해서 보내 주겠다고 하와이 사탕수수 농주 협회 앞으로 편지를 보냈다.

　　한국인 노동자를 보내 주는 조건으로는

(1) 한 사람당 여행 경비 50달러를 주고

(2) 매월 12달러의 임금을 주고

(3) 도착 후 병원비 등 일체의 경비는 농장주가 부담하고

(4) 숙소 및 식사를 마련해 주고

(5) 귀국 비용조로 임금에서 매달 2달러씩을 떼어 적금에 넣고

(6) 노동 계약은 3년으로 하고

(7) 매월 26일이 노동일이고, 하루에 10시간 농장에서 일하고, 사탕수수 공장 노동 시간은 12시간으로 한다. 근무 시간 초과 때에는 매시간 10센트를 더 준다고 제시했다. 그러나 이 계획도 끝내 실현되지 못했다. 다시 1902년 사탕수수 농주협회가 데슐러를 한국에 보내면서 하와이 이민이 결실을 보게 되었다. 그 이유는 여러 가지를 설명할 수가 있다. 첫째는 한국 내의 사정이다. 여태까지 한국인이 외국에 나간다는 것은 엄두도 내기가 어려웠다. 그러나 지난 겨울 심한 기근은 외국에 한국인이 나가는 데 관심을 높여 주었고, 굶주리는 사람들을 먹이기 위해 많은 쌀을 외국에서 들여와야 하던 조정의 관리들도 이민에 대해 상당한 호감을 갖게 되었다.

둘째는 고종 황제도 중국인이 가기 힘든 미국으로 한국인이 갈 수 있다는 데에 상당히 고무되었다. 고종은 수민원(綏民院)의 설립을 허가했고, 수민원은 개발 회사와 함께 서울·부산·인천·원산 등지에서 한국인의 하와이 이민 선발을 위한 공고를 했다. 이민의 대우로는 한 달 노동 임금이 첫해에는 매월 15달러, 다음 해에는 16달러, 3년째에는 17달러로 되어 있다. 한 달 노동일수는 26일이었다. 또 15세부터 18세까지의 남자아이는 하루 50센트씩이고 여자아이는 35센트였다. 부인들은 18세부터 40세까지 하루 노동 임금이 40센트였다. 같은 농장에서 일하는 사무원은 하루 수입이 5달러 62센트로 기록이 되어 있는 것을 보면 한인 노동자의 수입은 백인의 10분의 1 정도였다는 것을 알 수 있다.

　　이렇게 해서 각지에서 응모를 한 이들 중 121명이 선발되었고 1902년 12월 22일 하와이를 향해서 첫 이민선이 떠나게 되었다. 이들을 전송하기 위해 경인 기차편으로 민영환 총재 등 수민원 관리들이 나왔다. 바다 건너 낯선 땅으로 떠나는 이민자들은 고향을 등지는 아쉬움 속에 눈물을 흘리면서 친척 친지들과 작별을 했다.

　　첫 이민선이 떠난 날인 12월 22일은 음력으로 동짓달 스므나흘, 인천 부두에는 세찬 바람이 불어와 가뜩이나 긴장되고 서러워하는 이들의 마음을 얼어붙게 만들었다.

　　제1진은 대부분이 기독교인이었고, 50여 명의 남녀와 20여 명의 부두 노동자 그리고 농민들이었다. 이들은 인천항에서 멀지 않은 곳에 살았다. 이들을 모집한 동서 개발회사는 이민자들에게 배삯과 지참금조로 일정한 돈을 주었다. 하와이 첫 노동 이민자들은 수민원 민영환 총재가 발급한 지금의 여권인 집조(執照)를 가지고 떠났다.

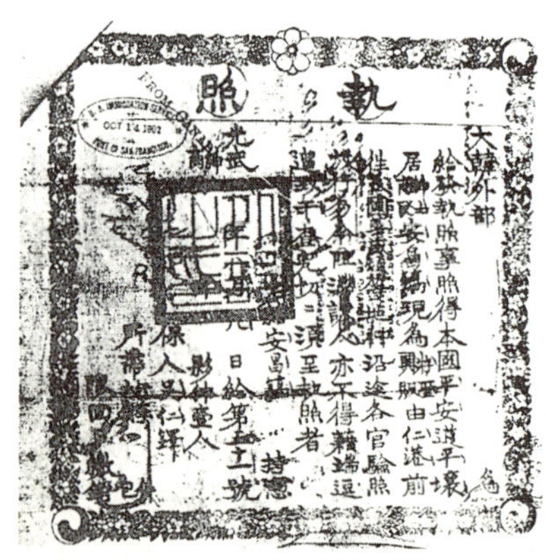

▲ 도산 안창호의 여권. 대한 외부에서 발행한 집조(執照)로 미주에서 가장 오래 된 것이다. 여권 번호는 제52호이다.

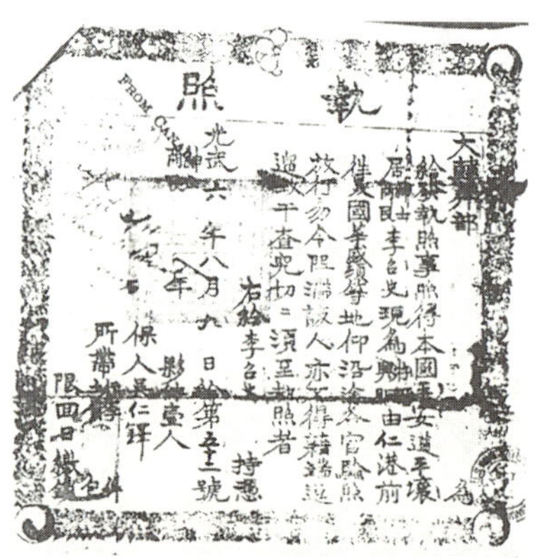

▲ 도산의 부인 이혜련 여사의 여권. 남편과 같이 받은 것으로 목적지가 워싱턴 DC로 되어 있고, 여권 번호는 제51호이다.

이들은 일본 고오베에서 신체 검사를 받았는데 20여 명이 병이 있는 것으로 밝혀져 뒤로 남게 되었다. 그리고 102명이 통역원과 함께 미국 상선 S.S. Gaelic 호로 갈아타고 호놀룰루까지 긴 항해길에 올랐다.

초기 이민의 첫 배가 하와이 호놀룰루항에 도착한 것은 1903년 1월 13일. 갤릭호가 태평양상의 낙원이라는 하와이에 닻을 내렸다.

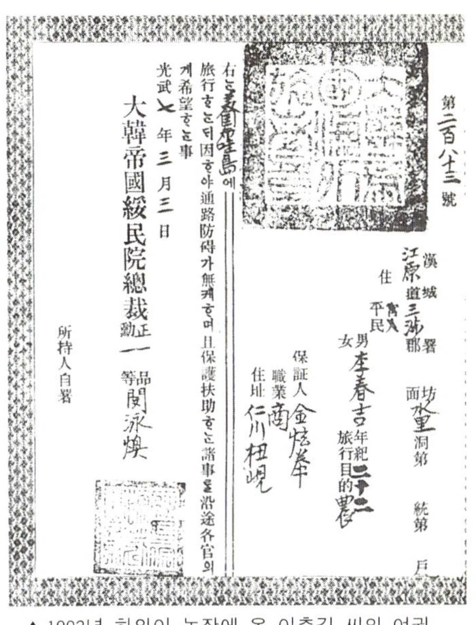

▲ 1903년 하와이 농장에 온 이춘길 씨의 여권. 수민원 총재 민영환의 친필이 보인다.

여기서 또다시 신체 검사를 했다.

하와이 보건 당국은 정밀 검사를 해서 눈병을 앓고 있는 4명의 상륙을 허가하지 않았다. 이들은 결국 선실에 남아 있다가 고향으로 되돌아가야만 했다.

처음 출발은 122명이었으나 하와이 땅을 밟은 이는 97명이었다. 또 다른 기록에는 101명이 도착한 중에 8명이 안질로 인하여 되돌아가고 93명만이 입국이 허락되었다고 나와 있다.

이민 모집 회사가 이처럼 까다로운 신체 검사를 실시한 이유는 사탕수수 농장의 노동이 너무 힘들었기 때문에 이를 이겨 낼 만한 체력을 필요로 했기 때문이다. 또한 한국을 떠날 때 질병이 유행하여 더욱 그러했다.

이들은 떠나기 전에 단발을 한 이들도 있었고 상투를 그대로 틀고 간 이들도 있었다. 상투를 자르지 않고 간 이들은 돈만 벌면 즉시 귀국하기 위해서 그랬다는 것이다.

첫배로 도착한 이민자들은 오하후 섬 와일루아 농장 목굴리아 동네에 가서 사탕수수 재배 등 노동에 종사했다.

1903년에 16차례의 선편에 1,133명이 도착했고 1904년에는 33차례의 선편에 3,434명, 그리고 1905년 7월 초까지 16차례의 선편에 2,659명이 도착하는 등 모두 7,226명의 『이름없는 선구자』들이 태평양상의 낙원, 꿈의 나라라고 일컫는 하와이에 속속 도착했다. 또 다른 기록에는 65척의 선편에 7,026명, 이 중에 부녀자가 755명 이라고 나오는 곳도 있다.

2년 반이라는 짧은 기간이지만 모두 7천여 명이 하와이에 도 착했고 기약 없는 이민 생활을 하면서 한국인의 얼을 심어 갔다.

1905년 을사보호조약이 체결된 후 하와이 이민은 중단이 되었 다. 그 이유로는 하와이에서 한인 노동자들이 일본인 노동자들과 서로 경쟁하는 것을 일본인들이 반대하여 일본 정부가 압력을 넣어 금지령을 내리게 했다는 것이다. 한편 1852년부터 1905년까지 53 년간 하와이에 들어온 외국 노동자의 수는 다음과 같다.

● 한국인 7,226명　　　　● 중국인 44,491명

● 일본인 111,137명　　　● 독일인 1,279명

● 이탈리아인 84명　　　● 오스트리아인 372명

● 포루투갈인 11,440명　● 푸에르토리꼬인 5,000명

● 흑인 200명　　　　　● 러시아인 110명

등 약 184,000명에 이른다.

하와이 이민은 우리 나라에 이민사에서 그 의미가 매우 크다.

첫째 한국의 장구한 역사 가운데에서 처음으로 공인된 해외 진출이었다. 물론 하와이 이전에 북간도와 연해주 지역에 한인들의 유이민(流移民)이 있었지만 이는 어디까지나 법적으로 금지된 이민이었고 정부의 승인 없는 진출 인력이었다.

둘째는 하와이 이민을 통해서 처음으로 우리 나라 사회의 대중층이 서구 사회와 접촉을 가질 수 있는 기회가 이루어졌다는 것이다. 그 전까지는 우리 나라 지도층의 극소수 몇몇 인사만이 해외 여행을 통해서 서구 문명을 체험할 수가 있었기 때문이다.

셋째는 시대적인 우연의 일치로 하와이에 이민을 가면서 나라를 일본에 잃게 되자 독립 운동의 중요한 요람이 바로 하와이 이민 사회가 되었다는 것이다.

사실은 가난하고 어쩌면 조국에서 버림받다시피 떠난 이들과 다름없는 이민자들이 독립 운동에 나섰다. 한국 이민자들은 떠나온 나라가 주권을 잃자, 그 어려운 역경 속에서도 독립의 꿈을 가지고 뭉쳤던 것이다. 말할 수 없는 큰 희생을 각오하고 물질적으로 시간적으로 정신적으로 조국의 독립을 위해서 기꺼이 헌신을 했다.

2. 초기 이민의 산실 수민원(綏民院)과 민영환

미주 교포들이 한국 정부에 꾸준히 주장하는 이민의 두 가지 이슈가 있다. 첫째는 이중 국적을 허용해 달라는 것이고, 다른 하나는 교민청을 신설하라는 요구이다.

이중 국적 허가는 한국 법규에 없는 것을 만들어 보자는 것이고, 교민청 신설은 이조 말 이민 업무를 전담했던 수민원(綏民院)과 같은 기구를 부활시켜서 종합적이고, 체계적으로 이민 관련 업무를 처리하자는 주장이다.

한국 역사 속에 잠시 생겨났다가 폐지된 수민원은 미주 이민의 문을 연 최초의 정부 기구로 21세기를 위해 다시 설치되기를 바라고 있다. 백성을 어루만져 주는, 편안하게 해 준다는 의미를 가진 수민원은 한때 중국의 정부 기구였던 혜민원(惠民院)과 같다. 이는 굶주리고 헐벗은 백성이 가난을 피해 외국의 노동자로 나가서 살 수 있도록 하기 위해서 백성을 선발 심사한 후 이민을 나가도록 도와 준 정부 기구였다.

《재미한인사략(在美韓人史略)》 상권에는 수민원의 설치를 다음과 같이 기록하고 있다.

"한국 정부는 1902년 11월 6일에 수민원 관제를 반포하고, 민영환 씨가 총재에 임명되었으니 이는 외국 이주민에 관계되는 사무를 관리하기 위함이요, 수민원이라는 의미는 민생을 편안케 하는 관부(官府)라 함이니, 당시에 황해도 일대 지방에 흉년이 들어서 이민이 이산(移散)하고 구체적인 구조 방침이 없어서 적당한 생활의 방도를 지도하기 위하여 외국 이주를 권장하게 되었는데, 최초에는 이주민 여행권도 수민원에서 발급했다."

수민원은 미국 공사 알렌이 고종에게 건의했고 한국 정부가 이에 호응하여 설치된 것이다. 알렌 공사는 1902년에 헤이그 국무장관에 보낸 보고서에서 1901년의 극심한 한국의 흉년 상황을 설명한 후 "작년부터 이민국 설치 문제가 거론되어 왔다."고 말하고 있다.

그러니까 하와이 이민을 시작하기 위해서 1년 전부터 식량난 해결이라는 절박한 경제적 이유로 이민 문제를 검토하기 시작했던 것이다. 수민원은 한국측의 식량 부족이라는 국내 사정과 노동력이 필요한 미국측 요청이 시기적으로 맞아서 실현된 정부 기구이다.

대한제국은 포달(布達;관보, 공고) 제90호로 궁내부 관제 중 일부를 개정하여 하와이 이민 업무를 전담할 수민원을 설치했다. 수민원 규칙은 모두 21조인데, 제1조는 '정당한 직권을 집행하여, 본국 이민의 수학, 유람 또는 농상공업으로 외국에 여행하는 자에게 여행권(집조;執照)을 발급하되 그 여행자에 관한 일체의 업무를 정확히 집행한다.'고 규정하고 있다.

수민원(綏民院)은 총재 1명, 부총재 1명, 감독 1명, 총무국장 1명, 참사관 3명, 주사 6명, 위원 등으로 구성되어 있으며, 비서과·문서과·회계과 등 3과를 두도록 하는 등 당시로서는 상당히 근대적인 행정 체계를 갖추었다. 대한제국 정부는 수민원 설치를 반포한 지 5일 후인 11월 23일 표훈원(表勳院) 총재 민영환을 수민원 총재로, 통신원 총판(總辦) 민상호를 부총재로 각각 겸임을 발령했고, 4일 후에 6품(六品) 서병규를 총무국장에, 9품 조재혁을 참사관에, 9품 위홍식·조동연·이운용을 주사에 임명했다. 수민원 소속 관리 중 위원은 국내 각 항구에 파견하여, 외국으로 여행하는 자에게 여행권을 발급하는 일을 맡아서 했다.

수민원 초대 총재를 맡은 민영환은 해외 정세에 밝았다. 그는 호조 판서 겸 선혜청 당상인 민겸호의 아들로, 백부인 여원부원군 민태호에게 입양되었다. 고종과는 고종 사촌 간이며, 민비 조카로 당대 제일의 권문 세가 출신이다. 1895년 주미 전권공사에 임명되었으나, 을미사변이 일어나 명성황후가 시해되자 부임하지 못하고 사직했다. 이듬해 특명 전권공사로 러시아 황제 니콜라이 2세의 대관식에 참석했는데, 이 때 일본과 미국·영국 등도 두루 돌아보면서 서구 문명을 처음 접했다. 1897년 또다시 영국·독일·프랑스·러시아·이탈리아·오스트리아 등 6개국 특명전권공사로 겸직 발령을 받고 외유를 했다. 잦은 해외 여행으로 새 문물에 일찍이 눈을 떠 개화 사상을 실천해 나가는 인물이 되었다.

궁내부 산하 기구인 수민원은 제도적으로는 근대적인 행정 체계를 갖추었으나 사실상 처음부터 제대로 기능을 발휘할 수 없는 형편이었다.

수민원은 설립된 지 20일이 지나도록 청사를 마련하지 못했다. 실제 업무는 언제부터 시작을 했는지 기록이 없으나 12월 22일 하와이 첫 노동 이민선이 떠날 때가 임박해서야 본격적으로 일을 한 것 같다.

수민원은 설립 당초 제 구실을 못했지만, 하와이 이민의 역사적 업무를 맡은 산파역이었다. 그러다가 1년도 못 된 1903년 10월 11일 재정난 등으로 직제를 폐지했다.

총재인 민영환은 10월 10일 고종에게 일신상의 사정으로 사직서를 올렸으며 곧 수리되었다. 이 때 대한제국은 매월 관리들에게 제대로 봉급을 주지 못했다. 수민원이 폐지된 후 하와이 이민은 다시 궁내부 소관으로 넘어갔고, 이민은 1905년까지 계속된다.

1905년 4월 하와이 이민이 중단되었다. 그 이유는 하와이의 일본인 경쟁자가 나타나는 것을 원치 않는 현지 일본인 회사가 한국에 압력을 넣어서 중단시키도록 했다는 것이다.

둘째는 일·로 전쟁이 끝나고, 일본인 이민이 계속 올 수 있는 길이 열렸기 때문에 더 이상 한국인을 받아들일 필요가 없었다는 것이다.

세 번째 주장은 한국 정부가 이민을 스스로 금지시켰다는 것이다. 그 배경은 한국 이민이 노동을 해서 돈을 벌겠다고 가족과 함께 떼를 지어 이주했으나, 기후가 맞지 않고 노역을 감당하기 어려워 귀국을 하고 싶어도 배삯이 없어서 돌아오지 못하는 실정 때문이라는 것이다.

이러한 가운데 대한제국 정부는 1906년 6월 29일 이민보호법을 제정 공포했다.

전문 21조로 된 이 법에서 이민은 노동에 종사할 목적으로 외국에 나가는 자와 그 가족으로 범위를 정하고, 이민업자는 반드시 농상공부 대신의 허가를 받도록 하는 등 체계 있게 다루도록 했다. 또한 같은 해 7월 19일에는 이민보호법 시행세칙을 제정했는데, 이민처리 변인(辨人)이라는 명칭의 중개인을 인정했다.

수민원은 외무부의 여권과와 해외이주공사의 성격을 띠었으며, 집조(執照)라는 오늘의 여권과 같은 것을 민영환 수민원 총재 이름으로 발급했다.

이민 모집은 동서개발회사라는 이민 알선 업체가 맡았고 집조 발행은 수민원이 하는 등 하와이 이민은 2원화 구조 속에 이루어졌다. 이 당시 동서개발회사는 인천에 본사를 두고 부산·원산 등지의 항구 도시에 지사 형식의 사무소를 설치하여 하와이 이민 모집에 나섰다.

▲ 초기 이민 선구자들. 1978년 1월 13일 하와이 이민 75주년의 행사장 모습.

이민 선전 및 광고의 내용은 다음과 같았다.

● 하와이 군도로 일신이나 가족을 데리고 가서
   살기를 원하는 자
● 기후가 온화하고
● 학교에서 영문을 가르치며
● 농부가 아무 때나 직업 얻기가 편리하고
● 월급은 미국 돈으로 매월 15달러
   (일본 금화 30원, 대한 돈 57원 가량)
● 집과 식수, 치료는 주인이 부담함

이민 모집 광고를 본 이들이 모여들었다.

1년의 짧은 기간 동안 존속되었던 수민원은 한국 정부 직제 중 최초의 이민청, 또는 교민청 역할을 했다. 그 당시에는 기능과 역할을 다하지 못했으나 한민족 이민 시대를 예고하는 정부 기구로 출범한 의의는 컸다.

1869년부터 하와이 이민이 시작된 일본은 척무성(拓務省)이라는 이민 전담 정부 기구를 설치하여 우리보다 일찍 이민 업무를 다루었다.

3. 초기 이민길, 용감한 조선의 여인들

한국 혼례의 오랜 풍습 중에서 아주 특이한 방식이 있었다. 그것이 바로 사진 한 장을 통해서 남녀 간에 결혼이 성사되는 소위 사진 결혼(寫眞結婚) 제도였다.

연애 결혼·중매 결혼·자유 결혼·국제 결혼의 요소를 조금씩 가미하고 있는 사진 결혼은 한국과 하와이 사이에 15년간 계속되다가 역사 속에 묻혔다.

선을 보거나 데이트가 생략된 채 수만 리 이역 하와이에서 보내온 노총각의 사진 한 장을 보고는 완고한 유교 풍습에 젖은 한국의 처녀가 화륜선을 타고 결혼을 위해 태평양을 건넜다. 사진 결혼은 1910년부터 1924년까지 계속되었는데, 불확실한 출발과는 달리 해피 엔드로 끝난 성공한 결혼으로 평가되고 있다.

사진 혼인이 생겨난 배경은 이렇다. 1903년부터 1905년까지 약 7,200명의 계약 노동자들이 하와이에 도착해 자리를 잡아 갔다. 이들 중에는 총각이나 단신으로 떠난 일행도 적지 않았다.

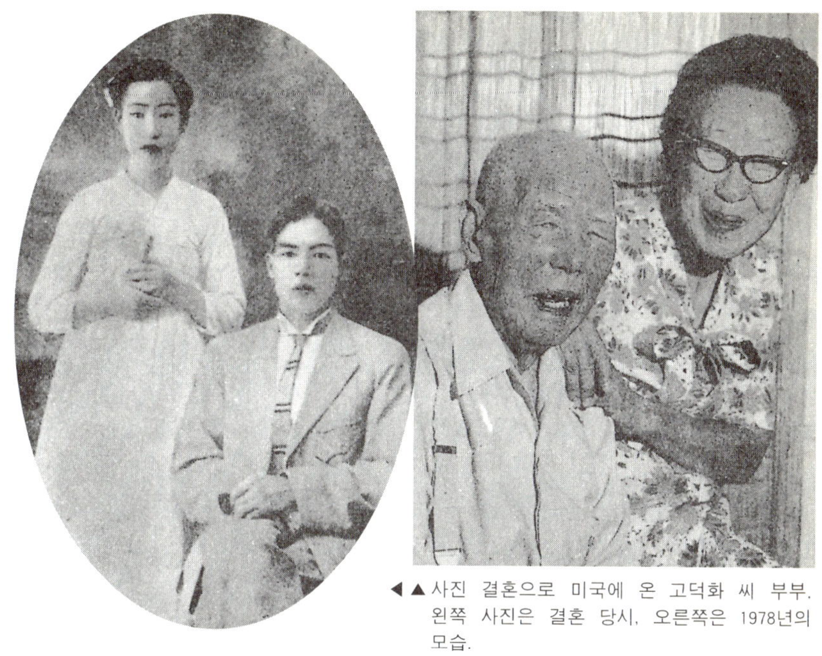

◀▲ 사진 결혼으로 미국에 온 고덕화 씨 부부.
왼쪽 사진은 결혼 당시, 오른쪽은 1978년의
모습.

▼40년을 해로하다 먼저 간 남편 방사겸 씨의 묘지를
찾은 방 할머니. 시간이 나는 대로 남편을 찾으며 나
도 죽으면 이 곁에 묻히겠다고 말한다.

▲ 사진 결혼으로 미국에 온 살로매이
양. 북간도에서 이 사진을 찍은 후
미국에 있는 방사경 씨에게 보내
사진 결혼이 성사가 되었다.

이들은 지상의 낙원, 황금을 한손에 쥐어 보겠다는 꿈을 가지고 떠났으나 현지 사정은 어려움의 연속이었다. 노동자 중에는 기대와는 거리가 먼 하와이 생활에서 오는 실망감을 술로 달래는 사람들이 늘어났다. 나중에는 도박까지 손을 대는 등 생활이 문란해졌다. 이들이 도박에까지 손을 댄 이유로는 정서의 결핍을 들 수 있다. 또한 이들 중 몇몇은 하와이에 오기 전부터 도박 습성이 몸에 밴 사람도 있었다.

고향이 평안남도 안주 부근의 금광에서 일하던 윤응호 씨는 원래 술과 노름을 즐겼다. 그리고 하와이 농장에서 노름판에 끼여 들었다.

노름판은 대개 중국인 막사촌에서 벌어지는데 사탕수수밭에서 땀 흘려 번 돈을 몽땅 날리는 한인 노동자도 더러 있었다. 이러한 도박의 성행으로 일확 천금의 허황된 꿈은커녕 한국인 노동자들은 근로 의욕을 잃어 갔다. 돈을 잃고 밤 사이에 어디론가 도주하는 사람들까지 나타났다.

하와이 노동 이민은 당초부터 일정한 계약에만 얽매여 있지 않은 어느 정도 자유 노동자의 신분이었기 때문에 그들의 탈출을 막을 효과적인 방법이 없었다.

한국인 노동자들의 유동 현상이 점점 심해지자 급기야는 사탕수수 농장주들은 대응책을 마련하기에 부심했다. 특히 한국인들이 정서적으로 불안하고 노름에 빠져드는 것은 노총각들이 많았기 때문이었다. 그들은 하루 종일 노동을 하고 저녁에 숙소로 돌아오면 남자들끼리 밥이나 해 먹고 또 무료하니까 술과 노름에 빠져들게 되었던 것이다.

농장 주인들은 새로 사람을 구할 수 있는 형편도 아니기 때문에 노총각들을 결혼시켜 안정된 가정 생활을 하도록 하는 데 착안했다. 그러나 하와이에는 동양 여자가 적어서 백인과의 국제 결혼밖에 도리가 없었다. 그러나 동양인들은 인종 차별의 관념으로 인해서 백인과의 결혼을 반대했다. 또한 말이나 사고 방식·풍습도 백인과는 크게 달랐다. 그래서 자기가 떠나 온 고향의 여자들을 초청해서 결혼을 하는 것이고, 그 방법으로 사진을 교환하여 선을 보는 것이다. 이렇게 해서 사진 결혼 제도, 그리고 사진 신부(Picture bride)가 생겨나게 되었다.

사진 결혼은 미주에 이민 간 남자가 본국의 처녀에게 자기의 사진을 보내어 선을 보고, 시집 가기를 원하는 처녀를 데려다 현지에서 결혼을 하는 것이다. 이 제도는 처음에 중국인과 일본인에게 실시되었는데 미국 이민국은 결혼과 동시에 영주권을 신부에게 주었다. 1905년 한국에서 미국 이민이 중단된 후에 이 사진 결혼이 성사되지 않았다면, 한인 사회의 안정은 물론 후손이 크게 번창하지 못했을 것이다.

한국인의 사진 결혼 제1호는 1910년 12월 2일 호놀루루에 도착한 최사라 양(23세)이다. 당시 하와이국민회 회장을 맡고 있던 노총각 이내수 씨(38세)가 초청을 했고 하와이 이민국에서 민찬호 목사 주례로 결혼식을 올렸다. 이내수 씨는 국민회의 일을 보면서 청부 농업을 했다. 이는 쿠바에서 도입한 농경 방식으로 노동자에게 일정한 넓이의 사탕수수를 재배하게 하고 소출에 따라 임금을 받았다. 이내수 씨는 농사도 열심히 해서 어느 정도 돈을 모았고 사진결혼을 일찍 할 만큼 경제적 여력이 있었다.

39세의 노총각 백만국 씨도 이듬해 23세의 유명선 양을 아내로 맞아들였다. 유양은 그의 친척들이 항일 의병 사건으로 죽게 되자 사진 결혼을 권했고 하와이로 떠났다. 사진 결혼 처녀 중에는 미국 문명을 동경해서 가기도 했다.

신랑들은 사진을 보내고 신부가 마음에 들면 여비로 200달러를 한국으로 보냈다. 이러한 사진 결혼은 1910년부터 1924년 5월 15일 동양인배척법이 통과될 때까지 계속 되었다. 그 동안에 영남 출신 신부 951명이 들어갔고, 북한 출신 신부 105명도 미국 본토로 떠났다.

사진 결혼에 얽힌 사연은 수없이 많다.

돈을 벌어서 친정집에 풍족하게 보내고 싶어서 간 딸도 있고 지상 낙원이라는 하와이를 무조건 가 보고 싶어서 결심한 꿈 많은 처녀도 있었다. 그리고 사진 결혼으로 친구가 떠난다고 하자 친구 따라 강남에 간다고 따라나선 이도 있다. 이들은 대개 중국을 거쳐 사진 한 장을 들고 화륜선을 타고 태평양을 건넜다. 그러나 막상 도착해 보니 신랑과의 나이 차이가 너무 많고 풍습·언어 때문에 처음 몇 달 동안은 깊은 상심에 빠졌다.

어떤 여인은 선창에서 내릴 때, 마중 나온 남편 될 이가 나이가 너무나 들어 보여 자기는 사진으로 속았다고 분개하며 자기를 중매한 사촌 언니(먼저 결혼해서 온 친척)를 몹시 원망했다는 것이다. 어떤 이는 차라리 한국으로 돌아가겠다고 했으나 남편 될 사람이 미리 보낸 돈을 변상할 수가 없어서 결혼을 했다는 이야기도 있다. 또한 너무 상심한 나머지 결혼식을 올리고도 노총각 남편이 자기 방에 들어오지 못하게 문을 꼭 잠그고 3개월을 버티기도 했다.

그러나 나이 많은 남편이 끼니 때마다 따뜻한 식사를 차려 가지고 문을 두드리는 정성과 사랑에 감탄하여 방문을 열어 주기도 했다는 것이다.

또한 결혼해서 살면서 웃지 못할 이야기도 많았다.

사진 신부가 커피를 끓이면서 생긴 웃지 못할 에피소드이다.

요즈음 사람들은 세계 어디에서나 커피에 대해서는 다 알고 있지만 초기에 사진 결혼으로 하와이에 온 여인들은 커피에 대해서 알지를 못했다. 남편 되는 사람은 몇해 전에 왔고, 아침은 토스트와 커피를 먹었다. 남편이 새색시에게 식사를 준비하라고 하면 다른 음식은 그런 대로 잘 하는데 깡통에 든 커피는 어떻게 조리를 해야 하는지를 몰랐다. 그래서 남편에게 "이것은 어떻게 해요?"라고 물으니 "그냥 물에 넣어서 끓이면 되지."라고 하는 것이다. 새색시는 더 묻지도 않고 커피 몇 숟갈을 듬뿍 떠서 솥에 넣은 다음 물 한 주전자를 붓고 끓였다.

식사 때 남편이 보니 다른 음식은 잘 준비를 했는데, 커피는 그릇 안에 새까만 찌꺼기만 내놓았던 것이다. 커피를 끓인 물은 다 버리고 건데기만 차려 나온 것이다. 한국에서는 흔히 건데기만 먹고 물은 버리는 경우가 많아서 생긴 한 해프닝이었다.

사진 결혼으로 미국에 간 처녀들은 비교적 신랑보다 유식했다. 그들은 낯선 이국땅에서 고생을 하면서도 자녀 교육에 모든 것을 걸었다. 사진 신부들은 "교육은 바로 생명이다."라는 자녀 교육 철학을 실천한 이들이다. 그래서 초기 이민자 중 사진 결혼으로 가정을 이룬 이들의 2세들은 미국 사회에서 자랑스런 코리언-아메리칸이 되었다.

그 중에서 자랑스런 한인의 후예로는 하와이 주 대법원장인 문대양 씨(미국 이름 로날드 문), 그리고 미국 연방 정부의 선물교역 위원장을 역임한 웬디 리 박사 등을 손꼽을 수 있다.

또한 전 캘리포니아 상원 법사 위원장 알프레드송 변호사, 하와이 동양인 최초의 연방 순회판사 허버트최 씨, 남가주 치아수술 협회 회장을 지낸 찰스윤 박사 등이 있다.

그 중에서 알프레드송 변호사의 어머니 김정윤 여사는 사진 결혼 신부였다. 자녀들이 성장한 뒤 경기도 광주군 동부면 망원리에 고아원을 세우고 고국땅을 찾아 마지막으로 사랑의 봉사를 했다.

하와이 이민 75주년 행사 때 나와 답사를 한 사진 결혼 신부 고공덕 할머니는 "아름다운 금수강산을 떠나와 지낸 60년은 결코 평탄치가 않았지만 하늘이 돕고 내 자신의 의지로 오늘을 살아왔다."고 눈물을 흘리며 한평생을 회고했다.

1917년 3월 방년 16세의 처녀로 하와이에 발을 디딘 양남수 할머니는 남달리 조국애가 강해 그 동안 4~5차례 한국을 방문하였고 1만 달러씩을 문교부 장관에게 장학금으로 전달했다. 그리고 독립기념관 건립 때에도 선뜻 1만 달러를 냈다.

UC버클리 교수를 지낸 최봉윤 씨는 "사진 결혼으로 미국에 온 여인들은 한인 컴뮤니티의 어머니요, 한인 2세들의 어머니"라고 표현했다. 서러웠던 노동 이민 시대의 한 풍습인 사진 결혼은 이제 한인 사회에서 잊혀져 가지만 그들의 자녀들은 미국땅에서 영원히 그 뿌리를 내리고 있다.

초기 이민 3세인 캐디송은 사진 결혼 손녀로 할머니 모습을 회상하며 『사진 결혼 신부』라는 시를 썼다.

▼알프레드송 법사 위원장과 그에 관한 기사들.
　그는 초기 이민 2세로서 가장 높은 공직에 올랐다.

▲한인 2세로 올림픽에서 두
번이나 금메달을 받은 세미
리 박사

◀문 대양 판사가 주 대법원장
인준 청문회에서 자신의 포부
를 밝히고 있다.

▼레이건 정부 때 선물 교역 위원장으로 활약한 웬디리 씨.

이 시는 1982년 예일대학교에서 젊은 시인을 선발할 때 당선된
작품으로 《사진 결혼》이란 제목의 책으로도 출판되었다.

사진 결혼 신부

캐디 송

그 여인은 1년이 더 어려
나보다는
23세 때 한국을 떠났는데
여인은 무심히 닫았다
아버지와 함께 살던 집의 문을
그리고 걸어서 나왔고,
그리고 먼 길이었다.
부산의 양복점을 거쳐서
배가 있는 선창가에서
거기서 걸어서 섬까지 가느라 기다렸다.
그 섬에 대해서 최근에는 알았는데
그 해변에
기다린 총각은
사진을 돌려 가며
와이아루아 사탕수수 공장의 밝은 빛이
불빛이 캠프 밖에서는 번쩍였고
그리고 방 안에도

불빛이 휜했다.
나방의 날개로부터
사탕수수 줄기대의 밖으로 이민왔는가
할머니는 무슨 일을
그녀에게 했는가
그리고 그 때
여인이 도착해서 보인 모습은
이방인의 얼굴 속으로 비쳐갔다.
자기의 남편에게도
13년이나 나이가 더 들었지
그 여인은 정숙하게 옷고름을 풀고
비단으로 된 웃옷을
텐트처럼 생긴 옷
건조한 바람이 그 옷으로 치고
넓은 벌판에서 불어오면
그 남편은 사탕수수대를 태우고 있는가.

4. 상투 잡고 싸우던 초기의 고려 인삼상들

고려 인삼이 미주 이민 시대에 여러 선구자의 운명을 바꾸어 놓았다. 인삼 한 보따리를 들고 하와이·미국·쿠바·멕시코까지 돈을 벌기 위해서 정처없이 다닌 진취적인 장사꾼이 있는가 하면, 도산 안창호는 샌프란시스코에서 인삼 장사의 싸움을 보고 공부를 포기한 채 한인 사회의 단결과 교육 봉사의 길로 나섰다.

당시의 몇몇 미주 인삼 상인들은 중국인 컴뮤니티를 오가는 길목 역할을 하면서 돈을 벌었다.

인삼은 예로부터 세상에서 제일 귀한 약재로 이름이 나 있다. 만고 영약 불로영초(不老靈草)라고도 불리었다. 조선조 시대에는 의주 상인을 통하여 중국과의 교역에서 제일의 상품으로 통했다. 한국의 인삼은 1천 년 동안 그 명성을 유지해 왔다. 특히 개성의 고려 인삼에 대한 기록은 흥미롭다.

고려 시대에는 중국에서 후당·후진·송·원·명 등이 일어나 이들 나라와 교역을 했다.

이 때 인삼은 당시 수교 선물 또는 교역품으로 중요한 위치를 차지했다. 고려 문종 8년(1054년)에는 중국 상인을 비롯하여 기타 외국 상인이 400여 명이나 이 땅을 찾았다. 외국과의 무역이 활발할수록 인삼의 비중은 날로 커졌다.

조선 시대에 들어와서는 청나라 때 난자도에 중강개시(中江 開市)가 개설되었는데 처음에는 국가적인 무역뿐이었으나 후에는 개인 무역이 벌어져 조선 상인들이 중국으로 많이 갔다. 의주와 개성 상인들은 매번 사신들이 청나라에 갈 적마다 역졸이나 노복 속에 끼워 인삼을 가지고 가서 작은 교역도 했다.

조선 순조 시대에는 인삼 거상(巨商)이 탄생했다. 임상옥이라는 이는 20년 동안 의주와 연경 2천 리 길을 오가면서 돈을 번 천하의 장사꾼이었다. 그는 정조 3년(1779년)에 태어났고 열여덟 살 때부터 아버지 임봉학을 따라 인삼 보따리를 지고 연경을 오가며 중국과의 장사를 배웠다. 임상옥은 그 당시 병조 판서 박종경과 연분을 계기로 인삼 교역권을 궁중으로부터 받아낸 후 대청(對淸) 무역에 성공했고 한때 조선 최대 갑부가 되었다.

인삼에 얽힌 이야기 중에는 인삼 판 돈을 가지고 미국으로 줄 행랑을 친 젊은이에 대한 기록도 나온다.

중국에 대한 홍삼 수출을 장악하고 있던 민영익은 막대한 돈을 모을 수가 있었고, 그 일부를 홍콩에 있는 프랑스 은행에 맡기고 있었다. 민주호와 윤정식이라는 청년 두 사람은 이 예금을 알아내고 그 돈을 훔쳐 냈다. 돈의 액수는 영국 화폐로 2,000파운드, 미화로는 16,000달러에 해당되되는 거금이었다. 이 사건이 일어난 것은 1886년 1월 15일이었다.

홍콩에서 민영익의 예금을 인출해 낸 민주호와 윤정식은 미국으로 떠났다. 민주호는 정치적으로 망명을 간 것은 아니었다. 집안이 당대를 주름잡던 명문이었기 때문에 메릴랜드 농과 대학을 그만두고 결국은 귀국했다.

윤정식은 돈이 없어서 투옥이 되었다. 민주호는 돈을 변상하고 이름도 민상호로 바꾸었다. 그는 한일합방 후에 남작 직위까지 받았다가 1936년 67세를 일기로 세상을 떠났다.

1903년 이민을 가기 전에 이미 하와이 땅을 밟은 민간인들이 있었는데 그들은 다름아닌 인삼 장사꾼들이었다. 이들은 중국인 복장이나 행세, 언어까지 쓰고 있어서 이민국 기록에는 중국인으로 분류되었다.

그 당시 중국인들은 하와이를 신금산(新金山)이라고 하고, 샌프란시스코를 구금산(舊金山)이라고 불렀다. 이 두 곳에는 이미 많은 중국인들이 건너가 살고 있었다.

이들은 남태평양과 호주를 거쳐서 흘러들어왔다. 그런데 중국인들이 가는 곳에는 반드시 소수의 한국인들이 따라가는데 그들이 바로 인삼 상인들이었다.

중국인들은 예로부터 인삼, 그 중에서도 홍삼을 귀중히 여기고 애용하였으며, 고려 인삼이라면 천금을 아끼지 않고 샀다. 그들은 성공하면 노후에 불로 장수를 원하는 까닭에 고려 인삼을 귀하게 생각했다. 더우기 병든 노부모에 대한 효도라면 인삼을 달여 드리는 것이 아들로서 하고 싶어한 것이었다. 그러므로 동남아는 물론 남태평양까지도 화교가 따르는 곳에는 고려인들이 나타났다. 대개 중국인들은 우리 민족을 고려인이라고 불렀다.

　　요즈음 러시아 한인들을 고려인이라고 부르는 것도 어찌 보면 그 맥이 통한다. 하와이 이민국 기록에 따르면 호놀룰루에 한국인이 처음 발을 디딘 것이 1899년으로 되어 있다.

　　이 때 의주의 인삼 상인 최동순·장승봉·강군철·이재실·박성근 등이 도착했다는 것이다. 그들은 다 중국인으로 취급되어서 입국이 허락 되었다. 1898년에는 박장휜이라는 인삼 장사가 하와이에 닿았다.

　　또한 1900년 1월 8일에 영백힌·김이유 두 사람이 도착했다. 1월 12일에는 김신유·김원육·최신국이 닿았다. 이들은 하와이에서 인삼을 만병 통치약이라고 팔고 다녔다.

　　도산 안창호는 인삼 상인들로 인해 인생 행로가 바뀐 인물이다. 샌프란시스코에서 한국인 인삼 장사들이 거리에서 상투를 잡고 싸우는 것을 보지 않았다면 그는 처음 뜻대로 미국에서 교육학을 전공하고 귀국해서 한국 교육계를 빛낸 인물이 되었을 것이다.

　　도산이 청운의 뜻을 품고 미국땅을 밟은 것이 1902년, 22살의 나이에 부인 이혜련 여사와 신학문을 배우기 위해서였다. 샌프란시스코에 도착한 지 얼마 안 된 어느 날 도산은 길가에서 한국인 두 사람이 상투를 마주 잡고 싸우는 광경을 미국인들이 재미있게 보고 있는 것을 목격했다.

　　도산은 급히 달려가 싸움을 말리면서 그들이 대낮에 남의 나라 땅에서 싸우는 연고를 물었다.

　　그랬더니 한 사람이 "이 사람이 내가 인삼을 팔고 있는 구역을 침범했기 때문"이라고 말했고, 또 다른 이는 "저 사람이 내 지역에 인삼을 팔러 온 것"이라고 말했다.

이들은 인삼 행상을 하면서 이 곳 차이나 타운에서 홍삼을 한 개라도 더 팔려고 경쟁을 하다가 백주에 거리에서 싸우면서 한국인의 체면을 손상시킨 것이다.

이를 본 도산은 여러 날 고민한 끝에 공부한다는 목적을 버리고, 우선 미국에 있는 동포가 문명한 국민다운 생활을 하도록 하고, 그리하여 미국인들에게 무식하지 않은 코리언들이라는 것을 알리는 데 나서기로 했다. 독립된 나라를 가질 만한 국민이라는 것을 알리는 데 앞장 서는 것이 자신을 위한 공부보다 더 중요하다고 생각을 했던 것이다.

도산은 미국에 있는 동포들의 생활 향상을 위하여 분골 쇄신하기로 스스로 맹세를 하고 그 날부터 일을 시작하였으니, 그것이 바로 죽는 날까지 몸바쳐서 한 민족 운동·독립 운동이었다. 샌프란시스코의 중국인 마을에서 한국인 인삼 장사 두 사람의 싸움이 개인을 위한 유학에서 자신보다 민족을 위한 국민 운동으로 승화시킨 계기가 되었던 것이다.

1903년부터 1905년에는 한국의 하와이 노동 이민길이 열렸던 한 시기였다.

이 대열 중에는 이름없는 각계 각층 얼굴이 태평양의 낙원을 찾았는데, 양주은이라는 젊은 청년도 끼여 있었다. 그는 사탕수수 농장에서 일하겠다는 생각보다는 미주에 본격적인 인삼 판매 길을 찾아 나선 개성 인삼 농장주의 아들이다.

그가 미국땅을 밟은 것은 1904년. 비교적 인삼 농사로 부유한 가정에서 자란 양주은은 서당에서 한문을 배우고 틈 나는 대로 아버지의 인삼 농사를 도왔다.

아버지 양범순씨는 강원도·황해도·충청도·전라도 등에서 조금씩 삼밭을 가지고 있었고, 이 지방 저 지방으로 다니게 되었다. 청년 양주은은 개성에서 한성에까지 나다녔고 개화되어 가는 세상에서 이것 저것을 보면서 일찍 눈이 뜨여 갔다.

한번은 아버지의 친구를 만났는데 "너는 인삼에 대해서 아는 것이 많으니 미국에 가서 재배하는 법이나, 판매하는 길을 개척해 보는 것이 좋겠다."는 말을 들었다.

그는 1~2년간 하와이나 미국 인삼 시장을 알아보기 위해서 노동 이민에 응모했다. 인삼 시장 조사를 한 뒤에는 바로 한국으로 돌아오려고 했었다.

그러나 하와이 농장 생활을 한 뒤에 샌프란시스코로 옮겼고, 그 곳에서 도산을 만나면서 이민 정책을 펴기 시작했고, 40년간 식당을 경영하면서 유학생·독립 지사를 도왔다. 도산과 함께 흥사단을 만드는 데 참여를 했고, 단우 6번이 되어서 평생을 흥사단 맨으로 산 초기 이민의 별이었다.

1912년에는 진명여고 1회 졸업생인 양재현 씨(후에 여자애국단 단장 역임)와 결혼, 백년 해로를 하다가 1981년 103세를 일기로 세상을 떠났다. 인삼 상인이 되려는 꿈이 결국 샌프란시스코 사이프러스 묘지에 묻혀 버렸다.

또한 아메리카 땅을 밟은 인삼 상인 중에는 멕시코와 쿠바까지 발길이 닿았다. 그 중에는 멕시코에 간 이들이 노예처럼 살고 있는 한인 이민자의 삶을 고발하는 데 앞장 서기도 했다.

멕시코 농장주들은 이민자들을 농장에 가두고 밖의 세상과 차단시켰다.

　이 때 이 곳 유카탄 반도의 애니깽 농장을 지나던 인삼 장사 박영순 씨가 이를 알고, 로스앤젤레스와 하와이에 알렸다. 1905년 11월 그는 북미 한인공립협회에 다음과 같은 편지를 보냈다.

　"본인이 멕시코 메리다 지방을 지나다가 한인이 있다는 말을 듣고는 중국 사람에게 물으니 농장 주인에게 팔려 온 까닭으로 농장 바깥 출입을 하지 못하며 지독한 고생을 한다 합니다. 그들은 노예노동을 하는데 어찌 하면 이 지옥을 떠날지 모르겠다고 하면서 다시는 우리와 같은 이민을 본국에서 보내지 말라고 합니다. 농장에 나가서는 몸을 빨리 움직이지 않는다고 채찍질을 하며, 만일 몸이 피곤하여 결근하면 창고에 가두는데 그 학대를 견디지 못하여 도망하는 사람들이 있으나 말을 모르고 길을 모르는 까닭에 중도에 잡혀 형벌을 받고 갇혀 있는 사람이 수십 명에 이릅니다."

　이 소식이 곧 국내에까지 보내져 각 신문에 발표된 후 멕시코 이민 조사 운동까지 일어났다. 또한 초기 이민자 중에는 미국에 살다가 뒤늦게 독립 운동 기금을 모으기 위해 인삼 장사에 나선 이들의 이야기도 있다. 그들은 방사겸과 장경을 손꼽을 수 있는데 돈을 모아서 국가 돕기 운동에 쓰자고 뜻을 모았던 것이다.

　"우리 둘이서 몇년 동안 돈을 만들기 위해서 인삼 장사를 하자."는 데 합의를 했고 장경은 홍삼을 가지고 오스트랄리아로 떠났으며, 방사겸은 쿠바로 갔다.

　하바나에 도착을 했을 때, 이 나라에는 이민 온 중국 사람이 수천 명이 되었다. 어디를 가나 중국인을 만날 수 있었다. 이들은 인삼을 보면 그렇게 좋아하고 여기저기를 다녀도 잘 팔렸다. 수천 달러 어치를 팔았다.

방사겸은 1916년 배를 타고 영국의 속령 자메이카의 킹스톤 타운에도 가 보았다. 그러나 이 곳은 흑인들이 원주민으로 큰 재미를 못 보았고 다시 쿠바로 돌아와 여러 달 인삼 장사를 했다. 장경도 남태평양에서 인삼 장사를 잘 해서 재미를 톡톡히 보고 돌아왔고 반갑게 만났다.

그리고 번 돈을 한인 단체를 위해 요긴하게 썼다.

초기 이민 시대 인삼 하나를 들고 세계를 누빈 코리언 인삼상들의 숫자는 비록 적지만 진취적인 사고는 참으로 높이 살 만하다.

5. 애니깽 가시 속에 남기고 간 처절한 한(恨)

멕시코 애니깽(Henequen) 농장으로 떠났던 한 무리의 노예 이민 대열은 끝내 남미의 어느 하늘 아래에서 삶을 마감한 한 많은 이민자들이었다.

몇 년 동안 열심히 일을 한 뒤 돈을 벌어 한국땅으로 금의환향하려 했으나 일본과 멕시코 정부의 반대로 그들의 꿈은 산산히 깨어졌다. 배 한 척으로 한국을 떠났던 1,033명은 영원히 멕시코와 쿠바에서 잊혀진 종족이 되었고 끝내 그 나라에 동화되었다.

이들 초기 노동자들은 인력 송출 회사의 사기에 넘어갔고 무능한 조국은 인권 문제 한번 제대로 거론하지 못한 채 이들을 포기하고 말았다. 결국 1회성 이민으로 고국과 완전히 단절되는 비극의 역사를 낳고 말았다. 한민족의 이민사 중 단 한 명도 조선땅을 밟지 못한 이민이 바로 멕시코 초기 이민이다. 1970년대 후반부터 그들의 후예들이 희미한 옛 기억을 더듬어 가면서 할아버지 아버지의 나라 코리아를 간헐적으로 찾고 있을 뿐이다.

▲ 멕시코 이민은 선인장의 일종인 어저귀 따는 일부터 시작했다.
실처럼 남아 있는 어저귀 줄기를 밖에서 말린다.

이민에는 역이민이 있는 법이다. 멕시코의 유카탄으로 떠났던 이들 초기 이민자들은 다시 쿠바로 흘러들어가 한 많은 삶을 살다 갔다. 그들은 거주지의 이동만 했을 뿐 역이민은 하나의 꿈이었다. 그들의 발자취를 더듬어 가 본다.

멕시코로 갈 한국인을 모집한 것은 하와이 이민을 처음 모집하던 것보다 약 2년 후인 1904년 12월이었다. 한국인의 멕시코 이민은 존 마이어스라는 영국인과 대한식민합자회사를 경영하던 대정관일(大庭貫一)이라는 일본인의 합작으로서 사기극으로 이루어진 것이었다. 영국인 마이어스는 멕시코 농장 주인들과 동양인 이민 계약을 맺고 중국과 일본에 가서 이민을 모집하려다 실패하자 한국에 와서 서양 사정에 어두운 한국인의 약점을 이용하여 노예 이민 형식으로 모집에 나선 것이다.

일본의 경우 1897년 28명의 농업 이민을 멕시코에 보냈으나 악조건 하에 3년간 고생만 하고는 제대로 정착하지 못한 채 실패했다. 이들을 인솔했던 책임자는 책임을 지고 자살까지 했다.

　　마이어스는 황성신문 등에 7차례에 걸쳐서 광고를 하고 이민
자를 모집했다. 이 광고는 멕시코를 살기 좋은 나라라고 소개 했다.
현지 사정을 잘 모르는 한국인들은 그렇게 믿을 수밖에 없었다.
어떤 사람에게는 선금으로 1,500,000원을 주어서 응모를 하게 했다.
돈이 없는 가난한 사람들은 영문도 모른 채 모여들었다. 그래서
1904년 10월 부터 4개월간 모두 6개 대리점을 통하여 1,033명을
모집했다. 남자가 702명, 여자가 135명 어린이가 196명이고 모두
275가구였다. 이들은 대한제국 정부의 여권인 집조(執照)를 소지
하고, 1905년 4월 4일 제물포를 떠났다.

　　화물선을 탄 1,033명은 약 1개월간 긴 항해 끝에 1905년 5월
초 멕시코 서남부 살리나크루스에 도착했다. 일단 입국 절차를 마
친 이들은 베라쿠루스까지 기차로 옮긴 다음 그 곳에서 배편으로
프레크레소에 닿았다. 다시 기차를 타고 유카탄 주의 수도 메리다
시에 도착했다. 한국 초기 이민자들이 닿았을 때에는 우기가 지나
고 혹서기가 왔다. 섭씨 40도를 넘는 더위에 뜨거운 태양은 낯선
이방인들에게 마음까지 불안하게 만들었다.　한국인들은 각 농장
주인들이 오기까지 며칠간은 창고에서 함께 묵었다.

　　얼마 후 농장주들이 와서 마치 힘든 일을 시킬 우마(牛馬)를
고르듯 사람들을 골라 갔다. 아프리카의 흑인들이 미국에 왔을 때
농장주에 의해 끌려간 것과 같은 광경이 벌어졌다. 한 농장에 몇십
명씩 나뉘어 배당되었고 모두 24곳으로　노예처럼 끌려갔다. 농장
에 배치된 한인은 4년간 노동을 하는 것으로 계약했고 노예와 같은
기약 없는 생활이 시작된 것이다. 멕시코 이민자들은 농장 생활이
시작되면서 속아서 팔려온 것을 알게 되었다.

이들이 하는 노동은 어저귀(용설란 ; 애니깽이라는 선인장의 일종) 농사이고 시멘트 광산과 황무지를 개간하는 일도 있었다.

애니깽이라는 식물은 밤송이같이 가시가 돋친 가지가 큰 선인장으로 이를 자를 때에는 큰 가시에 찔리기 일쑤였다. 열대 폭염이 화로같이 내리쪼이는 가시밭에 들어가 하루 12시간씩 노동을 계속했다. 소나 말처럼 부려지는 인간 지옥에서 생활하는 것이었다.

그들의 임금은 어른이 35센트, 큰 아이가 25센트, 어린이는 12센트였다. 그리고 주거지는 토굴이나 움막 같은 곳이었다. 또한 현장의 십장들이 일을 느리게 한다거나 잘 못한다고 하여 채찍으로 때리기 일쑤였다. 또한 스페인 말을 몰라 손짓 발짓으로 의사를 전하고 일을 하는데 그 고통은 이만저만이 아니었다. 밤에는 돼지우리와 같은 토굴에서 도망갈까 봐 출입을 제대로 못하게 했다. 만약 탈출을 하다가 잡혀 오면 전신을 묶고 심하게 때렸다.

이들이 부르짖는 슬픈 소리는 유카탄 반도의 산하를 진동할 정도였다. 울다가 자살한 동포도 10여 명에 달했다. 운다고 때리는가 하면 조그만 일에도 구류라는 벌을 주기도 했다.

멕시코 이민 1,000여 명이 생지옥과 같은 환경에서 노예 생활을 하고 있다는 참상이 여러 경로를 통해서 알려졌다. 중국인과 인삼 장사길에 들른 한국인이 이 비참한 모습을 보고 샌프란시스코에 있는 국민회에 편지를 써 보냈다. 그리고 다시 이 소식이 서울에 있는 상동교회로 알려졌고, 한국 내에서 문제가 되었다.

황성신문은 논설로 "멕시코 이민의 참상은 눈을 뜨고 볼 수가 없다."면서 이민자 모두를 본국으로 다시 데려오라고 여론을 환기시켰다.

고종도 이민 회사와 교섭하여 동포를 조속히 송환하라는 어명을 내렸다. 이에 외무 대신 이하영은 멕시코 정부에 대해서 "비록 양 국가는 일찌기 수교를 맺은 바 없으나 한국 정부가 관헌을 파견해서 실상을 파악할 때까지 멕시코 정부가 이들을 보호해 달라."는 전문을 보냈다. 이에 멕시코 정부는 "한국인을 노예 취급하는 것은 와전되었다."는 회신을 보내 왔다.

한국 정부는 외부 협판 윤치호를 현지에 파견, 실태를 조사하도록 하였다. 그러나 하와이까지만 갔는데, 그 이유는 우리가 을사 보호조약을 통해 일본에게 외교권을 박탈당했으므로 더 이상 외교 권한이 없었기 때문이었다.

멕시코 이민은 본국이나 미국 한인 사회로부터 아무 도움을 받지 못한 채 노예 생활의 계약 기간인 4년이 끝이 났다. 이 때가 1909년 5월 12일로 노예 생활에서 해방은 되었지만 생활 방도가 막연했다. 그 당시 샌프란시스코에서 발행된 국민회 기관지 신한민보는 4년 노동 계약이 끝난 것을 '굴레 벗은 말'이라고 표현했다.

이들은 자유의 몸이 되어 메리다로 모여들었고 미주 한인 단체에 구제를 요청했다. 1911년 9월 11일 멕시코의 한인 대표 이근영·김동현·박병언·김명수 씨 등 4명이 하와이로 이주하는 길을 알아보는 선도자 자격으로 샌프란시스코에 도착했으나 이미 일본 국적으로 취급되어 내리지도 못하고 돌아갔다.

이들은 샌프란시스코에서 한인 지도자를 만나고 호놀룰루로 가서 구체적인 이주 문제를 논의하려고 했으나 끝내 그 뜻을 이루지 못했다. 멕시코 노동 이민자들은 하와이 이주의 꿈이 좌절되자 다시 기약 없이 뿔뿔히 헤어져 살 길을 찾아 나섰다.

결국 노동으로 연명해 나가는 사이 2세들이 태어났고, 이들은 결국 멕시코 원주민들과 결혼하면서 뿌리를 잊은 채 동화되어 갔다. 한국인들은 사람수가 너무 적었고 멕시코가 혼혈로 이루어진 나라로 소위 국제 결혼이 자연스럽게 이루어져 간 것이다. 이들이 잊혀진 종족(Lost tribe)이 되기까지는 본국과 교류가 전혀 없었기 때문이다. 그들이 살아가면서 불행하게 된 이유로는

- 조국 광복까지 단절의 기간이 너무 길었다.
- 한국과 멕시코의 문화·역사가 너무 달랐다.
- 6·25동란으로 그나마 편지 왕래마저 끊어졌다.
- 남북간 정치 체제가 다르고 적대국이 되는 바람에 조국에 대해서 실망이 컸다.
- 한국과 멕시코가 지역적·문화적·외교적으로 너무 멀었다는 것 등으로 한국과의 영원한 이별을 만들어 주었다.

1세기도 지나기 전에 그처럼 타민족 문화권으로 깊숙히 흡수·동화된 것은 멕시코 이민이 대표적이다. 민족의 혈연과 언어의 동질성이 뿌리째 뽑혀져 버린 것이다. 이들 중 한 무리는 1920년 8월 5일 다시 쿠바로 떠났다. 쿠바가 멕시코보다는 살기가 더 좋을 것이라는 생각을 가지고 있었기 때문이다.

288명의 한인은 다시 맛단사스 사탕수수 농장에 배치되었고 돌아갈 나라 한국과는 더 멀어진 채 기약 없이 쿠바의 이민자로 살아갔다. 일본의 한 이민학자는 다음과 같이 썼다. "알렉스 해일리의 《뿌리(Roots)》가 센세이션을 일으켰던 무렵, 대학의 한 교수로부터 오래 전에 한국 사람들도 노예선을 타고 멕시코로 끌려갔다."는 이야기를 들었다.

1989년 4월 12일부터 5월 8일까지 대학로 극장에서 극단 신시(神市)는 『애니깽』이라는 연극을 공연했다(김상열 연출). 연극의 스토리는 멕시코에서 10년간 노예 노동을 했던 한인들이 4명의 대표를 뽑아서 조선의 임금에게 자기들을 구해 달라는 밀사를 보낸다는 것이다.

이들은 메리다에서 밀항선을 타고 쿠바의 마나치 항구에 상륙하는데 불법 입국자로 체포되어 5년간 중노동형을 받고 다시 사탕수수 농장으로 보내진다. 이들 중 한 명은 사망하고 3명은 끝까지 귀소 본능으로 쿠바를 탈출, 조국의 임금님을 만나기 위해서 떠난다. 간신히 멕시코와 미국의 국경 도시 티와나에 도착했을 때 다시 체포되어 4년간 정신 병동 생활을 한다. 그 때에 또 한 명이 생명을 잃었고 엄한우·엄민우 두 형제는 백발이 성성한 노인이 된 채 일본 상선을 타고 끝내 인천항에 도착한다.

그러나 조선은 일본의 통치하에 들어간 지 오래 된 채 임금도 백성도 없는 땅이 된다. 두 사람은 인천항에서 멕시코 국적의 불법 체류자로 체포되어 투옥된다. 이들은 증거물로 가지고 온 『애니깽』 토막을 흔들며 절규한다.

"조선의 임금을 만나게 해 주십시오. 이것을 임금님께 보여 드려야 합니다. 동포들이 이것 때문에 죽어 가고 있습니다."

그러나 아무도 대답할 자는 조선에 없었던 것이다.

로스앤젤레스 한인 TV는 1992년 멕시코 노예 이민길을 찾아서 『유카탄의 한인 후예들』이라는 다큐멘터리를 제작했고, KBS 해외 방송 대상을 받으면서 그 한 많은 이민 이야기가 한국에서도 많이 알려지게 되었다.

▲ 최근 서울예술단이 공연한 뮤지컬 애니깽의 한 장면

  또한 멕시코로 이민 간 한인들의 수난사를 다룬 장미희 주연의 영화 『애니깽』(김호선 감독)이 대종상의 꽃인 작품상과 감독상을 탔다. 어느 멕시코 이민 3세는 최근 할아버지 나라를 찾았고 4촌들을 만나려 했으나 그 뜻을 이루지 못한 채 로스앤젤레스로 돌아가기도 했다. 한국에서는 요즈음 신대성 작곡의 『애니깽』이라는 노래를 가수 박성미가 부른다. 그 사연이 너무 애달프다.

  개나리꽃 피었나요, 옥수수밭 감자밭 흙냄새가 그리워요.
  한양의 하늘에도 달이 뜨고 별이 뜨듯
  머나먼 바다에도 갈매기는 날지요.
  찬바람이 불어대고 새벽별이 떠 있다.
  한 소리 노을에 보름달이 비치고
  김씨 박씨 박씨 김씨 붙잡고 울지요.
  아~ 애니깽! 애니깽!

  역이민자 한 사람도 없는 이민이 바로 멕시코의 유카탄 반도로 끌려간 노예 이민이었다. 지금까지도 영화로, 뮤지컬로 재연되어 우리들의 가슴을 울리고 있다.

6. 미국 도박계의 작은 거인 제이슨리

초기 이민 시대 태평양을 건너간 선구자 중에는 정말 드라마의 주인공처럼 한 삶을 산 이들이 있다. 그 중에서 제이슨리(한국이름 이민식)가 걸어온 길은 정말 남다르다. 그는 1930년대 이후 미국을 주름잡은 암흑가의 세계 마피아와 연계를 가지고 도박계에서 이름을 떨쳤다. 그리고 미국과 일본, 모나코를 오가며 일확 천금의 꿈 속에서 살았다. 끝내는 세계적인 도박장 몬테칼로에 가서 도박을 하다가 쇠고랑을 차고, 세기적 결혼식을 올린 여배우 그레이스 케리의 남편 레이니어 왕의 사면으로 풀려난다.

5척 단신의 제이슨리는 강하게 살았다. 하지만 인생은 무상하다는 말처럼, 지금은 샌프란시스코에서 60마일 떨어진 와인 컨트리 나파벨리에 외롭게 잠들어 있다. 그의 비밀스러운 삶은 아직도 많은 부분이 베일에 싸여져 있다. 단지 제이슨리의 외손자가 할아버지의 그 특별한 삶을 영화화하려고 동분서주하면서 일부 자료를 밝혀 냈을 뿐이다. 뒤늦게 그의 이야기가 단편적으로나마 한국에 알려져 방송 드라마·소설로, 그리고 영화까지 제작되고 있다.

『작은 거인』이라는 제이슨리를 주인공으로 한 영화가 한국과 미국에서 선보일 날이 멀지 않다. 필자가 미국에서 초기 이민 자료를 발굴하고 있을 때, 시카고 마피아 두목 알 카포네의 팀 중에 한국인 갱스터가 있었다는 이야기를 우연한 기회에 들었다.

그 후 몇년 동안 제이슨리의 자료를 찾아 나서면서 세 딸과 사촌·손자·사위 등을 어렵게 만날 수가 있었다. 인터뷰나 자료 확인을 부탁했지만 말하기를 꺼려했다. 그의 친척 중 한 변호사는 "제이슨리가 유명한 도박꾼으로 쓰여진다면 필자는 명예 훼손의 대상이 될 수 있다."고 말할 정도였다.

결국 독자적으로 자료 수집을 계속했다. 그러던 중에 첫 자료로 젝 라이터와 리모 타이머 기자가 쓴 《시카고 비밀》이라는 책을 찾아 냈다.

1950년에 발간된 이 책에는 시카고의 마피아 커넥션·도박·매춘·일본인촌 등의 이야기가 실려 있고, 그 중 일본인 타운을 기술하는 내용 중에 제이슨리가 잠시 소개된다.

『리틀 도쿄』라는 글 속에 다음과 같은 내용이 적혀 있었다.

"시카고의 차이나 타운 밖에 동양인 도박장이 있다. 그 보스가 제이슨리라는 코리언이다. 그는 물론 빅 보스인 알 카포네에게 모든 예를 갖추고 있다. 그가 도박장을 하고 있는 곳은 1358 N. Clark 디비전 근처이고 모든 사람이 출입을 할 수 없다."

다음으로 찾아 낸 기록이 시카고 한국일보에 실린 『초기 이민 역사 시리즈』 중에 제이슨리의 기록이 나온다. 그 내용은 한때 시카고 도박계에서 명성을 떨쳤다는 것과 그의 이야기나 내력을 잘 아는 사람은 찾기가 어렵다는 것이다.

제이슨리의 어릴 때 한국 이름은 이민식. 그는 1896년 3월 10일 평북 선천에서 이정근의 아들로 태어났다. 1905년 하와이 사탕수수 농장 이민길에 나선 아버지를 따라 9살 때 태평양을 건넜다.

하와이에 도착한 아버지는 노동을 하다가 어린 민식 군을 홀로 놓아 두고 어디론가 떠나가 버렸다. 갑자기 고아 아닌 고아가 된 민식 군은 미국 본토로 가기로 마음먹고, 어느 어른을 따라서 로스앤젤레스에 도착한다. 이 때가 1910년쯤이고, 어린 민식 군을 도산 안창호의 부인 이혜련 여사가 보호자처럼 돌보아 준다.

그러다가 제1차 세계 대전이 일어나고 1914년경, 그의 나이 19세 때 미국 육군에 입대를 했다. 아마 한국인으로서 제1차 세계 대전 중 미군에 들어간 최초의 군인이 된 것 같다. 텍사스 포트워스에 있는 신병 훈련소를 거쳤고, 5년간 미군에 복무하는 중 1919년에는 매스 서전트로 진급되었다. 이민식은 미국 육군에 입대하면서 한국 이름을 영어식으로 제이슨리로 고친 것 같다.

어려서 고아처럼 자랐고, 미국 육군의 군인 생활을 하는 동안 어떻게든지 어려움을 이겨 내면서 혼자 살아야 한다는 집념으로 점점 강인한 성격, 겁없는 사나이가 된다.

제대 후 로스앤젤레스 남쪽 가데나라는 일본 마을에서 일을 했다. 이 때 일본인 컴뮤니티와 맺은 인연이 훗날 일본 타운, 그리고 일본으로까지 사업에 진출하는 계기를 만든다. 가데나 지역 등에서 돈을 어느 정도 번 그는 로스앤젤레스 일본 타운에서 술집과 비밀 도박장을 경영한다. 돈을 많이 번 그는 다시 시카고 일본 타운으로 무대를 옮기고, 1941년부터 1953년까지 비밀 도박장을 계속한다.

이 때 자신이 제1차 세계 대전의 재향 군인이라는 신분을 활용하며, 1358 N. Clark St.에 있는 재향 군인 휴게소를 관리하는 것처럼 하면서 그 안에서 비밀 도박장을 경영한 것이다.

1940년 중반, 그는 한인 유학생이나 한인 사회에서 재정 지원을 요청하면 흔쾌히 나섰다. 무용가 조택원 씨, 주미 대사를 지낸 양유찬 씨에게는 만찬 자리까지 마련했다. 한인 사회에는 항상 너그러웠다.

한편 제2차 세계 대전 때 일본 요코스카 해군 기지에 20만 달러를 들여서 호화 나이트 클럽을 오픈했다. 이 나이트 클럽에서 길옥윤 씨가 밴드 팀 멤버로 근무했다. 제이슨리는 이 때 프로 레슬러 역도산과도 교분을 가졌다. 세계 카지노의 왕국 모나코에서의 제이슨리의 흥미 있는 야기 한 토막을 소개해 본다.

1956년 2월, 카지노의 왕국 모나코는 국왕 레이니어 3세와 당대 헐리우드의 최고 인기 여배우 그레이스 케리의 결혼식을 앞두고 나라 전체가 들썩거리고 있었다.

프랑스 남단 지중해의 해변에 자리잡은 이 작은 공화국은 세계 각지에서 몰려드는 돈 많은 휴양객으로 사시 사철 붐비지만, 그 해 겨울에는 특히 세기적인 왕실 결혼식을 구경하려는 수많은 관람객들로 성시를 이루었다. 미국에서 온 신문·잡지 기자만도 1,500여 명이나 되었다.

왕실 결혼식이 아니더라도 그 해는 유명한 몬테 칼로 카지노가 개장한 지 100주년이 되는 해로 이를 기념하는 각종 대형 노름판에 세계에서 내로라는 도박꾼들이 속속 몰려들고 있었다.

파리로부터 많은 관광객을 싣고 19일 모나코 공항에 도착한 비행기에는 건달 행색의 외국인 3명이 끼여 있었다. 이들은 비행기에서 내리자마자 택시를 잡아타고 공항을 빠져나갔다.

"앰버서더 호텔로…."

일행 중 보스인 듯한 동양계 노인이 운전사에게 퉁명스럽게 말했다. 중절모를 눈썹까지 푹 눌러 쓴 이들은 그 뒤, 차가 몬테칼로 카지노 옆 호텔에 도착할 때까지 한 마디도 하지 않았다. 호텔에 들어서자 노인이 다시 나서서 수속을 마치고 포터들에게 팁을 주면서 생색을 냈다. 이들은 모두 미국 여권을 소지하고 있었으나 어느 모로 보든지 미국인은 아니었다.

반백의 머리에 안경 너머로 의심 많은 눈초리를 번뜩이는 동양계 노인의 이름은 제이슨리(60세). 한국 태생이라고 자신을 소개했다. 가뜩이나 낮은 콧등이 두 군데나 뭉개져 있어 그가 동서양을 전전하며 산전 수전 다 겪은 노인임을 알 수 있었다. 여권에는 이 씨가 로스앤젤레스에서 거주하는 비지니스맨이며, 사업차 동경에 가는 길인 것으로 되어 있었다. 이 씨의 동행자들은 필립 애기(Philip Aggie)와 아리프 셰이커(Arif Shaker), 두 사람 다 레바논 태생이었다. 애기는 체구가 작고 여자처럼 섬세하며 눈동자의 회전이 빨랐고, 셰이커는 몸집이 크고 말수가 적었다.

호텔 방에 틀어박혀 하루 종일 꼼짝하지 않고 있던 이들 일행은 다음 날인 20일 오후 5시경 호텔 문밖에 모습을 나타냈다. 한 사람씩 정원을 가로질러 카지노 안으로 모습을 감춘 이들은 잠시 후 넓은 도박장 뒷구석에 있는 크랩(주사위 2개를 던져 일정한 숫자가 나오면 돈을 따는 노름) 테이블 주위에 모여들었다.

　　이들은 시치미를 떼고 있었으나 크랩 담당 딜러와 도박꾼의 관상을 전문적으로 파악하는 보안 직원은 제이슨과 애기가 2월 초에 같은 크랩 테이블에서 거액을 잃은 친구들임을 벌써 알아차리고 있었다. 셰이커는 이들에게는 초면이었다.

　　제이슨 일행은 처음부터 엉뚱하게 많은 액수를 베팅했으나 별 재미를 보지 못했다. 그러나 한 시간쯤 지나서 주사위에 열이 붙자 제이슨리가 판돈을 긁어모으기 시작했다. 던질 때마다 원하는 숫자가 나왔다. 18명이 둘러서서 노름하는 크랩 테이블 주위를 구경꾼들이 이중 삼중으로 에워쌌다.

　　제이슨은 눈 하나 깜짝하지 않고 베팅을 계속 높였다. 베팅 상한선인 4만 프랑(미화 약 115달러)에 이르자 제이슨은 애기와 셰이커는 물론 생면 부지의 관광객들에게도 자기 대신 베팅해 달라며 칩을 수북히 집어 주는 등 기고만장하였다.

　　제이슨리가 한바탕 긁어모은 뒤 애기 차례가 되었다.

　　초록색 주사위가 애기의 섬세한 손가락 사이에서 굴러 떨이질 때마다 『6』이 연달아 나왔다.

　　크랩 규칙상 주사위 숫자가 『6』이 되면 포인트가 가산되며 계속 던질 수 있는 권리를 갖는다. 애기는 무려 15분간이나 주사위를 독차지하며 판돈을 쓸어모았다.

　　"내 아이들이야."

　　애기가 대견스러웠던지 옆에서 구경을 하던 미국인 관광객에게 제이슨리가 어깨를 으쓱이며 말했다. 이윽고 『7』이 나오면서 왼쪽 사람에게 순서가 넘어갔다.

　　"괜찮아, 다시 한 바퀴 돌아올 때까지 느긋하게 기다리자구."

제이슨이 애기의 등을 어루만지며 말했다. 그러나 이들은 딜러들이 서로 눈짓으로 신호하는 것을 알아차리지 못했다. 이들 일행에 떼돈을 벌어 준 초록색 주사위를 딜러가 갑자기 회수해 상자속에 넣고는 대신 빨간색 새 주사위를 내놓았다. 모두가 한 마디씩 투덜거렸지만 제이슨은 거의 발작적으로 항의했다.

"이런 것은 라스베이거스에도 없는 부당 행위야."라며 대들기도 하고 딜러에게 팁을 두둑히 집어 주며 봐달라고 떼를 쓰기도 했다. 밤이 깊어지자 그는 혼자서 다시 크랩 도박장에 나갔다. 행여나 초록색 주사위가 되돌아왔는지 보기 위해서였다 그러나 테이블에는 여전히 빨간색 주사위가 구르고 있었다.

낌새가 이상하다고 느낀 이씨는 호텔로 돌아와 짐을 챙긴 뒤 맞은편에 있는 파리 호텔로 혼자 방을 옮겼다. 앰버서더 호텔보다 한 단계 고급이었다. 그리고 다음 날 아침 프랑스의 니스로 튀었다.

애기에게는 알리지도 않고 셰이커만 대동했다.

그러나 제이슨리는 너무 서두른 나머지 큰 실수를 저질렀다.

공항에 내릴 때 택시·운전사에게 두둑한 팁을 주는 것을 잊은 것이다. 몬테칼로 사람들은 누구나 카지노의 끄나풀이라고 해도 과언이 아니다. 이씨에게서 입막음을 한푼도 못 받은 택시 운전 기사는 시내로 돌아오자마자 첫 번째로 만난 경찰에게 『수상한 사람 두 명이 허둥지둥 탈출했음』을 알렸다.

한편 이 때쯤 카지노에서는 초록색 주사위의 정체가 밝혀지고 있었다. 협잡 행위 조사 담당자가 면밀히 검사한 결과 문제의 주사위는 카지노에서 쓰는 것보다 색깔이 약간 짙고 크기가 1밀리 가량 작은 대신 무게는 2밀리그램 무거웠다.

납을 박아 『6』이 잘 나오도록 장치한 것이다. 누군가가 노름 중에 슬쩍 바꾼 것이 틀림없었다. 딜러와 관상 전문 직원이 제이슨리를 제일 용의자로 지목했다. 신통할 정도로 『6』이 많이 나왔을 뿐만 아니라 주사위가 바뀌었을 때 가장 극렬하게 항의를 한 장본인이었기 때문이다.

제이슨과 셰이커가 튄 줄도 모르고 앰버서더 호텔의 자기 방에서 느긋하게 낮잠을 자던 애기가 맨 먼저 경찰에 붙들렸다. 물론 애기는 혐의를 철저히 부인했다. 제이슨과 셰이커는 전혀 모르는 사람들이며 지나치다가 우연히 만난 사이라고 잡아떼었다. 애기의 지갑에서 주사위 값으로 220달러를 지불한 영수증이 발견되었으나 전혀 모르는 일이라고 딴전을 부렸다.

그러나 일이 안 되려고 그랬는지 경찰이 애기의 방에서 철수한 지 얼마 안 되어 셰이커가 전화를 걸어 왔다. 니스 공항의 에어프랑스 터미널에서 제이슨리와 자기가 기다리고 있으니 빨리 오라는 내용이었다.

이 전화를 도청한 모나코 경찰은 곧바로 니스 경찰에 연락을 취해 이들을 체포하도록 협조를 요청했다. 애기가 허둥지둥 니스 공항에 도착하지마자 제이슨 일행은 잠복해 있던 프랑스경찰에 붙잡히고 말았다. 경찰이 셰이커의 가방을 뒤지자 주사위가 쏟아져 나왔다. 모두 164쌍이나 되었다.

도박 전문 수사관이 이들을 면밀히 조사해 본즉 어떤 것은 『3』 또는 『5』가 아예 없는가 하면 다른 것은 『7』이나 『11』이 잘 나오도록 조작되어 있었다. 제이슨리 일행이 사기도박단임을 입증하는 뚜렷한 물적 증거였다.

할 일 없이 프랑스 감방에서 세월을 보내게 된 제이슨은 울화가 치밀었다. 감방 벽을 차면서 고래고래 소리를 질렀다. "프랑스 당국도 모나코 당국도 모두 사기꾼"이라고 몰아부치면서 "우리를 감방에 가둔 것은 우리가 자기들이 싫어하는 미국인이기 때문"이라고 주장했다. 이렇듯 안하무인격이던 제이슨리가 어느 날 갑자기 풀이 죽어 버렸다. 주 프랑스 미국 대사관에서 영사 한 명이 찾아와 이들의 여권이 이미 회수되었고 만약 몬테칼로에서 유죄 판결을 받을 경우 즉각 본국으로 송환될 것이라고 통보했기 때문이다.

제이슨에게는 여권이 생명처럼 소중했다. 일본을 옆방 드나들듯이 자주 다니는 그가 여권이 없으면 일본의 사업체를 직접 관리할 수가 없어지기 때문이다. 한국인에 대한 텃세가 극히 심한 도쿄 바닥에서도 제이슨리는 알아주는 거물이었다. 20만 달러 상당의 호화 나이트 클럽 주인인데다 부동산이 상당히 많아 그 중 일부 건물은 주일 미국 대사관에 세를 주고 있었다. 또한 여러 개의 자회사를 거느린 『유나시아 상사』라는 무역 회사의 공동 이사직을 갖고 있었다. 시카고에 있는 제이슨리의 한 불법 도박장은 장사가 어찌나 잘 되었던지 12년간 단 하루도 문을 닫은 적이 없었다. 이런 그가 지금은 자기가 던진 낚시 바늘에 걸려 프랑스 형무소에 갇힌 신세가 되었다.

제이슨리 일행은 레이니어 국왕과 그레이스 케리 왕비가 성대한 결혼식을 올리고 신혼 여행을 떠난 1주일 후에야 모나코 형무소로 이송되었다. 미국 기자들과 관광객이 모두 모나코를 떠난 뒤였다. 그들 일행은 5주 동안이나 검찰 심문을 받았으나 여전히 범행을 부인했다.

결국 미국에서 보내온 경찰 기록으로 전력이 들통나서야 모든 것을 순순히 자백했다. 재판이 시작되었다. 결과는 보나마나였다. 그래도 제이슨리는 비지니스맨다웠다. 일본 생선업계에 소금이 품귀 현상이니 자신이 빨리 지중해산 소금을 들여갈 수 있도록 선처해 달라고 재판장에게 호소했다. 그러나 제이슨리의 사기 행각은 제쳐놓고라도 크랩이 라스베이거스에서 몬테칼로에 들여온 지 얼마 안 되는 신종 도박이며, 그 방법이 극히 저속하다고 느낀 재판장은 셰이커에게 징역 6개월, 제이슨리와 애기에게 각각 징역 1년과 벌금 20만 프랑씩을 병과했다.

제이슨리 일행이 옥살이를 시작한 지 2주일쯤 지나 레이니어 왕 내외가 신혼 여행에서 돌아왔다. 그들에 대해서 보고를 받은 레이니어 왕은 이들이 실질적으로 3개월간 감방 생활을 했으므로 벌금만 내는 것으로 족하다며 이들을 사면토록 지시했다.

길옥윤 씨는 1970년대 극작가 김기팔 씨에게 제이슨리의 신화적인 삶을 이야기했고 김기팔 씨는 1973년 동아방송에서 이것을 연속 드라마로 방송했다. 그리고 김기팔 씨가 세상을 떠난 뒤 그 가족이 《제이슨리》라는 소설을 펴냈다.

노년에 그가 로스앤젤레스 북쪽 밸리의 한 공원을 쓸쓸히 걷는 것을 본 것이 그의 마지막 모습이었다. 그는 북가주 나파밸리에 있는 재향 군인 병원에서 치료를 받다가 그의 나이 75세 때 파란만장한 삶을 마쳤다. 지금은 나파밸리 메모리얼 가든에서 잊혀져 가고 있다.

〈Ⅱ〉

1. 조국의 국적을 버리지 않았던 이승만

▲ 하와이 한인 기독교회에
　서 있는 이 대통령 동상

한국의 초대 대통령은 39년 만에 미국에서 영주 귀국을 한 역이민자이다. 초기 유학생으로 미국땅을 밟은 이승만은 망국의 한을 달래 가면서 공부를 했다. 그리고 외교를 통해서 독립을 이루겠다며 미국을 무대로 젊음을 바쳤다.

해방과 더불어 39년 만에 환국을 한 그는 미국식 민주주의를 이 땅에 뿌리내리려고 노력했고, 대통령이 된 뒤에도 자유·평등의 통치 철학을 펴 보였다. 그는 누구보다도 미국을 잘 아는 대통령이었다. 친미주의적이란 말을 들었고, 미국 제1주의적인 정책을 펴 나간 것은 어찌 보면 자연스러운 일이다. 미국식 사고 방식이 그를 지배했고 미국파 지도자로서의 면모가 많았다.

건국의 초대 대통령이 중국이나 일본에서 독립 운동을 하다가 환국한 이가 되었다면 한국의 외교나 인물 등용, 그리고 대외 정책이 많이 달랐을 것이다.

한 언론인은 이승만 대통령의 사고 능력은 40%가 옛 한학을 배운 유교식이고 60%가 미국식 사고 방식을 가지고 있다고 평가한다.

그만큼 이승만 대통령은 한국식과 미국식의 조화를 이루어 나갔지만 정신적으로 그를 지배한 것은 결국 미국식이었다고 보는 것이다. 그는 한시를 쓰고 유창하게 영어를 구사했다. 옛 전통을 유지하기를 좋아하면서도 현대적 감각이 앞섰던 지도자이기도 하다. 미국을 늘 또 하나의 고향으로 간직했다.

미국에서 영주 귀국을 한 그는 다음과 같은 시를 썼다.

설흔에 고향 떠나 일흔에 돌아오니
낯선 땅 떠돌던 일
꿈속에 서렸구나.
제 집에 온 오늘이언만
도리어 손 같으니
곳곳에 마중하는데
낯익은 얼굴 몇 안 되는구나.

유영익 교수(연세대 석좌 교수)는 이승만 대통령은 한국 최초의 국제적 안목을 가진 세계적 정치가라고 평한다. 그의 통치 스타일은 유교적·기독교적 권위주의로 건국 초기를 다스렸다고 본다.

미국에서 박사 학위를 받은 그는 우월 의식이 강했고 독주·독선·고집 불통의 성격을 형성하기도 했다.

미국을 누구보다도 잘 아는 이승만 대통령은 때로는 미국에 강경론을 폈고, 자유 자재로 미국을 움직이기도 했다. 의회 민주주의 사상, 국민을 항상 먼저 생각하는 것은 미국에서 배워 온 것이 틀림없다.

태평양 시대를 예견하며 한·미 두 나라의 협력을 누구보다도 강조한 대통령이 바로 이승만이었다. 그리고 독재 정치로 인해서 하와이로 망명을 떠났고 끝내 미국땅에서 눈을 감은 것도 하나의 운명이었다. 40년에 이르는 미국의 삶은 한 편의 드라마와도 같다.

이승만은 청년 시절 제국신문을 간행하고 독립협회와 만민공동회에서 활동하다가 탄압을 받았다. 그는 한미수호조약 중에 분명히 약속되어 있는 상호 원조 조문의 발동을 탄원하기 위해서 민영환과 한규설에게 도미의 필요성을 역설했다.

민영환은 도미의 적격자는 이승만이라고 믿었다. 그에게 유학생의 여권이 주어지고 워싱턴 공사관에 보내는 메시지를 비밀리에 만든 트렁크 속에 감추었다. 제2의 헤이그 밀사사건과 같은 거사를 민영환은 시도한 것이었다.

1904년 11월 4일 이승만은 눈물로 송별하는 부친의 모습을 바라보며 서울을 떠났다. 제물포항에 도착한 그는 다음 날 오후 미국 선박 오하이오호를 탔다. 이 배는 도중에 목포와 부산을 들렀는데 그 때마다 이승만은 배에서 쫓겨날 것만 같아서 불안했다. 드디어 부산을 떠나자 기선의 난간에 기대어 천천히 멀어져가는 조국의 해안을 비통과 어렴풋한 희망이 교차되는 감정으로 쳐다보았다.

스물아홉 살의 이승만은 미국 정부의 한국에 대한 무관심을 되돌려 놓아야 할 자신의 능력에 대해서 갈등 속에 여행을 했다.

워싱턴에 도착한 이승만은 일등 서기관 홍철수를 만났다. 민영환으로부터 "그에게 가능한 모든 협조를 다해 주라는 서한까지와 있었다."는 것을 알았다. 그러나 각 곳을 찾아다녔지만 미국을 움직이려는 그의 뜻은 끝내 이루지 못했다.

그는 공부를 하기로 결심했다. 프린스턴대학에서 박사 학위를 마치고는 한국으로 돌아갈 것인지 아닌지, 그리고 한국으로 돌아가서는 어떠한 일을 할 것인지 고민을 하다가 한국 YMCA를 선택한 것이다. 청년들의 미래를 위해 조직적이고 체계적인 교육 및 전도를 담당하기로 했다.

1910년 9월 3일 이승만 박사는 6년의 학창 생활을 뒤로 하고 고국으로의 긴 여행길에 올랐다. 한국에 돌아와서는 중앙의 청년들을 계몽하는 한편 전국을 다니면서 순회 강연을 했다. 가는 곳마다 청년을 모아 놓고 전도 강연을 했다. 그러나 일본인의 감시는 날이 갈수록 더해 갔다.

일제의 식민 정치 속에 미국 미네아폴리스에서 국제감리교 대표회의가 열리게 되었다. 이승만은 2명의 선교사 및 목사와 함께 이 회의에 대표로 선출이 되었고, 1912년 3월 26일 부친과 또 한 번 쓸쓸한 이별을 했다. 그는 더 이상 한국에서 활동할 수가 없어서 이 길을 선택한 것이다. 다시 미국땅을 밟은 그는 하와이와 워싱턴을 무대로 외교를 통한 독립 운동을 펴 나갔다. 1918년 12월 이승만은 정한경과 함께 은사인 윌슨 대통령을 만나서 한국의 독립을 청원하려 했으나 그 뜻을 이루지 못했다.

1932년 이승만 박사는 이 해 12월 23일 제네바의 국제연맹에서 많은 외교적 노력을 하였다. 그는 어떤 국제 회의 참석을 위해 여권을 발급받을 때 한국 국적을 포기한 적이 없었고, 『Republic of Korea』라는 한국의 국제 호칭을 사용하였다. 또한 영문 저서 《Japan Inside Out》에서 일본의 태평양 전쟁을 예견하여 미국의 조야 지도자들을 깜짝 놀라게 했다.

그는 1945년 10월 16일 39년 만에 미국으로부터 서울에 도착했고 미군 사령관 하지 중장 소개로 수만 군중의 환영 속에 시국에 대한 연설을 했다. 10월 17일 오후 7시 30분에는 귀국 제1성으로 다음과 같은 방송을 했다.

"33년 만에 처음으로 돌아와 고국 삼천리를 또다시 보고 사랑하는 남녀 동포들을 볼 수가 있으니 기뻐서 울고도 싶고 슬퍼서 울고도 싶습니다. 예정대로 중국에 가서 임시 정부 당국과 협의를 하고 김구 씨와 같이 오려고 했는데 중국 방면에 장애가 너무 많아 부득이 비행기로 태평양을 건너오게 되었습니다.

나는 이번에 임시정부가 구미위원부의 대표로 온 것이 아니고 단지 개인 자격으로 온 것입니다. …〈중략〉… 연합국 사람들이 한국인들에게 한 번 기회를 주고 보자는 것입니다. 우리들은 지금 모든 갈등과 사견을 다 없애고 강력한 정부 수립을 향하여 협력하면 다 잘 될 것입니다."

귀국한 지 얼마 되지 않아서 그는 어려서 살던 도동(桃洞)을 찾았다. 그 때 이승만 박사는 다음과 같은 즉흥시를 썼다.

복사골 옛 친구들 연기처럼 흩어지고
분주하게 흘러간 풍진 50년
흰 머리로 돌아보니 산과 나무 다 변했네
옛 사당 앞 비낀 해에 눈물 뿌리다니….

桃源故舊散如煙　奔走風塵五十年
白首歸來桑海變　斜陽揮淚故祠前

이곳 도동 기우제를 지내던 우수현(雩守峴) 남(南)쪽 기슭, 서울 남산골은 이 박사 일문의 종조인 양녕 대군 이래 그의 선조들이 대대로 청빈한 선비 생활을 이어 온 곳이다. 그의 아호 우남(雩南)은 여기서 비롯된 것이다.

이승만은 건국 정부에 참여하기 위해 서울 동대문구에서 출마해서 당선되었고, 1948년 5월 10일 초대 국회 의장에 선출되었다. 그리고 7월 20일 출석 위원 186명 중 180명의 찬성으로 대한민국 건국 초대 대통령에 당선되었다.

이승만 대통령은 1948년 8월 15일 취임식에서 다음과 같이 말했다.

"여러분은 자유로운 나라의 자유로운 인간으로서 궁극적으로 통일을 달성하는 데 있어서 최선을 다해야 할 것입니다."

그는 민주주의의 중요성과 민권과 개인의 자유를 보장할 것을 강조했다. 미국에서 반평생을 보낸 뒤 73세의 노령으로 대통령이 된 이승만 박사. 민주 정부의 초석을 다지는 데 온 힘을 쏟았다.

자유당 독재 정부에 대한 민중의 항거 속에서 그는 4 · 19의 비극을 맞이하였고 학생 데모에 대해서 다음과 같은 말을 했다.

"피를 흘려서는 안 돼. 부정을 보고서 항거하지 못하는 민족은 죽은 민족이야. 내가 그만 두면 돼."

4월 26일 드디어 대통령직에서 하야를 했다. 누구의 권유에 의해서 물러난 것이 아니라 자신의 뜻으로 한 것이다.

해방 직후 전 민족의 환호 속에 귀국하였던 때와는 너무나도 대조를 이루며 1961년 5월 29일 새벽 다음과 같은 말을 남긴 채 제2의 고향 하와이로 정처없는 망명길에 올랐다.

"여러분은 방공(防共)을 잘 해 주시오. 한국의 국부(國父)는 역사가 말해주겠지요. 한국을 잘 도와주시오."

하와이에 도착한 그는 때때로 낚시를 즐기고 해변가를 산책하면서 옛날 친구들의 도움으로 지내다가 심장병 진찰을 위해 트리폴리 육군 병원에 입원했다. 그 후 프란체스카 여사의 극진한 간호도 아랑곳없이 실의에 찬 무표정한 나날을 보냈다. 그러면서도 의식이 회복되면 한국을 잊지 않고 "제발 고국으로 데려가 주시오." 하며 조국의 품으로 돌아가기를 갈망했다.

호랑이도 제 집에서 죽고싶어 한다는 옛말을 생각나게 했다. 그는 1965년 7월 19일 머나먼 이국땅 하와이에서 고국을 그리워하며 유명을 달리했다. 이승만 대통령은 독립 운동의 땅에서 숨을 거두었고, 태어난 고국으로 옮겨와 영원히 잠들어 있다.

미국 유학과 이민, 그리고 환국, 다시 정치적 망명을 떠난 곳에서 삶을 마친 초대 이승만 대통령은 한국과 미국을 이해한 가장 영향력 있는 건국 지도자로 평가될 것이다.

2. 끝내 돌아오지 못한 도산(島山)의 가족

도산 안창호가 독립 운동을 한 무대는 한국과 중국, 그리고 미국이었다. 미국에 살았던 13년 동안 자유 정신과 신문화를 배웠고, 광복된 조국에 이를 접목시키려고 노력했다. 하지만 도산은 끝내 그 꿈을 완성하지 못했다.

그가 간 지 60년이 지났고, 미주땅에서 도산의 후예(後裔)는 4대까지 뻗어나가고 있다. 반 세기가 지난 오늘날까지 도산의 애국 정신이 한국과 미국에서 빛을 발하고 있다. 도산의 미국길은 유학이 목적이었다.

갓 결혼한 부인 이혜련 여사를 동반하고 유학을 떠난 것도 그 당시로는 특이한 일이다.

교육학을 공부하러 갔던 그는 초기 이민 사회를 위한 봉사에 나섰고 흥사단·국민회·여자애국단을 만드는 데 앞장 섰다. 끝내 유학의 뜻을 이루지 못했고, 부인 혼자 미국에 남아서 6남매를 키우면서 살아야 했다.

미국에서 태어
난 자녀들은 독립
운동만을 한다면서
가정을 소홀히 하는
아버지를 한없이 원
망했다.

생전의 도산은
미국의 자녀들이 꼭
한국인이 되기를 원

했고, 언젠가는 한국에 돌아와서 살기를 바랐다. 그 중 맏아들 필
립안이 헐리우드에서 영화 배우가 되겠다고 하자 막지 않고 "배우
가 되려거든 최선을 다하고 최고의 배우가 되라."고 격려했다.

이 시대에 도산 안창호처럼 존경을 받는 민족의 지도자는 드
물다. 일찍이 그는 평양 쾌재정의 연설로 사람의 마음을 사로잡았
고, 평생을 나라를 찾는 일에 몸바친 선구자였다.

도산과 미국, 그리고 부인이 6남매를 키우며 미국에서 살게 된
연유, 한국으로 돌아오기까지의 역사, 그리고 오늘도 미국땅에서
그 뿌리가 내려 가는 후예들의 이야기를 모아 본다.

1902년 도산은 이혜련 양과 약혼을 했다. 처음 그는 미국에서
공부를 하고 온 뒤에 결혼할 생각이었다. 만약 약혼녀가 유학을
하고 오는 그를 기다리든지 그렇지 못하다면 다른 곳으로 출가를
해도 좋다는 생각을 가질 정도로 유학에 더 비중을 두었다.

그러나 이혜련 양은 "죽을 데를 가더라도 같이 간다."면서 머리를 짧게 깎고 도산을 따라나섰다. 결국 제물포에서 배를 타기 직전에 결혼식을 올리고 남편의 뒤를 따랐다. 이 때 도산의 나이는 22세였다.

밴쿠버를 거쳐 한인이 모이기 시작한 샌프란시스코에 도착한 그는 결국 조선인 두 인삼 장사가 상투를 잡고 싸우는 모습을 보고 인생 행로를 바꾸게 된다.

도산은 미국에 있는 동포의 생활 향상을 위하여 분골 쇄신하겠다고 스스로 맹세한 뒤, 그 날부터 일을 시작했는데 이것이 그가 평생 몸바쳐서 민족 운동을 하게 된 동기가 되었다.노·일 전쟁이 끝나고 조국의 운명이 누란의 지경에 이르자 도산은 귀국하기로 결심한다.

1907년 미국 생활 5년 만에 일본을 경유, 고국에 돌아왔으나 을사조약으로 인해 이른바 한국의 자주 독립권은 박탈당했고, 합병이 오늘인가 내일인가 불안한 때였다.

도산은 자기가 미국에서 품고 온 계획을 실행하기로 결의하고, 신민회와 청년학우회 조직을 착수했으나 너무나 감시가 심해서 활동할 수가 없었다. 그는 거국가(去國歌)를 지어서 부르며 아내가 있는 미국으로 다시 떠났다.

1. 간다 간다 나는 간다. 너를 두고 나는 간다.
   잠시 뜻을 얻었노라 까불대는 이 시운이
   나의 등을 내밀어서 너를 떠나게 하니
   간다 한들 영 갈소냐 나의 사랑 한반도야

2. 간다 간다 나는 간다. 너를 두고 나는 간다.
   지금 너와 작별한 후 나의 몸은 부평같이
   어느 곳에 가 있던지 너를 생각할 터이니
   너도 나를 생각하라 나의 사랑 한반도야

3. 간다 간다 나는 간다. 너를 두고 나는 간다.
   지금 이별할 때에는 빈 주먹만 들고 가나
   이후 성공하는 날엔 기를 들고 올 것이니
   훗날 다시 만나 보자 나의 사랑 한반도야

　도산은 5년 만에 로스앤젤레스로 돌아왔다. 부인과 2남 1녀가 기다리고 있었다. 나라를 구하러 갔다가 나라를 잃고 돌아온 도산에게 기쁨은 있을 수가 없었다. 부인은 삯빨래로 생활비를 벌어서 자녀를 기르고 있었다. 도산의 부인은 집안일과 생업을 돌보지 않는 남편을 좋아할 리가 없었다. 다른 남편들처럼 돈을 벌고 집에서 자녀들과 함께 있기만을 바랄 뿐이었다.

　이 때 도산은 토목 공사 인부가 되었다. 그러나 그의 체력으로는 이러한 심한 노동을 오래 할 수가 없었다. 미국인 주택 청소를 하기도 했다. 이 일은 총채로 먼지를 털고, 비로 쓸고, 걸레로 훔치는 것이었다. 도산은 가족과 즐거운 나날을 보내면서도 나라 잃은 슬픔을 가누지 못했다. 이 때 미주에서 역사적으로 큰 의의를 갖는 국민회·흥사단·여자애국단을 만들었다. 1919년 3·1 운동 소식이 전해진 뒤 그는 두 번째로 한국에 돌아왔다. 이 때 미주 동포들은 도산에게 눈물겨운 진정을 했다.

"선생님, 다시는 북미를 떠나지 마십시오. 선생님이 떠나시면 또 우리 동포들의 마음이 떨어지고 의지할 데가 없어집니다."

1924년 원동(遠東)을 거쳐 미국으로 간 도산은 2년 동안을 머무르다가 1926년 2월 로스앤젤레스 근교 산페드로 항구를 떠나 세 번째 귀국길에 오른다. 이 때 도산이 부인 및 자녀들과 영원한 이별을 하게 될 줄은 꿈에도 몰랐다.

미주에서 도산과 가장 가까웠던 우강 송종익은 도산이 세 번째로 미국에 머무른 때를 다음과 같이 회상한 적이 있다.

"도산은 결코 금슬 좋은 부부는 아니었다. 도산은 세상 사람들이 보기에는 높은 지도자였으나, 부인이 보기에는 결코 좋은 남편은 아니었다. 그래서 그런지 마지막 헤어지기 전 도산은 부인을 위해 무척이나 애를 썼다. 부인의 옷도 사 주고 또 동부인해서 다니기도 했다. 부인을 가엾이 생각을 했다. 빈한한 살림에 자녀를 혼자 맡아서 키워야 했고 오손도손 남편과 이야기할 시간이 없었다."

만주에서 독립 운동을 하던 도산은, 상해 조계에서 체포되어 서대문 감옥과 대전 감옥에서 수감 생활을 했다. 재판 때에 그는 "나는 잠을 자도 독립, 눈을 떠도 독립 운동을 할 것이다."라는 유명한 말을 남겼다.

1933년 6월 1일 대전 감옥에 있던 도산은 맏아들 필립에게 다음과 같은 편지를 썼다.

"네가 장사를 안 하고 남에게 고용 생활을 하는 경우에는 가능하면 그 곳 포드 자동차 회사에서 일자리를 얻어서 하는 것이 좋을 것이다. 이것은 장래 동양으로 건너와서 살 경우에는 동양에 있는 그 회사에서 일을 얻어 가지고 오면 살기에 용이할 것이다."

1934년 4월 9일에도 같은 내용의 편지를 대전 감옥에서 아들에게 보냈다.

"미국에서 낡은 자동차를 사서 원동(遠東)에 옮기어 수리하여 파는 상업이 매우 유리하리라고 생각되니 이것을 실제로 조사 연구하기 바란다."

한국 자동차 업계를 60년 전에 미리 내다본 것이다.

대전 감옥에서 형기를 마치고 나온 도산 안창호는 고향 평양으로 돌아갔고 대보산 송태 산장에 머물렀다. 이 때 로스앤젤레스에 있는 가족에게 사랑의 편지를 썼다. 이 편지는 1936년 8월 7일자의 소인이 찍혀 있다.

나의 사랑하는 아내 혜련.

당신이 수산 · 수라 · 필영을 데리고 나를 찾아온다는 필립의 전보를 갑자기 받고 이것이 꿈인가 생시인가 하고 형언할 수 없는 느낌을 금할 수가 없었나이다.

오랫동안 그립던 당신을 만날 것도 반가우려니와 나의 사랑하는 딸들과 어린 필영을 볼 것을 생각하고 더욱 기뻤나이다. 그 전보를 읽어 보면서 처음에는 기뻐할 뿐이었고 얼마 후에는 당신과 아이들이 조선에 돌아온 후에 장차 어찌 할까 고려가 생기는데 속히 판단할 수 없는 고로 편지로써 이렇게 씁니다.

당신과 아이들이 조선에 들어와야 될 것으로 말하면 첫째로 사회에 유익한 일을 해야 할 것이요, 둘째는 수산 · 수라가 조선에 와서 많은 남자 중에서 배필을 선택하게 할 것이요, 셋째는 필영이 하나는 동방에서 교육을 받게 할 것이요. 넷째는 당신의 나이가 점점 많아 가는데 생활비가 적게 드는 조선에서 안녕한 가정 생활을 하다가 여년을 마치는 것이 좋을 것입니다. 이것들보다도 나와 당신의 이름을 부부라고 하니 일평생에 가장 단란한 생활을 하여 보지 못하였는데 이제 늘그막에나마 아이들을 데리고 한 집에 모여서 고락을 같이 하여 보는 것이 참으로 바라는 바입니다.

내가 이따금 친구들하고 말하는 것이 나는 늙어 가면서는 아내가 지어 주는 음식이 더 맛있다고 하였거니와 과연 당신 손으로 지어 주는 밥을 먹고 싶은 생각이 간절합니다.

내가 이미 조선에 와 있는 바에는 다시 외국으로 나가지 않고 조선 농촌에 조용히 들어앉아서 원예·축산·양어 등 사업 중에서 합당한 것을 선택하여 스스로 살아갈 업을 지어 가면서 주위 농민들의 생활 개선을 권장하여 청년을 모아 직업 교육을 시켜 가면서 세월을 보낼까 합니다."

가족들은 끝내 한국땅을 밟지를 못했다. 도산은 다시 일본의 경찰에 체포되었고, 서대문 형무소에서 서울대학병원으로 옮겨진 뒤 1938년 3월 10일 세상을 떠났다. 이 때 가족들은 모두 미국에 있었고 가까운 친척들이 망우리 묘지에 안장을 했다.

1973년 11월 10일에 다시 도산 공원으로 이장했다. 1902년 미국으로 갔던 부인 이혜련 여사는 그 곳에서 세상을 떠났고 72년의 세월이 흐른 뒤 1973년 도산의 이장일에 고국으로 돌아왔다. 그리고 남편 도산의 옆에 나란히 묻혔다.

도산 안창호가 떠난 지 60년이 지난 오늘 그의 자녀들만이 미국에서 자랑스런 한국인의 이민 후예로 뿌리를 내려 가고 있다.

3. 두 번이나 역이민길에 올랐던 서재필

▲ 서재필 박사와 하지 중장의 만남, 서 박사는 하지 중장의 요청으로 한국에 왔다.

송재 서재필, 그는 미국땅에서 살면서 신기록을 많이 가지고 있다.

한국인으로 최초의 미국 시민권자가 되었고, 미국 의사 자격을 가장 먼저 획득했다. 국제 결혼 제1호로 기록되고 있으며 한국인으로 미국에서 자전거를 탄 최초의 인물이기도 하다. 한말 혁명아로 불리던 서재필의 종착지는 결국 미국이었고, 죽어서야 고국땅에 묻히는 파란만장한 인생 행로를 걸었다.

미국과 서재필의 만남은 숙명적이었고 끝내 개화 사상을 근대 한국에 접목시키지 못한 한을 가지고 있다. 조국을 위해서 마지막 봉사길에 나선 것이 미군정 하지 중장 초청이었으나 또다시 뿌리를 내리지 못하고 미국으로 돌아가야 하는 아픔을 가졌다.

서재필은 철저한 미주파 인물로서 노후에는 모험적 삶보다는 차라리 조용한 생활을 바랐다. 풍운아의 길을 걸은 그가 두 차례 환국할 때에 한국에서 역경을 이겨 내고 머물렀다면 한국 독립과 건국에 또 한번 큰 인물이 되었음이 틀림없었을 것이다.

그는 한말 약관 18세에 과거 시험 문과에 장원을 했다. 23명 중 최연소였고, 젊은 나이로 갑신정변에 참여하는 의지를 보였다. 하지만 서재필은 김옥균·박영효 등과 같이 거사를 도모하다가 실패하여 결국 미국으로 망명길에 오른다. 그의 3족은 모조리 잡혀서 죽임을 당했고, 그 또한 사형 선고를 받는 죄인이 된다. 22세의 젊은 나이에 박영효와 함께 일본을 거쳐 미국으로 건너가는데 이 길이 영원한 미국 삶의 시작이 된 것이다.

조국과 철저하게 단절된 11년의 미국 생활을 하는 동안 온갖 고초를 겪으면서 의사 면허를 받는다. 이러한 그에게 서둘러 귀국하도록 자극을 준 사람이 바로 망명하여 미국에 와 있던 박영효였다. 그 당시 서재필은 필립 제이슨(**Philip Jaison**)이라는 이름으로 병원을 개업하고 있었고 이미 미국 여인과 결혼을 한 후였다. 그러나 미국인 아내는 아무리 권고하여도 귀국할 생각을 하지 않았다.

서재필의 귀국을 필요로 하는 여건이 고국에서 성숙되어 갔음에도 불구하고 그 자신이 외무 협판(지금의 외무 차관) 취임 거부와 하루 아침에 밀어닥친 박영효의 망명으로 그의 귀국은 기약 없이 늦어지게 되었다.

"정부에서는 나에게 외무 협판이 되어 달라고 하였으나, 나는 의학 연구를 중지하고 싶지 않아 귀국하여 취임하기를 거절했다."

이 때까지만 해도 뼈를 깎는 고생 끝에 겨우 마련한 의사로서 미국 생활 설계를 하루 아침에 포기하기가 어려웠던 것이다. 하지만 그가 의사 면허만 획득하게 되면 미국에서의 정착 생활은 순탄할 것으로 생각했는데 그것이 실제로 소수 민족인 유색 인종에 대한 미국인의 심한 차별 때문에 직업 안정에 별 도움을 주지 못했다.

서재필 자신은 미국에 온 박영효에게서 본국 사정을 듣게 되었고, 다시 쓰러져 가는 나라를 위해 큰일을 해 볼 기회가 왔다고 생각하고 귀국을 결심하기에 이른다. 그에게는 미국에서 오랫동안 마음 깊이 그리던 자유와 독립의 이상을 실천하려는 의지가 새롭게 자라고 있었기 때문이다.

박영효와 협의를 거친 후 본국 정부의 지원을 받고 귀국 수속을 밟기 시작한 것이 11월경이며, 마침내 제물포를 거쳐 귀국한 것이 1895년 12월 26일이었다. 갑신정변의 망명으로 조국을 등진 지 11년 만의 귀환이었다. 미국 시민 자격으로 귀국한 서재필은 정동에 있는 아펜젤러 목사의 집에서 머물렀다. 그는 귀국 2주 만인 1896년 1월 8일 거행되었던 친위대 관병식에 초청되어 각부 대신들과 고등관들, 그리고 각국 외교 사절들과 무관들이 배석한 어전에서 능숙한 영어로 통역 솜씨를 마음껏 발휘하였다.

이 때 고종은 그의 능력을 극구 칭찬 했다. 일본측은 그를 현 내각의 반대파 세력의 하나인 『영어파·정동파·미국파·미국인의 괴뢰』로 부각시킴으로써 파쟁적인 대립 의식을 갖도록 했다. 그는 미국 시민권을 가졌다는 묘한 사정으로 월봉 3백 원의 중추원 고문관으로 임명이 되었다. 1896년 3월에는 중추원 고문에 더하여 농상공부 고문관직을 겸하게 되었다. 1896년 4월 7일 독립신문을 창간했고, 7월 2일에는 독립협회를 만들었다.

또한 1897년 영은문을 헐고 독립문을 세웠다. 서재필은 한국
에 개화 사상을 도입하고, 또 그의 사상을 대중화시키는데 원동력
이 되었다. 한편 그의 비판과 규탄의 대상이 된 관리들과 열강 외
교 대표들은 매수와 협박 등으로 견제하다가 드디어 그를 미국으로
쫓아 버리는 데 성공했다. 1898년 5월 다시 미국으로 정처없이 떠
나고, 평범한 의사의 생활로 되돌아간다. 그가 미국에서 돌아온 때
가 34세의 장년이었는데, 고국은 끝내 그를 배척한 것이다.

이 때 미국에서는 도산 안창호·우남 이승만·우성 박용만이
독립 운동을 주도하고 있었고, 서재필 박사는 이들과 특별한 인연
이나 활동을 하지 않은 채 조용히 생활을 했다. 그러다가 그가 처
음으로 한인 사회에 나온 것이 1919년 4월 14일부터 필라델피아
리틀 극장에서 열린 한인자유대회에 의장을 맡은 때였다.

전 미주 한인 등 150여 명이 모여서 3·1운동을 벌이게 되기
까지 한국 독립의 당위성을 미국 안에 알렸다. 대표로는 이승만·
정한경·윤병구·임병직·김현철·장기영·조병옥·유일한 등이었
다. 서재필 박사는 의장으로 이 대회를 마친 뒤에 또다시 한인 컴
뮤니티와는 특별한 인연을 갖지 않는다. 항상 후배들이 나설 때라
고 말하고 본인은 뒤에 조용히 남아 있었다.

기다리고 기다리던 해방이 찾아오자 해외에서 투쟁을 하던 많
은 독립 지사들이 고국을 향해 떠났다. 새 나라를 건설하기 위해,
그리고 새로이 세워질 독립된 나라의 정치에 참여하기 위해 미국
본토에서, 하와이에서, 그리고 중국에서 돌아왔다. 그러나 서재필
박사는 움직이지 않았다. 이미 8순이 넘은 노인으로서, 조국을 위
해서 세 차례나 모든 것을 바친 그로서는 "내가 할 일은 다했다."

는 마음이 들었기 때문이다. 그러나 그는 뜻밖에도 미군정청 하지 중장의 초청을 받았다.   하지 중장은 이승만 박사와 불편한 관계를 유지했는데, 해방 정국의 난제를 풀어 나가기 위해서는 서재필 박사가 나서야 할 것이라고 생각했던 것이다. 하지 중장은 1946년 9월 21일 서재필 박사에게 다음과 같은 전문을 보냈다.

"현재의 정치적 혼돈과 과열 상태에서 현대 한국에서 정치 개혁 운동을 창시하여 명성을 날리고, 역사적인 일들에 연관을 가진 서재필 박사 같은 존경받는 위인이 한국에 온다면 타협을 이룩하고 이성을 되찾는 데 좋은 영향을 끼칠 수도 있고, 우리 사령부에서도 현명한 자문도 하여 줄 수 있을 것입니다. … 〈중략〉 … 서재필 박사님을 특별 고문관으로 임명하여 국무성의 예산으로나 또는 국방성이 경비를 지불하도록 바라고 있습니다."

하지 중장은 1947년 1월 13일 다시 한번 서재필 박사에게 전보를 띄었다.

"서재필 박사께서는 미군정청 한국 문제 수석 고문으로 임명되시면 공무원 급수로는 15급에 등용될 것입니다. 그리고 딸 뮤리엘(Muriel Jaison)을 비서 겸 공무원 6급으로 임명합니다. 최우선적인 항공편으로 와 주시기를 바랍니다."

한국에서는 정계의 좌파·우파를 대표하는 160명이 을지회관에 모여서 송재 서재필 박사 환영준비위원회를 조직하였고 위원장은 이시영선생이 맡았다. 이 소식을 들은 서재필은 무척 기뻐했으며, 고국에 아주 살러 간다는 마음을 가졌다.

그리고 아주 젊어진 듯한 인상을 주변에 풍겼다. 서재필 박사는 1947년 7월 1일, 47년 만에 인천항에 도착했다.

그의 귀국 제1성은 "나의 귀국은 실로 49년만이다. 이번에 오게 된 것은 미국 시민 자격으로 왔으나 개인적으로는 의정을 돕기 위해서 오는 것이다. 앞으로 6개월간 체류할 예정이다. 짧은 시일이나마 젊은이들에게 많은 관심을 돌려서 지도에 노력하겠다."

대한민국이 수립되고 미군정도 종식되자 서재필 박사의 최고 고문직도 자연히 말소되었다. 그는 다시 미국으로 돌아가기로 작정하였다. 이 소식을 들은 각계 각층 인사들은 간곡히 여생을 고국에서 보내라는 요청을 하였으나, 심사 숙고 끝에 그는 다시 고국을 떠나기로 결심했다. 서재필 박사 자신도 고국에 남아서 독립된 조국의 발전을 지켜보고 파란 곡절을 겪은 그의 몸을 고국땅에 묻히기를 간절히 바랐으나 대한민국 정치가 이를 허락하지 않았다.

서재필 박사는 1948년 9월 11일 그의 딸 뮤리엘 여사, 임창영 박사와 함께 짐을 꾸리고 조선 호텔 문을 나왔을 때 그를 송별하러 온 인사들이 운집해 있었다. 84세의 노투사를 떠나보내는 그들은 눈물이 앞을 가려 무엇이라 말도 제대로 못한 채 인사를 했다. 자동차의 행렬이 인천으로 향하는 동안 서재필 박사는 말이 없었다. 이 길은 인간 송재의 세 번째 망명 아닌 영원한 망명의 길이었던 것이다.

서울 시민들이 또다시 피난의 길을 떠나고 있을 때, 그는 필라델피아 근처에 있는 노리스타운 병원에서 파란만장한 생애를 마쳤다. 이 때가 1951년 1월 5일이었고, 그는 86세의 긴 여행을 끝낸 것이다. 송재 서재필 박사는 1994년 4월에 애국 지사로 국립 묘지로 이장, 죽어서야 영원히 조국땅에 묻힐 수가 있었다.

4. 미국식 경영을 처음 도입한 역이민자 유일한

미국에서 번 돈을 가지고 한국으로 영주 귀국, 미국식 경영을 해 가면서 성공한 인물로는 유일한 박사를 첫손에 꼽는다. 그리고 한국에서 번 돈을 다시 사회에 환원을 하는 데 앞장 섰다. 한국과 미국에서 돈을 번 것만이 아니라 독립 운동에 직접 나서기도 했고, 한국인의 의료 사업에 큰 공헌을 한 선구적인 인물이 유일한 박사이다.

한국에서는 유일한 박사를 사업의 귀재라고 부른다. 그만큼 사업에 탁월한 능력을 가졌다는 것이다.

인간이 평생 한 가지를 잘 이루기도 어려운데 그는 여러 방면에서 두각을 나타냈다. 또한 유일한 박사를 신상(神商)이라고 하는 것은 70년 전에 이미 세계 시장에 눈을 돌려 만주의 봉천·대련·천진, 그리고 상해·대북·하노이까지 기업 세력을 확장하는 등 한민족의 위상을 높였는데 이는 바로 미국에서 공부하고 배운 지식이 그 바탕이 되었다.

　　그는 1895년 1월 15일, 상업을 하는 유기연 씨의 장남으로 평양에서 출생했다. 9살 때 아버지는 아들을 미국에 보내어 선진 문화를 배워 오도록 했고 박장현에게 부탁을 하여 유학을 보냈다. 그는 네브래스카 주 커니에서 초등학교에 다녔고, 박용만이 세운 한인소년병학교에서 군사 훈련을 받았다. 공부를 하면서 신문 배달로 아르바이트를 했고 헤스팅스에서 고등학교에 다니면서 미식 축구 선수로 명성을 날리기도 했다.

　　미시건주립대학 상과에 입학하면서 중국인을 상대로 장사를 시작했다. 이 때 터득한 것이 머리만 잘 쓴다면 쉽게 돈을 벌 수가 있다는 생각이었다. 그것이 바로 장사라고 생각했다.

　　학교 근처에는 많은 중국인이 살고 있었고 중국 상품을 직접 판매하는 것에 착안을 했다. 그리고 자신도 경험했듯이 많은 중국인들은 동양과 중국에 깊은 향수심에 젖어 있었기 때문에 미국에서 사용하는 것도 중국 것으로 직접 골라 판매한다면 호응이 클 것이라고 생각했다.

그 뜻이 적중했다. 그는 중국 향취가 담긴 동양 제품들, 즉 손수건·일용품·장식 도구 크게는 카펫까지도 직접 중국인을 찾아다니면서 판매를 했다. 그리고 그의 나이 27세 때인 1922년에 대학 동창 스미스와 동업으로 숙주나물 통조림을 생산하는 라초이 식품 회사를 설립했다.

만두 원료로 쓰이는 숙주나물을 만들어 판매하는 회사를 차린 것이다. 그는 숙주나물 원료인 녹두를 사기 위해서 중국까지 다녀 오기도 했다. 훗날 그는 『숙주 대왕』이라는 별명까지 갖게 되었다.

1924년에는 미국에서 국제 무역 회사인 류한주식회사를 설립 하였는데, 이 때 서재필 박사를 사장으로 모셨다. 유일한과 서재필 박사의 나이는 30세나 차이가 있었지만 그는 서 박사를 아버지처럼 모시고 상의하며 존경하였다.

유일한이 1926년에 고국으로 영주 귀국할 것을 결정했을 때 서재필 박사는 딸 뮤리엘에게 특별히 부탁해서 『버들표 목각표』를 만들어 주었다. 유일한이 감격하여 이를 평생 간직하면서 그의 기 업체인 유한양행의 상호이자 심벌로 삼았다. 한때 유일한은 서재 필 박사의 영애(令愛) 뮤리엘 양과 결혼을 생각했다는 이야기도 전한다.

유일한은 영주 귀국에 앞서 1925년 잠시 귀국한 적이 있었다. 이 때의 방문 목적은 그가 미국에서 경영하고 있는 식품 회사인 라초이 회사의 용무로 중국과 동남아를 방문하고 수일간 고국에 머무르기로 한 것이다. 유일한 사장이 서울에 와서 만나 본 선배 와 친지들은 그가 귀국하여 고국에서 기업을 일으켜 주기를 희망 하고 있었다.

당시 세브란스 병원 에비슨 박사도 "많은 미국인 의사나 선교 사들도 본국에서의 편안한 생활을 마다하고 한국 민중을 위해 어려운 곳에 나와서 봉사를 하고 있는데, 그 어려운 역경을 극복하고 미국에서 대학까지 나온 유 사장이 자기 민족을 외면하고 미국에 머무를 수는 없다."고 충고했다.

특히 유일한 사장은 식민지 지배하의 조국의 실정을 보고, 이 민족을 이대로 둘 수는 없다고 생각했다. 당시 민족의 문제로서는 그 어느 것 하나 급하지 않은 것이 없었으나 민족의 장래를 위해서는 첫째가 교육의 보급이요, 둘째는 국민들에게 일자리를 만들어 주는 일이며, 셋째는 국민의 보건 문제가 시급히 해결해야 할 과제라고 생각했다.

미국에 돌아간 유일한 사장은 라초이 식품 회사에서 자기 몫인 25만 달러로 의약품을 구입했다. 귀국해서는 우선 약 종류를 주종으로 하는 무역 회사를 설립할 목적이었다. 그리하여 1926년 12월 10일 한국에 나와서 『유한양행』을 설립했다. 이 회사는 국민 보건을 위해서 설립된 회사로 약품 이외에 각종 위생품도 수입, 판매를 했다. 초기의 유한양행은 화장지·생리대·비누·치약 등과 더불어 농촌에서 필요로 하는 농기구·염료 등도 함께 수입, 판매한 것이다. 또한 해외에서 생산되는 상품을 수입만 하는 것이 아니라 국내 생산품도 수출해야 한다고 생각했다. 특히 농촌에서 만드는 돗자리·화문석·도자기·죽세공품 등을 미국 주민이 쓰는 것으로 팔기도 했다.

1926년 동아일보는 유일한 씨의 귀국 이야기를 사진과 함께 실으면서 다음과 같이 썼다.

"근소한 자본으로 미국에서 대성공을 한 유일한 씨가 중국인 부인과 함께 귀국했다. 평양 출신인 31세의 유일한 씨는 아홉 살 적에 미국에 건너갔고 그 곳에서 초등학교와 중학교, 미시간대학을 우수한 성적으로 졸업했다. 그리고 디트로이트 시에 있는 전기 회사에 취직했다. 그러나 뜻한 바 있어서 지금부터 6년 전 적은 자본으로 식료품 장사를 해서 수백만 원의 큰 회사를 이루었다."

유일한 사장은 『유한양행』을 설립하기 전 이미 세브란스 의과대학의 에비슨 박사로부터 교수 초빙을 받았다.

유일한 씨는 연희전문 교수로, 그리고 부인 호미리는 세브란스 병원 소아과 과장으로 일해 달라는 것이었다. 그러나 교수로서 학생을 가르치는 것도 좋지만 그보다는 자기의 성격과 능력에 맞는 기업을 선택해서 민족 기업으로 키우는 것이 좋겠다고 결심을 한 것이다.

유일한 박사는 중국 여인과 결혼했는데 성공한 국제 결혼으로 손꼽힌다. 그는 미시간대학에 다닐 때 치의학 공부를 하고 있는 한 여학생을 통해서 호미리 양을 소개받았다. 미시간 주 앤아버에서 잘 알려진 재미 중국 사회의 이름있는 가정의 딸이었다.

호미리 양은 미시간대학 학부를 끝내고, 의과 대학에 진학하기 위해 동북부의 코넬대학으로 전학을 했다. 그는 유일한보다 한 살 아래였으나 누님같이 느껴지는 자애로움과 아름다움을 갖추고 있었다. 그녀는 유일한의 늠름함, 그리고 믿음성, 유능한 비지니스맨의 자질을 인정했다.호미리 양은 미국에서 처음으로 동양 여성으로 소아과 전문의의 자격을 땄다. 그것은 유일한의 위치보다도 훨씬 자랑스럽고 미래가 보장된 전문의가 된 것이다.

호미리 양은 언제나 유일한에게 겸손했고 성실하고 부드러운 내조자로서 품위를 항상 간직하고 있었다. 하지만 간도에 있던 유일한의 부모는 달가워하지 않았다. 당시에는 국제 결혼을 쉽게 받아들일 가정은 없었다. 둘이는 1925년 결혼을 했는데, 유일한은 30세, 호미리는 한 살 아래였다.

그 후 유일한이 미국에서 하던 사업을 정리하고 한국으로 돌아가겠다는 생각에 호미리는 크게 충격을 받았다. 하지만 남편을 따라 한국에 나와서 봉사를 하기로 결심을 한 것이다.

호미리 여사가 오직 남편 유일한을 믿고 한국에 나온 것이 1926년의 일이다. 호미리는 세브란스 병원 소아과에 근무하다가 서울 서대문 근처에 개인 진료소를 차리고 가까운 이웃을 위해서 봉사했다. 한국에 와서 많은 불편과 어려움을 겪으면서도 단란한 가정을 이룬 국제 결혼으로 평가받고 있다.

『유한양행』은 4∼5년 사이에 급성장했다. 의약품의 거래처로는 미국의 아보트 회사였고, 1930년대에는 프랑스·영국·독일의 저명한 회사와도 거래를 했다. 해외로부터 약품을 수입·판매하는 것 못지않게 한국에서 직접 약을 만들어 수출해야 한다고 생각했다.

그는 1938년 4월 유럽 및 남·북미 대륙의 시찰 여행을 떠났다. 선진 제국의 약업계를 돌아보기 위해서였다. 그러나 그가 여행하는 중에 제2차 세계 대전이 확전되어 갔고, 일본은 1941년 12월 8일 진주만을 폭격했다.

귀로에 미국에 와 있던 유일한 사장은 귀국을 보류했다. 그리고 로스앤젤레스에 『유한양행』 출장소를 두고 한국의 가족을 불러들였다. 그리고 사태의 추이를 관망했다.

미국 육군 정보처(OSS)는 일본의 하와이 침공에 대해 한반도와 중국 대륙으로부터 정보를 분석하고자 이 두 지역 사정에 밝은 인사들을 초빙하여 고문실을 두었다. 이 때 유일한 사장은 한국 담당으로 그리고 중국 지역 담당 고문으로는 《대지(大地)》의 작가 펄 벽 여사를 초빙했다. 유일한 사장과 펄벅 여사의 만남은 이것이 인연이 되었고, 두사람의 친교는 전쟁이 끝난 뒤까지도 오랫동안 계속이 되었다. 펄 벅 여사는 1969년에 우리 나라를 방문하여 자신의 작품 《새해 : The New Year》의 한국어판을 내기도 하였다.

유일한 사장이 해방된 조국으로 다시 돌아온 것은 1946년 7월이었다. 일제 말기에 출장을 떠났다가 제2차 세계 대전으로 귀국을 미루었고, 미국에 체류한지 실로 8년 만의 귀국이었다.

그는 사장에 복귀했고, 뜻하지 않게 대한상공회의소의 초대 회두(會頭)로 선출되었다. 당시 회장직은 새로 결성된 상공회의소에 가입한 기업인들이 선출하는 것으로 당시 그들은 한국의 기업계를 바로 세우기 위해서는 세계적 기업가의 비전을 가진 유일한 사장이 적임자라고 생각했기 때문에 추천한 것이다. 유 박사는 상공회의소 회장을 잘 하기 위해서 『유한양행』의 사장직도 사임했다. 국내의 상공업계를 바로 이끌어 내기 위해서는 공정하게 모든 일을 잘 처리해 나가야 한다는 생각을 가지고 있었기 때문이다.

그러나 유일한 회장은 이 해 12월 돌연 미국으로 떠났다. 이승만 박사와 의견이 맞지 않았기 때문으로 알려졌다. 후에 이승만 박사는 대통령이 된 뒤에 미국에 있는 그에게 상공 장관을 맡아 달라는 전갈을 보냈다. 그러나 그는 정치나 행정을 맡는 것보다는 기업을 일으키고 세우는 것이 자신의 사명이라고 믿고 있었다.

유일한은 1919년 필라델피아의 한인 자유 대회에서『한국 국민의 목적과 열망을 설명하는 결의문』작성 기초 의원으로 서재필과 이승만 박사를 도왔다. 그는 이 때 서재필과의 만남이 있었고 그 후 평생 그를 존경했다.

유일한은 필라델피아 자유대회 이후 내가 해야 할 일은 정치적 활동보다는 자기가 배운 지식을 활용하는 기업가의 길을 택했고, 이승만 대통령의 상공장관 제의도 정치보다는 기업을 중시하는 마음으로 거절한 것이다.

『유한양행』은 1950년대와 1960년대를 거치면서 더욱 번성해 갔다. 제약업계로서는 최초로 주식을 상장했고 1962년 재단법인 『유한학원』을 설립했다. 그리고 개인 소유 주식을 연세대에 기증했고 1971년 3월 11일 세상을 떠나면서 전재산을 사회에 환원했다.

1997년 4월, 유한학원은 『유일한 기념관』을 설립하여 그의 기업 정신, 나라 사랑 정신을 기리고 있다. 결벽스러운 고집, 그 속에서 자란 애국·애족과 개척정신, 정직성·과감성, 봉사와 희생 정신이 유일한의 인간성을 형성했던 것이다.

5. 애국 지사 곽림대 옹의 57년 만의 귀거래사

정치 망명을 위해 어느 날 갑자기 미국 상선에 올랐던 애국 지사 곽림대 옹은 실로 57년 만에 고국땅을 밟았다. 1970년 6월 17일 몽매에도 잊지 못하던 고향 산천을 찾아 영주 귀국했다.

고국에 돌아와서 만난 조국땅은 변할 대로 변했고, 오히려 외국에 온 것과 같은 느낌을 맛보게 되었다. 반 세기 만에 다시 듣는 말은 알아듣지 못할 정도로 달라졌고 자신이 이방인이라고 느낄 수밖에 없었다. 그러나 자녀들이 한국에 살고 있었고, 도산을 도와 창립했던 흥사단도 환갑이 넘었지만 건재하고 있어서 차츰 정을 붙여 나갔다. 미국 생활 회상기 《못잊어 화려 강산》이라는 책을 한국에 와서 썼고 한 삶을 여기에담았다. 곽림대 옹의 57년 만의 환국(還國) 이야기를 모아 본다.

사랑하던 아내가 그의 곁을 떠난 것은 1969년. 하늘을 잃은 듯한 슬픔을 맛보았고 적적하고 쓸쓸한 감정은 날로 더해 갔다.

더 이상 미국에 남아서 할 일도 없고 고국 산천에 묻히고 싶은 일념뿐이었다. 그리고 자녀들이 있는 내 나라 품에 안겨 여생을 보내고 싶어서 영주 귀국을 결심했다.

그는 57년 동안 살았던 미국을 떠나기에 앞서 다음과 같은 글을 남겼다. 역이민을 위한 귀거래사(歸去來辭)를 미국에서 썼다.

"경애하는 미국 내 친구 여러분. 나는 고국을 찾아갑니다. 반 세기요 또 57년이라는 장구한 세월을 보내면서 안정된 생활을 하며 살던 제2의 고향을 뒤로 하고 꿈에도 못 잊던 고국 산천을 찾아가게 되니 회포는 무어라 다 말할 수가 없습니다.

망명객을 받아 주고 학업에 전념하도록 해 주었으며 전쟁 때 보호해 준 나라도 미국이요, 만족한 생활을 할 수 있었던 것도 미국입니다. 국민회의와 흥사단을 통해서 봉사할 기회를 가졌던 곳도 미국입니다.

이제 석별의 정이 생기고 또는 옛 친구와 아내를 미국땅에 묻어 두고 나 혼자 간다고 생각하니 마음이 울적합니다. 다시 만날 때까지 안녕히 계십시오."

일찍이 민족의 수난 시대, 항일 독립의 투혼을 체득하고 탁류에 뛰어든 곽림대 옹은 90평생을 한결같이 조국과 민족을 염두에 두고 살아 왔다. 그는 영주 귀국해서 4년간 살다가 1973년 90세를 일기로 한국에서 세상을 떠났고 뜻대로 고국땅에 뼈를 묻었다.

곽림대 옹이 태어난 것은 1884년 황해도 해주. 평양 숭실학교를 다녔고, 신천군 경신소학교 교사로 사회에 첫발을 디뎠다.

1909년에는 선천 신성학교에 부임했고 백낙준 등을 가르쳤다. 이 때 105인 사건으로 체포되어 2년간 갖은 고문과 옥고를 치른 뒤 끝내 망명길에 올랐다.

1913년 4월, 30세의 나이에 길진형 등과 동행이 되어 상해를 거쳐 미국으로 망명을 떠난 것이다. 그는 1913년 5월 샌프란시스코에서 도산 안창호를 도와 흥사단을 창립했고 흥사단 서열 37번째 단우가 된다.

이 해 9월에는 스티븐스를 저격한 애국 지사 장인환 의사 면회를 한다. 또한 도산의 뜻에 따라 국어 강습소를 만들고 미국에서 태어난 2세들에게 우리말을 가르쳤다.

다시 시카고 무디성경학교에 입학해서 공부하다가 아이오아 주 듀북대학으로 전학해서 그 어려운 중에도 공부를 계속했다. 그리고 대한인국민회 중앙총회 총무로 취임을 하면서 한국에서 망명 온 노백린 장군이 세운 비행학교 재정 지원에도 나선다. 이 학교는 북가주 쌀의 왕(白米大王)이라는 김종림 씨의 재정으로 설립되었고 윌로비 지역에 1만여 평의 땅을 마련했다.

비행학교에는 한인 학생 수십 명이 입학을 했다. 이들을 가르치면서 큰 보람을 가졌다. 끝내 비행학교가 재정난으로 문을 닫자 최원호와 함께 켄터키에 있는 사관학교에 입학해서 군인의 길을 가려고 했다. 1922년부터 1928년까지는 뉴욕으로 이사, 이 때 서재필 박사를 만나게 되고 가깝게 지냈다. 서 박사는 사업에 실패한 후 상심해 있었는데 그는 한국의 엿의 재료를 가져다 캔디를 만들어 팔자고 했다. 그래서 한국에 있는 딸에게 엿의 재료를 가져다 캔디를 직접 만들었으나 자본가가 나타나지 않아서 그만두었다.

또다시 로스앤젤레스로 돌아와 흥사단에서 일하면서, 한인 사회 교육 사업 그리고 광복을 위한 운동에 앞장 섰다.

교회에서는 설교를 하고 한인 YMCA를 만들면서 젊은이들과 함께 늙어 가는 줄을 모르고 바쁘게 지냈다. 후에 그는 신한민보 주필이 되어서 언론계를 위해서 일하는 보람을 가졌다.

마지막 한국에서의 4년은 흥사단의 행사에 참석하고 후진 양성을 위한 강연을 자주 했다. 그 틈틈이 《못잊어 화려 강산》이라는 제목으로 재미 독립 운동 반세를 책으로 썼다.

이 책은 1913년부터 1969년 한국으로 영주 귀국하기까지의 미국 생활 57년을 있는 그대로 기록해 놓았다. 곽림대 옹은 서문에서 "훗날 한국 독립 운동사 연구를 위해서 작은 참고가 되기를 바란다."고 했다.

끝내 고국으로 돌아와 90평생의 삶을 접은 곽림대 옹은 한국과 미국을 똑같이 사랑한 애국 지사로 기록될 것이다.

6. 한국 국제 결혼 1호 김주항의 이야기

    1997년 7월 25일의 무더운 한여름의 오후, 필자는 서대문구 홍은동의 주택가 언덕 위에 자리잡고 있는 초기 유학생 김주항(金周恒) 씨와 한국에서 국제 결혼을 한 미국인 아내 아그네스 데이비스김(Agnes Davis Kim) 여사의 무덤을 찾았다.

    손수 지어서 살던 1층 벽돌집 뒤편에 자리잡고 있는 묘에는 숲이 무성했다. 숫한 화제를 뿌렸던 국제 결혼 1호 부부가 나란히 묻힌 채 세월의 뒤안길에서 잊혀져 가고 있다. 지금은 연세대에 기증되어 관리되고 있는 이 농장을 겸한 주택과 전원, 그리고 묘지는 한 폭의 사랑이 이루어진 드라마의 현장과도 같다는 생각이 들었다.

    초기 유학생이자 역이민자인 김주항 씨. 평안북도 정주에서 태어나 87세를 일기로 서울 홍은동에서 세상을 떠난 미국 이름 데이비드김 씨의 일생은 문자 그대로 파란만장했다.

    초기 유학생으로 미국에 간 그는 벽안의 처녀와 사랑을 나누었고 그 여인을 초청, 한국에서 국제 결혼을 했다.

제2차 세계 대전이 발발하자 다시 미국으로 떠났고 미국 정부 공무원이 되기 위해 미국에 귀화한다. 그러나 서울여대 초빙 교수로 한국에 돌아왔다가 임기가 끝나자 다시 미국으로 돌아가 농장을 경영한다. 노후에 두 부부는 홍은동 자택에서 여생을 보낸다.

김주항 씨는 초기 유학생으로 그리고 역이민자로서 한국에 기여한 바는 한없이 크다.

가난한 농촌 출신인 그는 어려서부터 인생의 풍상을 겪으며 자랐다. 어머니는 철 모를 때 돌아가셨고 성장하던 소년 시기는 바로 한말의 국운이 날로 쇠잔해 가는 즈음이었다. 그는 오산소학교와 오산중학교를 마치고 초등학교 선생이 되었다. 오산학교에 다닐 무렵 그는 춘원 이광수를 만났고 각별한 보살핌을 받았다.

3·1독립 운동이 일어나자 김주항 씨는 적극 가담했고, 일본 경찰의 추적을 피해 마침내 만주로 갔다. 만주 독립군 군관학교에 찾아가 입교를 했으나, 교관과 학생들의 나태한 모습에 실망하고 탈영한 뒤 시베리아로 떠났다.

그는 리골레스코 한인촌에 이르러 한인 교포들을 위해서 봉사하려고 한인학교를 세웠다. 그리고는 몇 년간 아이들을 가르치는 일에 전념을 하게 된다.

1922년 다시 고국땅에 돌아왔고 평북 용천에 있는 초등학교에서 교편을 잡고 있으면서 음양으로 독립 운동을 고취한다. 이 해에 그는 세례를 받고 기독교인으로 생애를 살아갈 결심을 하게 되었다.

조국의 광복을 위해서는 무엇보다도 많이 넓게 배워야겠다고 마음먹은 김주항은 다시 서울 감리교신학교에 입학했다.

이 때 미국 선교사를 만나게 되고 1926년 미국 유학길에 오른다. 샌프란시스코와 로스앤젤레스에서 한인들을 만나 막일을 하면서 망국의 한을 달랜다.

1926년에는 드루신학교에 입학을 하는데 이 때 아그네스 데이비스라는 미국 여학생을 만나 사랑에 빠지게 된다.

김주항은 오하이오 웨슬리언대학으로 편입을 하고 신학부를 졸업했다. 다시 보스턴대학 신학부를 나온 뒤 콜럼비아대학에 입학하여 교육학 석사 학위를 받는데 이를 보아도 그가 얼마나 학업에 열심이었는가를 알 수 있다. 김주항은 이런 학문의 배경을 가지고 목사가 되는 것이 꿈이었다.

그런데 뜻하지 않게도 그가 미국인 여자와 결혼하려 한다는 이유 때문에 목사 안수를 받지 못한 채 1932년 귀국길에 올랐다. 만일 목사 안수를 받았다면 김주항은 만주 지방의 선교사로 나갈 예정이었다.

사랑하는 약혼녀 아그네스 데이비스 양을 미국에 남겨 두고 세계를 한 바퀴 돈 뒤 귀국하여 지금 묻혀 있는 홍은동에 농장을 구입하고 결혼 생활 준비를 했다.

2년 뒤인 1934년 아그네스 데이비스 양이 홀로 이역 만리 한국땅의 남편 될 사람을 찾아왔다. 그러나 한국 동포들이 외국인과 결혼한다는 것을 이상한 눈초리로 쳐다보았고 일본 총독부의 방해가 말할 수 없이 컸다.

심지어는 기독교 정신에 입각해서 한국에 복음을 전하러 한국에 와서 활동하는 선교사조차도 미국 여자가 한국 남자에게 시집가는 것을 극력 말리는 형편이었다.

당시 국제 결혼으로 화제를 뿌렸던 아그네스김을 소개해 보면, 한국에서 수많은 반대 속에 국제 결혼을 한 아그네스 데이비스 양. 하지만 1930년대 미국 여성의 몸으로 수륙 만리를 멀다 않고 당시 미개화(未開化)의 나라 코리아를 찾은 아그네스 데이비스 양은 한국인의 사고를 바꾼 숭고한 여인이었고 한국인을 끝까지 사랑한 그리스도인이었다.

그가 태어난 것은 1900년 미국 미조리 주 칠리코디. 일리노이 여자대학에서 가정학과 화학을 전공해서 학사 학위를 받은 재원이었다. 드루신학교에서 뒷날 남편이 될 김주항 씨를 만난 때가 1927년이었다.

다시 1930년에는 컬럼비아대학교에서 종교 교육으로 석사 학위를 받고, 같은 대학 사범대학의 링컨스쿨에서 교편을 잡았다. 1934년이 그녀의 운명을 바꾸어 놓은 해였다.

그녀와 김주항 씨의 만남은 운명적이었다. 우연히 만난 작은 일들이 사랑으로 승화되었고, 끝내는 결혼으로 이어진 것이다.

김주항 학생과의 사귐은 교실에서 노트를 빌려 주면서 시작되었다. 미국에 온 지 1년밖에 안 되는 미스터 김은 굉장히 말을 빨리 하는 교수의 강의를 다 이해하고 기록한다는 것은 정말 어려운 일이었다. 아그네스 데이비스 양은 외국 학생들에게 노트를 빌려 주었는데, 그 중의 한 학생이 김주항이었다. 김 학생은 자신이 쓴 시를 고쳐 달라고까지 했다. 어떤 때는 영어 공부를 하면서 캠퍼스의 숲을 함께 걷기도 했다.

그러나 김주항 씨와 사랑을 하게 되리라고는 상상조차 못했다는 것이 아그네스 데이비스 양의 고백이다.

당시에 그녀가 사귀고 있던 남학생이 다른 여자와 만나고 있다는 사실을 안 것이 바로 그 무렵이었다. 이것이 아그네스의 운명을 바뀌게 한 동기가 되었던 것이다.

김주항은 이미 아그네스를 사랑하고 있었다. 그러나 그녀는 한 동양인과의 결혼에 확신이 서지 않았다. 우리 사이에 생길 아이가 비극적인 현실을 직면에야 한다고 생각하니 더욱 그러했다. 그녀는 기도를 했다. 결국 기독교적인 인간애를 이룰 수 있다고 확신했고 먼저 떠난 김주항 씨를 7년간 기다리다가 한국행을 결심하게 된다.

1934년 8월 7일, 드디어 미국의 아리따운 처녀 아그네스 데이비스 양이 한국에 도착한다. 그는 시애틀에서 일본 우편선 헤이안 마루(平安丸)호를 타고 태평양을 횡단하여, 요코하마·고오베·시모노세키를 거쳐 8월 7일 아침 부산항에 도착한 것이다. 당시에 신문은 국경을 뛰어넘은 한미 간의 사랑은 한 편의 소설과도 같다고 대서 특필했다.

이 때 김주항과 아그네스 데이비스 양은 과연 기독교 신앙대로 살아가는 것이 어떠한 길이며 기독교 윤리는 어떤 것인가에 깊은 회의를 느꼈고 오히려 더 굳세게 기독교 사랑을 실천하며 일생을 살아가기로 결심한다.

1934년 장안에 화제를 뿌리면서 양주삼 목사의 주례로 한국땅에서 첫 국제 결혼을 한다. 기독교적인 사랑이 풍습과 언어 그리고 주위의 반대를 이기고 서양식으로 결혼식을 올릴 수 있었다. 곧 자택에 돌아와 살림을 꾸미면서 현재까지도 남아 있는 돌집을 손수 지었다.

아그네스 양이 미국에서 가져온 가구로 집안을 장식했고 우물을 파서 식수를 공급했다. 두 부부는 농사를 짓고 농산물을 팔고 하여 생활을 꾸려 나갔다. 근검 절약의 생활 습관이 몸에 밴 터라 살림의 규모가 점점 늘어났고 그 여유를 가지고 이웃과 친척을 도왔다. 김주항은 마을 사람들을 모아 교육을 하고 농사 기술을 가르쳤다. 아그네스 역시 시어머니를 극진히 모셨으며, 간단한 의술과 간호술을 통해서 이웃 사람들의 진료를 맡았다.

일제하에서 조국의 광복을 염두에 두고 해외 유학을 한 김주항은 귀국하여 그 학력과 실력에 맞는 직위를 가지고 편안히 살 수 있었음에도 불구하고 흙에 파묻혀 살면서 사회 봉사와 농사일에만 전념했다. 그는 "해외에서 활동하는 애국 투사의 독립 자금도 이때 조달했다."고 밝힌 적이 있다.

이렇게 조용히 보내던 생활에 변화가 온 것은 태평양 전쟁을 일으킨 일본이 한국 내에 거주하는 미국인들을 모두 귀국하도록 명령했기 때문이다.

김주항 부부도 이에 따라 미국 국적을 가진 부인과 함께 미국으로 떠났다. 그 곳에서 다시 드루대학교에서 박사 과정을 밟던 중 미국 정부를 위해 일하게 된다. 처음에는 미국 내에 있는 일본인 포로 수용소에서 통역관으로, 그리고 뉴욕 시 우편 검열소의 검열관으로 일을 한다.

1945년 좀더 적극적인 활동하기 위해 미국인으로 귀화한다. 그리고 OSS(CIA의 전신)의 요원으로 중국 본토에 가서 활동한 뒤 미국으로 돌아와서 다시 콜럼비아대학에서 공부를 마치고 미국의 소리(VOA) 방송에 근무한다.

1940년 외국인 소개령에 따라 미국으로 떠났던 그는 1946년 다시 한국으로 돌아온다. 미군정청 대민공보부 책임자로 부임하는 것이며 전국 각 지방을 순회하며 민주주의 훈련에 열심히 나선다. 뒤따라 부인 아그네스김 씨도 귀국한다.

1948년 미군 철수와 함께 다시 미국으로 떠났다. 미국의 소리 (VOA)에 근무하면서 번역도 하고 아나운서로 근무를 했지만 그의 마음은 항상 농사를 지으며 전원 생활을 하는 것이 소원이었다. 두 부부는 드디어 존 바로우라는 미국의 유명한 박물학자가 소유하고 있던 뉴욕 주의 농장을 구입하여 축산과 원예를 하면서 행복한 나날을 보냈다.

그러다가 한국에 있는 서울여자대학 고황경 박사의 간곡한 요청을 받고 다시 한국에 오게 되었는데 이 때가 1961년이었다. 약 3년 동안 서울여자대학 농학과 교수로 농장을 일구고 학생 지도에 전념했다. 그리고 1963년 홍은동 자택 농장으로 귀환하여 다시 농사일에 종사하였다.

아그네스는 왕성한 의욕을 지니고 청년들에게 영어를 가르치고 성경과 생활 철학을 가르칠 뿐만 아니라 국내에서 발간되는 영자 신문에 기고했다.

철저한 청교도적인 생활로 근검·절약하여 모은 재산은 친인 척을 돕는 일 외에도 국가·사회의 공공 복지를 위해 사용했다. 1961년 귀국 직후부터 관여하기 시작한 농업기술자협회의 농업 진흥관 건립을 위해 총공사비의 일부를 담당하였다. 또 김주항 씨는 미국에 유학했을 당시부터 관심을 가졌고 1932년 이래 회원이었던 흥사단에 약 1억의 기금을 내놓았다.

　　종로구 동숭동에 있는 흥사단 본부 건물에는 이를 기념하여
보월 김주항기념강당(步月金周恒紀念講堂)을 만들었다. 이 곳
서울에 재건된 자기의 모교 오산중고등학교에도 적지 않은 돈을 기
부하였다. 하지만 1976년 김주항은 한국 국적을 포기하고 미국 국
적을 선택한다.

　　그가 체류 기간 연장을 하려고 법무부 출입국 관리소에 갔더
니 담당 공무원이 "이제부터는 두 가지 시민권을 소지할 수가 없으
니 미국 시민권이나 한국 국적 중 하나만을 선택하라."고 했다.
그 때까지는 미국 시민권과 한국 국적 두 가지를 가지고 있었던 것
이다. 그는 쉽게 결정하기가 어려웠고 변호사를 찾아가 상의했다.

　　그 변호사는 한국에서 전쟁이 난다거나 혹은 피치 못할 일로
꼭 미국에 가야 할 때, 혹은 미국에 살고 있는 가족을 보러 간다면
미국 시민권을 가지고 있는 것이 좋겠다고 권유했다. 그래서 김주
항 씨는 한국 국적을 포기하고 미국 국적을 선택한 것이다.

　　최종적으로 미국 시민권을 갖기로 한 뒤에 그가 한 일은 바로
재산을 연세대에 기증하는 일이었다. 그는 1976년 서대문구 홍은동
392-1의 대지·전답·임야 등 1,600여 평과 주택 1동을 기증했다.
그리고 1981년 1월 서초구 원지동 산 4-37 외 3필지 임야 16,000
여 평을 또다시 연세대에 기증했다.

　　사실 김주항은 연세대학교와는 연관을 맺은 일이 없었던 사람
이다. 그런데도 그가 말년에 전재산을 연세대학교에 기증하게 된
데에는 그와 부인의 숭고한 뜻이 서려 있기 때문이다. 부부는 기독교
신앙 위에 굳게 서서 국경과 인종의 벽을 뛰어넘어 이룩한 진실된
사랑과 청교도적인 삶의 발자취가 아로 새겨져 있기 때문이다.

김주항은 자기 자신을 남에게 나타내 보이거나 자기 자신이 하고 있는 일을 세상에 알리기를 사양한 겸손하고 온유한 사람이었다. 그는 진정한 삶의 길을 말로써 가르치기에 앞서 자신의 생활로 증거해 보인 인격자였다.

그는 1986년 3월 16일 향년 87세를 일기로 홍은동 자택에서 세상을 떠났다. 그리고는 평생을 벽안의 부인과 살던, 그리고 농사를 짓던 뒷동산에 묻혀 있다.

그러나 그는 미국 유학 시절의 기행문·시·수필 등 초기 성공 이민 시대의 귀중한 역사적 자료가 될 많은 글을 남겼다.

이민 가이드

Ⅰ. 이민 신청 절차와 내용

미국은 이민으로 이루어진 나라이다. 18세기 유럽 이민으로부터 시작된 미국은 북한 등의 몇 국가를 제외하고는 전세계에서 이민을 받아들이고 있다.

이민의 내용은 인도적 차원 및 국익차원의 이민으로 인종과 국적을 차별하지 않고 문호를 개방해 놓고 있다. 이민을 받아들이는 캐나다·남미 지역 국가·호주·뉴질랜드·유럽국가도 모두 비슷하다.

▲인도적 차원의 이민 : 연고 초청(가족), 피난민, 망명자 이민 등을 말한다.

▲국익 차원의 이민 : 과학·예술 분야 우수 기능 소지자 및 미국의 국익을 위하여 장기간 봉사한 자를 받아들이는 것이다.

미국은 합법적으로 이민을 받아들이면서 외국 국적자에 대해서 **영주권**을 부여한다. 영주권이란 외국인 등록 접수 카드(Alien Registration Receipt Card)로서 **이민 사증**(移民查證)을 뜻하며 영주권 소지자에게는 미국 내에서 영주 취업할 수 있는 권리가 부여된다. 영주권자는 선거권 및 공직 취임권을 제외하고는 거의 미국 시민과 동등한 권리와 의무를 행사할 수 있다.

외국인으로 미국에 이민을 가기 위해 영주권을 신청할 수 있는 자격은 크게 나눈다면 가족 초청 이민과 취업 이민, 그리고 다국적 이민이라 할 수 있다.

가족 초청 이민은 직계 가족(비순위)과 우선순위(Preferences)에 따른 이민으로 나뉘어진다. 한국인으로 이민을 많이 가고 있는 길은 가족 초청과 취업 이민 그리고 투자 이민이라 할 수 있다.

이민 신청 자격은 다음과 같다.

▲가족 초청 이민

●직계 가족(Immediate Relatives) : 시민권자의 배우자, 시민권자의 21세 미만 미혼 자녀, 21세 이상의 시민권자의 부모로서 언제든지 어떤 제약을 받지 않고 영주권을 취득할 수 있다.

▲우선 순위 이민(Preferences)

●제1순위 : 시민권자의 21세 이상의 미혼 자녀.

●제2순위 : 영주권자의 배우자 및 미혼자녀, 여기는 영주권자의 배우자 및 21세 미만의 미혼자녀(제2순위 A)와 21세 이상의 미혼자녀(제2순위 B)로 나뉘어진다.

●제3순위 : 시민권자의 기혼 자녀

●제4순위 : 21세 이상의 시민권자의 형제

▲취업 이민

●제1순위 : 특수 능력 소지자 · 저명 교수 · 연구가 · 다국적 기업 종사자 · 유능 관리 계층

●제2순위 : 과학 · 예술 특기자 및 고등 학위 소지 전문인

●제3순위 : 전문직 및 숙련 · 비숙련 노동자

●제4순위 : 성직자 및 종교 단체 종사자, 미국 정부에 장기간 근무한 외국인 근로자, 미국에 일정 기간 거주 후 은퇴한 국제 기구 종사자 및 가족, 미국 청소년재판소에서 피부양인으로 판결된 외국 아동, 1978년 이래 미국에 거주하는 외국 의료 자격자.

●제5순위(투자이민) : 1백만 달러 이상을 미국에 투자하여 시민권자나 영주권자를 고용할 수 있는 외국인 투자가, 농촌이나 또는 경제적으로 낙후한 지역에 50만 달러를 투자할 수 있는 외국인.

▲기타 이민

피난민 · 정치적 망명자 : 모국으로부터 정치 · 종교적 박해를 받아서 생명 및 자유에 대한 위협이 있는 사람.

현재 한국인이 미국에 영주권을 신청한 후 기다리고 있는 자에 대해서 미국 무부는 매월 영주권 문호를 발표하고 있는데 최근의 현황은 다음과 같다.

● 1998년 7월 영주권 문호

순위			비자 발급 우선 일자	해 당 자
가족 이민	1		97년 1월 22일(96. 12. 1)	시민권자 미혼 자녀
	2	A	94년 2월 8일 (94. 2. 8)	영주권자의 배우자 및 21세 미만 미혼 자녀
		B	91년 12월 1일 (91. 11. 22)	영주권자의 21세 이상 미혼 자녀
	3		95년 2월 1일(95. 1. 1)	시민권자의 기혼 자녀
	4		88년 3월 15일(88. 3. 1)	시민권자의 형제 자매
취업 이민	1		오픈	특기자, 국제 기업 간부 직원
	2		오픈	석사 학위 5년 경력, 특기자
	3		오픈	학사 학위 2년 이상, 숙련공
			91년 10월 1일(91. 6. 1)	학위 불문 미숙련공
	4		오픈	안수받은 목사
			97년 10월 1일(97. 9. 1)	일반 종교계 종사자
	5		오픈	100만 달러 이상, 10명 이상 고용 투자자
			오픈	50만 달러 이상, 고용 유치 지역 투자자

〈자료 : 한국일보 미주본사〉

※ 여기서 오픈은 언제나 신청이 가능하다는 뜻이다.

미국은 1990년 이민법을 개정해서 이민 확대 정책을 펴고 있다.

구체적인 내용으로는 가족 초청보다 기술 이민의 수를 늘렸고, 취업 이민을 확대한 것이다. 특히 새 이민법은 취업 이민을 대폭 수정하여 취업 관계 제5순위 이민 규정을 신설했다. **취업 이민**은 외국의 최고 두뇌(과학·예술·경영 분야 등)를 미국으로 유치하기 위한 취지로, 구법상 비자 발행 숫자를 5만4천 명에서 그 배가 넘는 14만 명으로 크게 늘렸다. 그 대신 학위가 없고 경험이 없는 비숙련공일 경우, 취업 이민의 길이 더 좁아졌고 또한 더 오랜 기간을 기다려야 한다.

더욱 구체적으로 살펴본 **취업 이민**의 우선 순위 해당자는 다음과 같다.

●제1순위 : 특수한 능력 소유자로 국내 혹은 국제적인 입상이나 수상을 받은 분, 국제적인 전공 분야 전문인 협회의 회원증을 가지고 있는 사람, 주요 언론 기관에서 본인에 대한 업적을 치하하는 글이 게재된 분, 전문인 토론회에 심판 자격으로 참여한 분, 전문 학술지에 글을 기고한 사람이 해당된다.

그리고 저명한 교수 및 연구직 종사자, 다국적 회사의 중역이나 매니저가 제1순위로 영주권을 신청할 수 있다.

●제2순위 : 고학력 소유자나 과학·예술·경영 분야에 특출한 능력이 있는 자(Exceptional Ability)를 포함하며 노동허가가 필요하다.

먼저 능력 소유자의 경우 석사 학위 이상을 소지해야 한다. 외국에서 받은 학위도 미국 내에서 인정받을 수 있다. 고학력 소유자가 미국에서 근무함으로써 미국의 경제·문화·교육 혹은 복지 분야에서 이바지할 수 있음을 보여주어야 한다.

●제3순위 : 전문직 숙련공·비숙련공으로 나뉘며 노동 허가가 필요하다. 전문직의 경우 학사 학위를 소지하여야 하나 꼭 필요한 것은 아니다. 숙련공은 최소한 2년 이상의 훈련(Taining)이나 경험(Experience)를 가지고 있어야 한다. 비숙련공은 2년 이상의 훈련이나 경험이 없는 자를 말한다.

●제4순위 : 성직자 및 종교 관련 종사자가 이에 해당된다. 종교 이민은

두 가지로 나뉘어진다. 먼저 안수받은 종교 관계자와 다른 하나의 안수받지 않은 일반 종교 관계자로 분류된다.

●제5순위 : **투자 이민**은 취업 목적보다는 미국에서 오히려 취업 기회를 창조하는 데 목적이 있다. 새 이민법에서 신설된 이 조항에는 연간 1만 명의 외국인이 해당된다.

① 투자액(Amount of Investment)

투자 이민을 위한 투자액은 최소한 1백만 달러 이상이다. 1백만 달러라는 액수에 대해서는 지역에 따라 약간 차이가 있다. 도시 지역이 아니고 근교나 실업률이 낮은 지역, 특히 지정된 지역(Targetted Employment Areas)에 투자하는 자는 50만 달러만 투자하여도 된다. 1만 개의 연간 비자 발행 숫자 중 3천 개의 비자는 이 지정된 지역에 할당되었다. 이렇게 투자 액수에 차이를 둔 이유는 미국 경제의 균형된 발전과 도시와 농촌 간의 문화와 생활 수준의 차이를 줄이고 도시의 인구 집중을 막기 위한 정책적 고려 때문이다.

② 고용인 수(Number of Employment)

투자 이민의 두 번째 조건은 투자한 업체가 최소한 10명 이상의 미국 시민권자나 영주권자를 고용하여야 한다. 10명 이상의 고용인이 풀타임(Full Time)으로 일을 해야 한다.

이러한 조건이 충족되면 2년간 유효한 조건부 영주권을 주게 된다. 이를 받은 지 2년 후 투자된 상태와 10명의 고용 사실을 증명하면 일반 영주권을 준다.

또한 투자하는 동안 계속 미국에 머무를 수가 있고 투자 이민에 비해 훨씬 낮은 투자 비자(E-2)를 신청할 수 있다.

최근에 한국에서 투자 이민 설명회가 붐을 이루고 있다. IMF사태 후 더욱 그러하다. 자녀 교육을 위해 이민을 가려는 사람들이나 명예 퇴직 대상자들이 이를 선호하고 있다.

〔참고 : 미국 비자 길라잡이(전종준), 해외 이주 안내(외무부)〕

Ⅱ. 역이민자의 국적 회복 절차

▲미국에서 시민권을 획득한 재미 동포가 한국으로 영주 귀국한 뒤 대한민국 국적을 다시 회복하려면 다음과 같은 절차를 밟아야 한다. 본인이나 배우자 자녀들은 다음의 서류를 준비한 뒤 서울 목동에 있는 법무부 출입국관리소(전화 : 02-653-0462)에 직접 가서 서류를 접수시켜야 한다.
 1) 국적 상실 신고서 2부(소정 양식)
 2) 국적 회복 허가 신청서 2부(소정 양식)
 3) 시민권 증서(원본/사본)
 4) 호적등본 1부
 5) 재산 증명서
 　　① 부동산 등기부 등본
 　　② 5천만 원 이상 예금 잔고 증명
 　　③ 재직 증명서
 　　④ 자격 증명서
 6) 미국 여권 원본과 사본
 7) 반명함판 사진 5매
 8) 신원 진술서 4매.
 1개월 후에는 관할 경찰서에서 나와 신원 조회를 하며, 서류를 제출한 뒤 3~4개월 후에 법무부 법무과에서 신청인의 주소로 국적 회복 허가 공문을 보내 준다. 이 때 국적 회복 허가 공문 원본은 본인이 보관하고 다른 기관(대사관·본적지 사무소·동사무소 등)에 제출할 때에는 사본을 제출해야 한다.
 법무부로부터 국적 회복 허가 공문을 받은 뒤 바로 세종로에 있는 주한 미국 대사관에 가서 미국 국적 포기 신청서를 제출해야 한다. 이 때 제출하는 서류는 다음과 같다.
 1) 국적 회복 허가 공문(영문 번역 2통)
 2) 미국 시민권 증서(반납)
 3) 미국 여권(반납)

4) 시민권 포기 진술서

5) 신상 질문서(소정 양식)

6) 보충 질문서(소정 양식)

미국 시민권 포기 서류를 접수받은 대사관은 본국으로 송부를 하고 대개 4~6개월 후에 미국 시민권 포기 허락 서류를 집으로 우송해 준다. 어떤 경우에는 미국 국적이 포기되었다는 서류가 집으로 오기까지 1~2년이 걸리기도 한다.

여기서 유의해야 할 사항은 미국 대사관에서 6개월 이내에 미국 국적 포기 허가서를 받지 못하면 다시 법무부 법무과에 가서 대한민국 국적 회복 기간을 연장해야 한다. 국적 회복일로부터 6개월 이내에 전 국적(前國籍)을 상실하지 아니하면 자동적으로 대한민국 국적이 상실되기 때문이다.

대사관으로부터 미국 국적 상실 증명서를 받은 경우에는

① 출입국 관리사무소에 가서 외국인 등록증을 반납(소유하고 있었을 경우)

② 외국으로 이민 가기 전에 거주하던 최종 주소지 읍·면·동사무소에 가서 주민등록증을 신청. 이 때 필요한 서류는 국적 회복 허가 공문, 국적 회복이 기재된 호적등본, 미국 국적 상실 증명서, 신원 진술서 4부를 지참해야 한다. 이 때 동사무소에서 주민등록증을 발급해 준다.

③ 끝으로 국적 상실 증명서 사본을 법무부 법무과로 우편으로 송부해야 한다.

주소 : 우편 번호 427-760

경기도 과천시 중앙동 1번지 정부 제2청사

법무부 법무과 국적 담당자 앞

전화 번호 : 503-7031

한편 미국에서 시민권 교포가 대한민국 국적을 회복하고자 할 때는 관할 총영사관에 가서 다음의 서류를 제출해야 한다.

1) 국적 회복 신청서 2부(소정 양식)

2) 국적 회복 사유서 2부(백지에 본인이 작성)

3) 외국 국적 취득 증명서(외국 여권 Copy) 2부

4) 대한민국 호적등본 1부

5) 거주 증명 2부

6) 반명함판 사진 2장

7) 우표를 붙인 반송 봉투 및 수수료

이 때 미국 시민권 취득 이후 대한민국 국적 상실 신고를 하지 않았을 경우에는 국적 상실 신고서와 국적 회복 허가서를 동시에 제출하여야 한다.

한국 국적이 회복된 후 6개월 이내에 미국 국적반납증명서(주한미국대사관에서 발급)를 법무부 법무과에 제출해야 한다.

▲미국 영주권을 소지한 교포가 다시 주민등록증을 발급받는 절차는 다음과 같다.

영주권을 가지고 있는 교포는 본인이 직접 영주권과 여권을 가지고 주한 미국 대사관(전화 : 397-4114) 3층 7번 창구로 찾아가서 간단한 서류와 함께 영주권을 반납해야 한다. 이 때 미국 대사관에서는 영주권 반납 확인서를 발급해 준다.

이를 가지고 외교통상부 해외이주과(전화 : 720-2727)에 가서 다음의 서류를 제출해야 한다.

1) 영주 귀국 신고서(소정 양식) 1부

2) 영주 귀국 확인서(소정 양식) 1부

3) 기존 여권 반납

수수료 1천2백원을 내면 여권과에서는 여권무효확인서를 발급해 준다. 이 확인서와 함께 호적등본 2부, 신원 진술서 4부를 가지고 주민등록증이 말소된 읍·면·동사무소에 가면 주민등록증을 재발급해 준다.

Ⅲ. 한국 이민 관련법의 내용과 변천

한국의 공식적인 이민사는 오는 2003년이면 1백년에 이른다. 한미 수호통상조약에 따라 미국 방문길이 열렸고 이민보호법에 따라 하와이 노동 이민이 이루어졌다. 한국의 주요 이민 관계법의 내용을 소개한다.

▲한·미 수호통상조약 제6조(1882년)

「조선 백성이 미국 어느 곳에나 왕래하고 거류하며 토지와 가옥을 매매하고 건축할 수 있으며 법률에 정한 영업은 무엇이나 할 수 있다. 동시에 미국 국민도 조선 개항장과 통상지에 왕래하고 거류하며 토지 가옥을 매매하고 건축할 수 있으며 법률에 정한 영업은 무엇이나 할 수 있다.」

우리나라와 미국은 1882년 4월 6일 제물포에서 한·미조약을 체결했는데 전문(前文)과 14조로 되어 있다. 이민이나 왕래의 길을 열어 놓은 외국과의 첫 조약이다.

▲수민원(綏民院) 설치(1902년)

대한제국 정부는 1902년 11월 16일 공고 제90호를 통해서 궁내부(宮內府) 관제를 개정해서 하와이 노동이민 업무를 전담 처리할 수민원을 새로 만들었다. 수민원 설치에 관한 법률은 모두 21조로 되어 있는데 제1조는「본국 인민이 수학 유람 또는 농상공업으로 외국에 여행하는 자에게 집조(執照 : 여행권)을 발행한다.」고 되어 있다. 오늘 외교통상부 여권과와 같은 업무를 했는데 해외이민의 산파역을 맡은 교민청과 다름이 없었다.

민영환이 초대 총재를 맡았다. 수민원은 설립 11개월 만인 1903년 10월 11일 재정난으로 직제를 폐지했다.

▲이민보호법의 제정(1906년)

대한제국 정부는 1906년 6월 29일 법률 제2호로 이민보호법을 제정·공포했다. 전문 21조로 된 이 보호법은「이민은 노동에 종사할 목적으로 외국에 나가는 자와 그 가족으로 범위를 정하고 이민업자는 반드시 농상공부 대신의 허가를 받도록 하는 등」해외 이민 업무를 체계적으로 다루도록 해 놓았다. 같은 해 7월 19일에는 농상공부령 제44호로 전문 17조의 시행 규칙을 제정했다. 이민 보호법은 그 시행 규칙에 관계되는 처분은 일본통감의 동의를 받도록하는 등 한국정부 단독으로 처리할 수 없도록 되어 있다.

▲대한민국 헙법 제2조 2항

「국가는 법률이 정하는 바에 의하여 재외국민을 보호할 의무를 진다.」

▲해외입양법(1961년)

정부는 1961년 해외 입양을 공식으로 인정한 법률을 제정했다.

이는 전쟁고아 문제를 해결하기 위해서 국제 문호를 개방한 법이다. 해리 홀트 씨가 1955년 처음 8명을 미국으로 입양시킨 뒤 6년만의 일이고 한국전쟁이 일어난 지 11년 만에 정부가 국제입양을 공식으로 인정했다.

▲해외이주법(1962년)

정부는 1962년 3월 9일 법률 제1030호로 해외이주법을 제정했다.

총17조 및 8개의 부칙으로 되어 있다. 지난 30년간 7차례에 걸쳐 일부 조항이 개정되었다.

제1조(목적)는「이 법은 국민의 해외 진출을 장려함으로써 인구 정책의 적정과 국민 경제의 안정을 기함과 동시에 국위를 선양함을 목적으로 한다.」고 되어 있다. 이 법이 제정된 후 남미농업 이민 및 미국으로 새 이민이 본격화되었다. 1906년 대한제국이 이민보호법을 제정한 지 56년 만에 다시 제정한 이민법이다.

●해외이주법 시행령(1969년)

1969년 11월 10일 대통령령 제4229호로 제정된 법이다. 총22조 및 부칙으로 되어 있고 모두 11차례에 걸쳐서 개정되었다.

제1조(목적)는「이 영은 해외이주법에서 위임된 사항과 그 시행에 관하여 필요한 사항을 규정함을 목적으로 한다.」고 규정되어 있다.

●해외이주법 시행규칙(1990년)

1990년 7월 27일 외무부령 제148호로 제정이 되었다. 총 11조 및 부칙으로 되어 있다. 2차례에 걸쳐서 개정되었다.

제1조(목적)는「이 규칙은 해외이주법 및 동법 시행령의 시행에 관하여 필요한 사항을 규정함을 목적으로 한다.」고 되어 있다.

▲재외국민정책 심의위원회 설치(1985년)

1985년 6월 3일 대통령령 제11702호에 의거 설치되었다. 외무부 차관 주재로 연2회 재외 국민에 관련된 교포 정책 및 현안 문제를 심의한다. 참석자는 관계부처 관계관 및 소수의 교포문제 전문가 등이다.

헌법 제2조2항을 뒷받침하는 재외국민보호법은 없지만 이 위원회가 헌법 규정을 뒷받침하고 있다.

▲재외동포정책위원회 규정(1996년)

1996년 2월 23일 대통령 훈령 제63조로 제정되었다. 미주 교포들이 2중 국적 허용 및 교민청 신설을 꾸준히 요구해 왔고 이러한 여론을 수렴해서 국무총리실 소속으로 설치했다.

이 법은 총11조 및 부칙으로 되어 있는데 재외동포재단 설립에 따른 갖가지 현안 문제 해결 및 산파역을 담당하는 위원회의 성격을 띄고 있다.

국무총리가 위원장이 되며 기능으로 다음 여섯가지 업무를 심의 조정한다.

1. 재외 동포의 정착 지원에 관한 사항

2. 재외 동포의 법적 사회적 지위 향상에 관한 사항

3. 재외 동포와의 유대 강화에 관한 사항

4. 재외 동포의 국내외 경제 활동의 지원에 관한 사항

5. 재외 동포 관련 부처별 사업 계획의 조정 및 심의에 관한 사항

6. 기타 재외 동포와 관련된 사항으로서 위원장이 부여하는 사항

이 규정의 제1조(설치)는「정부의 재외 동포에 관한 정책을 종합적으로 심의 조정하기 위하여 국무총리 소속하에 재외동포정책위원회를 둔다.」고 되어 있다.

▲재외동포재단법(1997년)

1997년 3월 27일 법률 제5313호로「재외동포재단법」을 제정했다.

총29조 및 부칙으로 되어 있다.

제1조(목적)는「이 법은 재외동포재단을 설립하여 재외 동포들이 민족적 유대감을 유지하면서 거주국 안에서 그 사회의 모범적인 구성원으로 살아갈 수 있도록 하는 데 이바지함을 목적으로 한다.」고 되어 있다.

제7조(사업)에는 다음과 같은 사업을 한다고 규정하고 있다.

1. 재외 동포 교류 사업

2. 재외 동포 사회에 관한 조사·연구 사업

3. 재외 동포를 대상으로 하는 교육·문화 및 홍보 사업

4. 정부가 재단에 위탁하는 사업

재외동포재단 시행령은 1997년 7월 대통령령 제15422호로 공포, 발효되었다. 이 시행령은 재외동포재단이 수행할 사업의 세부 내용을 구체적으로 정하고 있다.

Ⅳ. 미국 이민법의 내용과 변천

미국은 이민 및 귀화법에 따라서 외국인을 받아들이고 있다. 이민법은 여러차례 개정을 통해서 오늘에 이르고 있다. 한국인이 미국에 이민을 갈 수 있는 법들이 어떻게 변해 왔는지 주요 내용을 소개한다.

▲1875년, 범죄인과 창녀 이민 금지법

미 연방의회는 초기 식민지 의회의 규정대로 범죄인과 창녀의 이민을 금지하는 최초의 제한을 통과시켰다.

▲1882년, 중국인제외법(Chinese Exclusion Act)

중국 노동자의 이민을 10년간 정지했고, 중국인의 시민권 신청을 인정하지 않았다.

▲1891년, 이민법 개정

질병을 가진 자. 빈민자와 일부 다처자를 입국 거절 대상자에 추가시켰다. 미국은 이민자의 신체검사를 의무적으로 실시하도록 했다.

▲1892년, 중국인 제외법 개정

(Amendment to the Chinese Excluison Act)

미국 내에 거주하는 중국인 노동자의 등록 요구 및 만약 거주 1년 후에 등록증을 취득하지 못한 자에 대해서는 강제 송환할 수 있게 했다.

▲1903년, 이민법 개정

간질병 환자 · 정신병자 · 거지 · 무정부주의자를 입국 거절 대상자에 포함시켰다.

▲1907년 이민법

이민 금지에 대한 기존의 한계를 확대했다.

글을 읽지 못하는 16세 이상의 외국인의 입국을 금지시켰다. 이는 동양계 이민의 제한폭을 넓힌 것이다.

▲ 1917년, 이민법 개정

미 의회는 입국시 영어시험을 통과하도록 하는 규정을 새로 넣었다.

▲1921년, 첫 할당제법(First Quota Law)

미 의회는 이민에 관해 최초로 숫자의 한계를 설정했다.

이 법은 1910년에 미국 내에 거주하는 해당 국적의 외국 출생자 3%에만 미국으로 입국을 허용한 각국적 외국인 수를 제한했다. 결과적으로 약 35만 명의 이주를 허용한 것이다. 그러나 이 숫자에 미국 입국 허가 전에 서반구의 독립된 국가에서 1년간 거주한 외국인은 포함되지 않고 면제되었다.

▲1924년, 국적기원법(National Origins Law)

1920년 미국의 민족 구성을 토대로 국적별 쿼터로 연간 15만명의 상한선을 정하고 이민을 받아들였다. 서반구를 제외한 세계 모든 곳에서 미국으로 이주하는 데 영구적인 숫자의 한계를 정한 것이다. 이 법에 의하면 이민 신청자는 미국 내의 후원자(Sponsor)를 구해야 하며 외국에 주재하는 미국 영사로부터 입국허가를 받아야 했다. 입국 허가 없이 미국에 입국하고 법을 위반한 외국인은 언제나 송환할 수 있게 했다. 이 제한은 아시아인에 해당되었다. 그리고 시민권을 받을 자격이 없는 외국인은 이민이 금지되었다.

▲1924년, 동양인제외법(Oriental Exclusion Act)

이 법은 유학생을 제외하고 아시아로부터 모든 이민을 중지시킨 것이다. 한국인의 사진 결혼 이민도 이 법 때문에 없어졌다.

▲1940년, 외국인등록법(Alien Registration Act)

미국 내의 모든 외국인들에게 등록을 요구했으며 지문 채취를 합법화 했다. 또한 범죄자와 반정부 집단의 입국 불허는 물론 강제 송환을 확대하도록 했다.

▲1943년, 중국인제외 무효법(Repeal of the Chinese Exclusion Act)

중국인의 미국 이주를 가능하게 한 법이다. 이는 1882년 중국인제외법의 개정으로 중국 노동자의 입국을 허가한 것이다.

▲1945년, 전쟁신부법(War Brides Act)

미군의 배우자 및 자녀 11만8천명의 이주를 인정한 법이다. 이 법으로 한국인 국제 결혼 신부들의 미국 이주가 이루어졌으며 현재도 가능한 것이다. 이 법을 보충하는 사병애인법(GI Fiances Act)이 있는데 이로 인하여 전쟁 신부들이 대거 미국으로 이민 가고 시민권을 받는 특혜를 입었다.

▲1948년, 피난민법(Displaced Persons Act)

독일·이탈리아·오스트리아에서 미국으로 40만 명의 피난민을 입국 허가하도록 승인했다.

▲1952년, 이민 및 국적법(Immigration and Nationality Act)

일명 맥카란-월터법(MacCarran-Walter Act)으로 불리는 법으로 미국의 기본 이민법으로 간주된다. 이 법은 가족의 재결합, 미국 내 노동력의 보호와 필요한 기능인의 이주를 가능하도록 했다.

또한 이 법은 국적별 쿼터 체재인 서반구에서 무제한의 이주를 가능하게 한 것이다.

▲1953년, 피난민구호법(Refugee Relief Act)

21만4천명의 피난민을 추가로 미국에 입국을 허락한 법이다.

▲1965년, 이민 및 국적법 개정(Immigration and Nationality Act Amendment)

1952년 이민 및 국적법을 개정한 법이다. 한국 국적을 포함한 동양인에게 미국 이민의 획기적인 전환점을 가져오게 한 법이다. 이 개정법은 국가별 쿼터제를 철회하고 새로운 8개항목의 우선 순위 제도(New Eight Category Preference System)를 제도화한 것이다. 가정에 있어서 친족관계는 재결합할 수 있도록 했으며 각 항마다 해당자의 신청 순위와 특수 재능, 혹은 기능을 가진 외국인을 받아들였다.

이 법은 각국별 2만 명 한계의 제한을 갖도록 했다. 동반구에서는 11만 명의 전체적 및 국가별 한계를, 그리고 우선 순위제 없이 서반구에서는 12만 명의 이주자를 받아들일 수 있도록 했다.

미국시민의 배우자와 자녀, 시민의 부모, 21세 이상은 비할당 이민으로 인정해서 숫자적 상한선에서 면제했다.

이 법은 한국에서 연 2만 명의 할당 이민과 비할당 이민에는 미국인과 결혼한 여성, 전에 영주권을 가지고 있다가 다시 영주권을 갖기를 원하는 자, 외국인과 결혼했기 때문에 미국 시민권을 상실했던 자, 미국에서 인정되는 종교의 교직자, 그리고 15년 이상 미국 정부에 근무한 자 등이다.

▲1976년, 이민 및 국적법 개정(The Immigration and Nationality Amendments of 1976)

이 법은 동·서반구 간의 불평등을 제거하는 데 계획적인 규제를 한 것이다. 따라서 이 법은 모든 서반구 국가들에게 8개 항목의 선별제를 연장 적용했다.

▲1980년, 신피난민법(New Refugee Act)

이 법은 일곱째 항목의 선별제를 삭제하고 두번째 항목의 선별제에다 전세계에서 입국하는 허가수의 6%를 배정했다.

▲1981년, 이민 및 국적법 개정(The Immigration and Nationality Amendments of 1981)

I.N.S 효율법(Efficiency Bill)으로서 양자가 되는 외국인 출생자의 연령 상한선을 14세로부터 16세로 늘렸다. 또한 이 법은 대만 및 중국에 각각 연간 2만 명의 이민을 승인했다.

▲1990년, 새 이민법

1990년 11월 29일 공포된 이 법은 1965년의 우선 순위 제도와 케네디·심프슨 법안(Kennedy-Simpson Bill)의 타협안으로 만들어졌다. 케네디-심프슨 법안의 핵심적 내용은 가족 초청 범위를 줄이고 선발된 이민(Selected Immigrants)을 신설하여 유럽계의 길을 열어 주자는 것이다.

또한 1백만 달러를 투자하고 미국인 10명을 고용하는 이에 문을 열어 주도록 한 법이다. 이 법은 우선 순위 제도를 재편성하여 가족 이민·고용 이민·그리고 다국적 이민으로 구분했다.

▲1996년, 불법이민 개혁 법안(Illegal Immigration Reform and Immigrant Responsibility Act of 1996)

이 법은 불법 체류 외국인에 대한 규제와 공립 학교 입학을 꾀하는 외국 유학생의 억제 및 가족 초청자에 대한 재정 부담 강화 조항을 포함하고 있다. 또한 불법 체류자의 미국 내 영주권 인터뷰 신청의 제한과 더불어 미국 내 불법 체류를 유인하는 법안을 삭제하고 있다. 이 법은 불법 체류 단속 강화, 신변 변경 금지, 공립 학교 유학 규제, 재정 보증의 강화, 전과자 외국인 추방 등을 주요 골자로 하고 있다.

이민/역이민의 꿈과 삶의 이야기

SUCCESSFUL EMIGRATION AGE

성공이민시대

값 9,000원

1998년 8월 20일 초판 제1쇄 인쇄
1998년 8월 25일 초판 제1쇄 발행

著　者/閔丙用
發行人/許萬逸
發行處/華山文化
印　刷/東光文化

등록/제2-1880호 1994년 12월 12일
주소/서울 마포구 아현3동 628-24호
전화/02)3147-2263~4
팩스/02)3147-2265

ⓒ閔丙用 1998
ISBN 89-86277-24-7 03340

✢ 저자와의 협의에 의해 인지는 생략합니다.
✢ 잘못된 책은 바꾸어 드립니다.